权威·前沿·原创

皮书系列为
"十二五""十三五""十四五"时期国家重点出版物出版专项规划项目

BLUE BOOK

智库成果出版与传播平台

河南省社会科学院哲学社会科学创新工程试点项目

河南蓝皮书
BLUE BOOK OF HENAN

河南经济发展报告
（2024）

ANNUAL REPORT ON DEVELOPMENT OF
HENAN ECONOMIC (2024)

全力拼经济

主 编／王承哲 完世伟 高 璇

社会科学文献出版社
SOCIAL SCIENCES ACADEMIC PRESS (CHINA)

图书在版编目(CIP)数据

河南经济发展报告.2024:全力拼经济/王承哲,完世伟,高璇主编.--北京:社会科学文献出版社,2023.11
（河南蓝皮书）
ISBN 978-7-5228-2835-0

Ⅰ.①河… Ⅱ.①王… ②完… ③高… Ⅲ.①区域经济发展-研究报告-河南-2024 Ⅳ.①F127.61

中国国家版本馆CIP数据核字（2023）第219589号

河南蓝皮书

河南经济发展报告（2024）
——全力拼经济

主　　编／王承哲　完世伟　高　璇

出 版 人／冀祥德
组稿编辑／任文武
责任编辑／方　丽　张丽丽
责任印制／王京美

出　　版／社会科学文献出版社・城市和绿色发展分社（010）59367143
　　　　　地址：北京市北三环中路甲29号院华龙大厦　邮编：100029
　　　　　网址：www.ssap.com.cn

发　　行／社会科学文献出版社（010）59367028

印　　装／天津千鹤文化传播有限公司

规　　格／开本：787mm×1092mm　1/16
　　　　　印　张：20.25　字　数：307千字

版　　次／2023年11月第1版　2023年11月第1次印刷

书　　号／ISBN 978-7-5228-2835-0

定　　价／128.00元

读者服务电话：4008918866

▲ 版权所有 翻印必究

河南蓝皮书系列（2024）编委会

主　任　王承哲

副主任　李同新　王玲杰

委　员　（按姓氏笔画排序）

　　　　万银锋　王宏源　王建国　王承哲　王玲杰
　　　　邓小云　包世琦　冯玺玲　刘朝阳　闫德亮
　　　　李　娟　李立新　李同新　杨东风　杨兰桥
　　　　完世伟　宋　峰　张富禄　陈东辉　陈明星
　　　　陈建魁　赵西三　郜永军　唐金培　曹　明
　　　　潘世杰

主要编撰者简介

王承哲 河南省社会科学院党委书记、院长，研究员。第十四届全国人大代表，国家高层次人才特殊支持计划哲学社会科学领军人才，中央马克思主义理论研究与建设工程重大项目首席专家，中国社会科学院大学博士生导师，河南省和郑州市国家级领军人才，《中州学刊》主编。主持马克思主义理论研究与建设工程"网络意识形态工作研究"、国家社科基金重大项目"新时代条件下农村社会治理问题研究"以及国家社科基金一般项目两项。著有《意识形态与网络综合治理体系建设》等多部专著。参加中国共产党建党100周年纪念大会和马克思诞辰200周年纪念大会中央领导讲话起草工作、中宣部《习近平新时代中国特色社会主义思想学习纲要》编写工作等，受到中宣部嘉奖。主持河南省委、省政府重要政策的制定工作，包括《华夏历史文明传承创新区实施方案》《河南省文化强省规划纲要》等多部重要文件。

完世伟 博士，河南省社会科学院经济研究所所长、研究员。郑州大学、河南工业大学、华北水利水电大学兼职教授。享受国务院特殊津贴专家、中原文化名家、河南省优秀专家、河南省学术技术带头人、河南省宣传文化系统"四个一批"优秀人才，中国区域经济学会常务理事。长期从事宏观经济、区域经济、产业经济、技术经济及管理等方面的研究工作。主持或参与完成国家级、省级课题30余项，荣获省部级优秀成果奖10余项，公开发表理论文章60余篇，主持或参与编制区域发展、产业发展等各类规划30余项。

高　璇　博士，河南省社会科学院经济研究所研究员。郑州大学、华北水利水电大学兼职教授。享受河南省政府特殊津贴专家，"中原千人计划"青年拔尖人才，河南省百名优秀青年社科理论人才。长期从事区域经济、产业经济、城市经济等方面的研究工作。近年来，主持承担国家级、省部级课题20余项，荣获省部级优秀成果奖7项，公开发表理论文章40余篇，出版学术专著6部，参与编制各类规划20余项，10余项应用对策研究得到河南省委、省政府领导批示。

摘　要

　　2023年是全面贯彻落实党的二十大精神的开局之年，是实施"十四五"规划承前启后的关键一年，是奋力推进中国式现代化建设河南实践的重要一年。2023年，河南全省上下以习近平新时代中国特色社会主义思想为指导，全面贯彻党的二十大和中央经济工作会议精神，深入贯彻习近平总书记视察河南重要讲话重要指示，落实河南省第十一次党代会和省委经济工作会议部署，锚定"两个确保"，深入实施"十大战略"，落实落细稳经济一揽子政策和接续措施，全力以赴拼经济，全省经济运行企稳回升、社会大局保持稳定。《河南经济发展报告（2024）》系统深入分析了2023年河南经济运行的主要态势以及2024年河南经济发展的走势，全方位、多角度研究和探讨了河南全力拼经济的举措及成效，并对新阶段河南锚定"两个确保"，全面实施"十大战略"提出了对策建议。

　　全书共分为总报告、调查评价篇、分析预测篇、专题研究篇四个部分。总报告对2023~2024年河南经济形势进行了分析并做出预测，认为2023年河南全省上下深入贯彻落实党中央、国务院和省委、省政府决策部署，锚定"两个确保"，深入实施"十大战略"，扎实推进"三个一批"项目建设，持续做好"万人助万企"活动，不断强化"四个拉动"，全省经济运行保持稳定，整体呈现"稳中向好、稳中有进、稳中提质、稳中蓄势"的发展态势。2024年，河南经济发展面临的环境仍旧复杂严峻，积极因素和不利因素并存，但积极因素将增多，经济运行将持续复苏，全年GDP增速将高于全国平均水平。做好2024年经济工作需要在紧盯扩大内需、聚焦产业升级、坚定扩大开放、打造一流环境、加大民生保障、守住安全底线等方面持续发力，以经济持续健康发展推进中国式现代化的河南新实践。

调查评价篇主要通过建立相关指标体系和量化模型，运用定量分析和定性分析相结合的研究方法，分别对2023年河南省辖市经济综合竞争力、河南县域经济高质量发展、河南跨境电商发展进行综合评价。其中，《2023年河南省辖市经济综合竞争力评价报告》依托由6个一级指标、24个二级指标构成的评价指标体系对河南省辖市经济综合竞争力进行评价，并提出河南省辖市应锚定"两个确保"，走好现代化建设的"五条新路子"，加快创新驱动发展，高水平构建新型城镇化发展格局，持续保障和改善民生，全面提升经济综合竞争力。《2023年河南省县域经济高质量发展评价报告》利用熵值法对河南省102个县（市）经济高质量发展水平进行评价分析，并提出要扎实推进县域发展起高原，持续优化创新生态、推进产业振兴、城乡全面融合，走出河南县域经济高质量发展的特色之路。《2023年河南省跨境电商发展指数评价报告》从主体规模、成长速度、环境支撑、经济影响四个方面构建了评价指标体系，通过熵值法计算得到河南省跨境电商发展综合指数与各分项指数，从深入挖掘地方产业特色，打造优质产业带、实行跨境电商精细化运营、持续优化跨境电商经营环境、完善跨境电商人才培养体系等角度提出了具有针对性和前瞻性的建议。

分析预测篇主要针对河南省产业发展、固定资产投资、消费品市场、对外贸易、财政、物流业运行、居民消费价格等不同领域、不同行业、不同产业2023~2024年的发展态势进行分析与展望，进而提出全力拼经济、加快高质量发展的思路及相应举措。

专题研究篇针对全力拼经济、加快现代化建设对各部门、各行业提出的不同要求，聚焦中国式现代化河南实践、扩大消费稳经济、扩大有效投资稳经济、郑州国际消费中心城市建设、以"三个一批"项目建设稳增长、建设以实体经济为支撑的现代产业体系、数字经济助推河南稳定经济大盘、外贸稳存量扩增量提质量、持续优化民营企业发展环境、促进房地产市场平稳健康发展等不同主题，研究分析了锚定"两个确保"、实施"十大战略"面临的重点难点问题，并从不同角度提出了推动河南省经济高质量发展、全力建设现代化河南的对策建议。

关键词： 全力拼经济　现代化建设　河南

目 录

Ⅰ 总报告

B.1 2023~2024年河南经济形势分析与展望
　　…………………………………… 河南省社会科学院课题组 / 001

Ⅱ 调查评价篇

B.2 2023年河南省辖市经济综合竞争力评价报告
　　…………………………………… 河南省社会科学院课题组 / 021

B.3 2023年河南省县域经济高质量发展评价报告
　　…………………………………… 河南省社会科学院课题组 / 038

B.4 2023年河南省跨境电商发展指数评价报告
　　………………………… 河南省跨境电商发展指数评价课题组 / 059

Ⅲ 分析预测篇

B.5 2023~2024年河南省产业发展形势分析与展望 ……… 曹　雷 / 077
B.6 2023~2024年河南省固定资产投资形势分析与展望 …… 李　斌 / 091
B.7 2023~2024年河南省消费品市场形势分析与展望 …… 石　涛 / 103

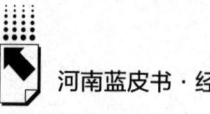

B.8 2023~2024年河南对外贸易形势分析与展望 …………… 陈　萍 / 114

B.9 2023~2024年河南省财政形势分析与展望

…………………………………… 郭宏震　赵艳青　司银哲 / 125

B.10 2023~2024年河南物流业运行分析及展望

………………………………… 毕国海　李　鹏　秦华侨 / 135

B.11 2023~2024年河南省居民消费价格走势分析 ……… 崔理想 / 153

Ⅳ 专题研究篇

B.12 中国式现代化河南实践的思路与对策研究 ………… 张相阁 / 166

B.13 河南以扩大消费稳经济的思路与路径研究 ………… 王摇橹 / 179

B.14 河南以扩大有效投资稳经济的对策建议 …………… 汪萌萌 / 191

B.15 郑州国际消费中心城市建设的思考及建议 …………… 高　璇 / 202

B.16 河南以"三个一批"项目建设稳增长的分析与思考

…………………………………………………… 王　芳 / 213

B.17 河南加快建设以实体经济为支撑的现代产业体系研究

………………………………………………… 李丽菲 / 223

B.18 数字经济助推河南稳定经济大盘的分析与思考 …… 席江浩 / 234

B.19 河南外贸稳存量、扩增量、提质量的对策建议 …… 王　岑 / 250

B.20 河南持续优化民营企业发展环境的思考及建议 …… 张　玮 / 264

B.21 河南促进房地产市场平稳健康发展的主要策略分析

…………………………………………………… 赵　然 / 276

Abstract ……………………………………………………………… / 284

Contents …………………………………………………………… / 288

皮书数据库阅读使用指南

总 报 告

B.1
2023~2024年河南经济形势分析与展望

河南省社会科学院课题组[*]

摘　要： 2023年，河南全省上下深入贯彻落实党中央、国务院和省委、省政府决策部署，坚持稳中求进工作总基调，完整、准确、全面贯彻新发展理念，锚定"两个确保"，深入实施"十大战略"，扎实推进"三个一批"项目建设，持续做好"万人助万企"活动，不断强化"四个拉动"，全省经济运行保持稳定，整体呈现"稳中向好、稳中有进、稳中提质、稳中蓄势"的发展态势。2024年，河南经济发展面临的环境仍旧复杂严峻，积极因素和不利因素并存，但积极因素不断增多，经济运行将持续复苏，全年GDP增速将高于全国平均水平。面对新阶段、新征程、新使命，本文建议抓好以下六个方面的工作：一是紧盯扩大内需，全力稳住经济基本盘；二是聚焦提

---

[*] 课题组组长：王承哲，河南省社会科学院党委书记、院长、研究员。课题组成员：完世伟、高璇、武文超、王芳、李斌、李丽菲。执笔：高璇，河南省社会科学院经济研究所研究员，主要研究方向为宏观经济与区域经济；武文超，河南省社会科学院经济研究所副研究员，主要研究方向为数量经济与金融；王芳，河南省社会科学院经济研究所副研究员，主要研究方向为区域经济与产业经济。

质升级，不断增强产业支撑力；三是坚定扩大开放，着力构建新发展格局；四是打造一流环境，充分激发市场活力；五是加大民生保障，扎实推进共同富裕；六是切实防范风险，坚决守住安全底线。河南将以经济持续健康发展奋力推进中国式现代化河南新实践，谱写新时代中原更加出彩的绚丽篇章。

关键词： 河南省　经济形势　全力拼经济

2023年，河南全省上下深入贯彻落实党中央、国务院和省委、省政府决策部署，坚持稳中求进工作总基调，完整、准确、全面贯彻新发展理念，锚定"两个确保"，深入实施"十大战略"，扎实推进"三个一批"项目建设，持续做好"万人助万企"活动，不断强化"四个拉动"，全省经济运行保持稳定，整体呈现"稳中向好、稳中有进、稳中提质、稳中蓄势"的发展态势。但面对复杂多变的内外部环境，经济持续回升压力仍然较大，不稳定不确定因素依然较多，需要河南全力以赴拼经济、铆足干劲促发展、奋勇争先挑大梁，以经济持续健康发展奋力推进中国式现代化河南新实践，谱写新时代中原更加出彩的绚丽篇章。

一　2023年1~8月河南经济运行态势分析

（一）总体走势：整体呈现"稳中向好、稳中有进、稳中提质、稳中蓄势"发展态势

2023年，河南全省上下深入贯彻省委、省政府全力拼经济、抓项目、促发展各项部署，行动迅速、主动作为，河南经济增速持续回升，整体呈现"稳中向好、稳中有进、稳中提质、稳中蓄势"发展态势。在"开局就是决战、起步就是冲刺"的竞进姿态下，2023年第一季度河南经济运行态势良好，实现"开门红"，全省地区生产总值为14969亿元，同比增长5.0%，增速高于全国0.5个百分点，且增速位次也较上年有明显跃升，居六个经济

大省第一位、中部地区第二位。2023年上半年，随着拼经济、促发展一揽子政策措施加力显效和接续措施落实落细，河南生产需求稳步恢复、消费需求持续增长、出口需求不断增大，经济回升的势头在持续，全省地区生产总值为31326亿元，同比增长3.8%（见图1）。2023年1~8月，全省统一思想、坚定信心、凝心聚力、攻坚克难，纲举目张抓工作、项目为王抓投资、全力以赴拼经济，主要经济指标增速明显加快，全省经济蓄势发展；1~8月，全省规模以上工业增加值增长3.6%，全省社会消费品零售总额增长5.0%，贸易顺差扩大27%。

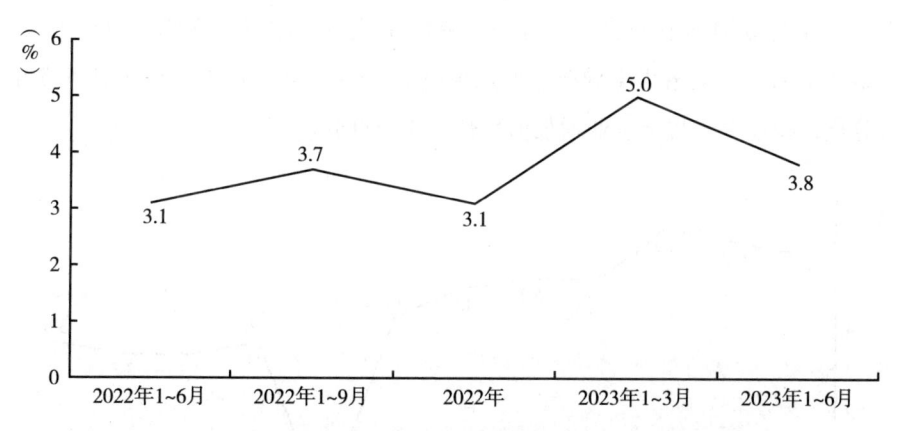

图1 2022年6月至2023年6月河南省地区生产总值累计增速

数据来源：作者根据河南省统计局网站数据整理所得。

（二）产业供给：农业生产总体稳定、工业生产加快向好、服务业快速回升

农业生产总体稳定。面对1961年以来最严重的"烂场雨"，河南全省上下积极应对，通过制定实施粮食应急抢收和烘干晾晒等10项应对措施，2023年夏粮总产量达到710.0亿斤，较上年仅下降了6.9%，最大限度降低了因灾损失，最大限度保护了农民利益。全省秋粮也保持了稳定增长，据统计，秋粮面积稳定在7600万亩以上。此外，肉蛋奶和蔬菜瓜果供应稳中有升，2023年上半年全省猪牛羊禽肉产量为345.18万吨，增长0.9%；蔬菜

及食用菌产量为3274.35万吨，增长2.7%；瓜果产量为378.21万吨，增长1.4%。

工业生产加快向好。随着稳经济、促发展一揽子政策效应逐渐释放，"万人助万企"活动深入开展，惠企纾困力度持续加大，河南工业生产加快向好。总体来看，2023年1~8月，全省规模以上（规上）工业增加值比上年同期增长3.6%，较1~7月加快0.3个百分点（见图2），与全国平均水平差距进一步收敛，相差0.3个百分点。分行业看，截至2023年8月底，全省40个行业大类中有24个行业增加值保持增长，增长面达60%，较7月提高了10个百分点；22个行业增加值增速比上月加快或降幅收窄，改善面55%。分产业看，2023年8月，全省五大主导产业增加值增长11%，高于规上工业增速5.5个百分点，拉动全省规上工业增加值增长4.8个百分点。

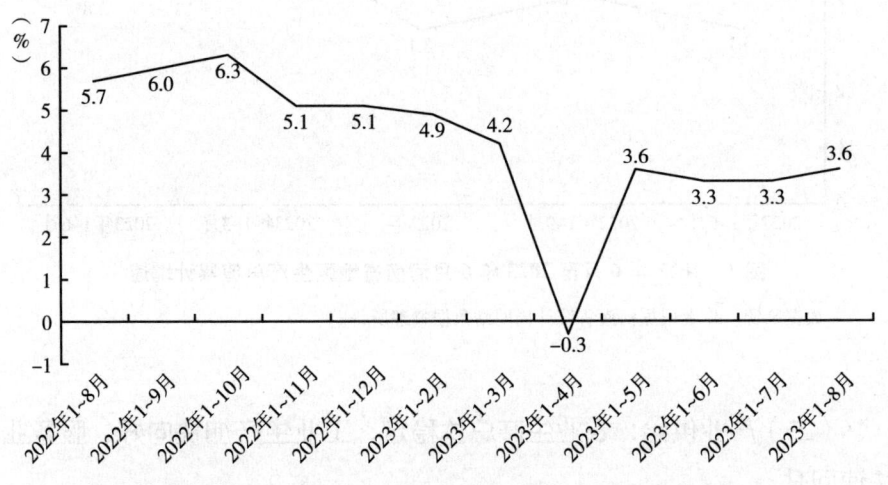

图2 2022年8月至2023年8月河南省规模以上工业增加值累计增速

数据来源：作者根据河南省统计局网站数据整理所得。

服务业快速回升。2023年以来，河南把恢复和扩大消费摆在优先位置，围绕促消费、拼经济打出系列"组合拳"，出台了促进消费"12条"、提振市场信心"90条"等，通过稳定大宗商品消费、加速恢复接触性消费、积极培育发展新型消费、持续优化消费等举措，全方位推动消费市场复苏，推动全省服务业快速回升。总体来看，2023年上半年河南服务业增加值同比增长4.5%，增速较2022年同期增长了2.3个百分点。从规模以上服务业企业发展情况看，2023年1~7月，全省规模以上服务业企业营业收入增长6.0%，较2022年同期和2023年上半年增速分别提高7.5个和0.3个百分点。从行业发展情况看，2023年1~7月全省规上服务业10个行业门类中有8个行业营业收入实现增长，增长面达80%。此外，随着疫情政策调整，文娱类服务业、交通运输业均得到快速恢复，2023年1~7月全省规上文化、体育和娱乐业营业收入增长25.3%，规上航空运输业、铁路运输业、水上运输业营业收入分别增长44.3%、29.7%、28.2%。

（三）市场需求：有效投资加速增长、消费市场持续复苏、对外贸易保持稳定

1. 有效投资加速增长

2023年以来，河南省持续营造抓项目、优环境、促投资、增动能的浓厚氛围，"三个一批"项目滚动推进，河南有效投资呈快速增长态势。重大项目带动明显，2023年1~8月全省亿元及以上项目完成投资同比增长10.6%，增速比1~7月加快0.7个百分点，其中10亿元及以上项目完成投资增长26.9%。工业投资力度加大，2023年1~8月全省工业投资增长7.0%，增速较1~7月加快0.3个百分点，其中高技术制造业投资增长23.7%，工业技改投资增长12.4%，增速分别较1~7月加快1.4个和2.5个百分点。基础设施投资正在加快，2023年1~8月全省基础设施投资增长5.8%，增速较1~7月加快2.1个百分点。社会领域投资持续增长，2023年1~8月全省社会领域投资增长9.2%，增速较1~7月加快2.5个百分点。

2. 消费市场持续复苏

2023年以来，河南围绕恢复和扩大消费打出"组合拳"，消费潜力不断释放、消费市场持续复苏。总体来看，消费市场保持较快增长，2023年1~8月全省社会消费品零售总额达到16507.01亿元，比上年同期增长5.0%（见图3），其中限额以上（限上）单位消费品零售额增长5.0%；截至2023

年8月底,限额以上批发零售业的23类商品中有18类增速较7月底加快或降幅收窄,回升面达78.3%,回升面较7月底增加了30.5个百分点。从销售类型来看,出行类、升级类、线上消费等较为活跃。2023年8月,限额以上单位汽车类、石油及制品类商品零售额分别增长7.9%、23.2%,增速比上月分别加快4.5个和1.3个百分点,其中新能源汽车零售额增长71.1%,增速比上月加快10.8个百分点;8月,全省限上单位通过公共网络实现的消费品零售额增长21.2%,高于限上单位零售额增速14.7个百分点,占限上单位零售额的比重为8.5%,较上年同期提高2.3个百分点。

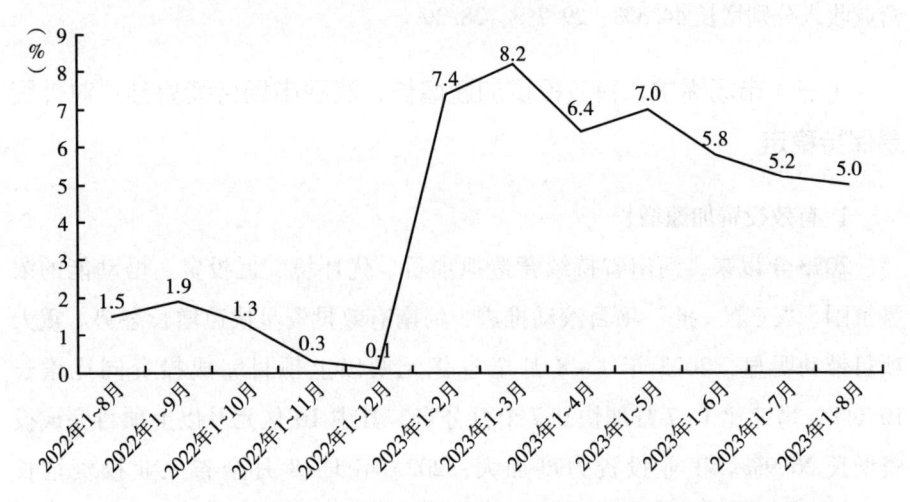

图3 2022年8月至2023年8月河南省社会消费品零售总额累计增速

数据来源:作者根据河南省统计局网站数据整理所得。

3. 对外贸易保持稳定

2023年以来,为应对世界经济复苏乏力、外需收缩加剧的不利局面,河南省出台了一揽子稳外贸促发展政策,推动了外贸主体规模持续壮大、新兴市场有效拓展、外贸韧性不断增强。总体来看,对外贸易保持稳定发展态势,2023年1~8月河南外贸进出口总额达4931.9亿元,其中,出口为3219.2亿元,同比增长1.9%,进口为1712.7亿元,贸易顺差为1506.5亿元,同比扩大27%。从外贸主体看,主体规模不断扩大,2023年1~8月,河南参与进出口的外贸企业数量达到10472家，同比增长8.6%，其中进出口总额超5000万元以上的重点企业达到710家。从合作对象看，新兴市场比重在提升，2023年1~8月，河南与共建"一带一路"国家的进出口规模为1488.9亿元，同比增长7%，占进出口总额的30.2%，同比增加3.1个百分点。从出口产品看，结构在优化，2023年1~8月，河南出口手机共计1351.5亿元，占全省出口总额的42%；出口汽车共计166.1亿元，增长2.7倍；出口农产品增长20.8%；出口人发制品共计131.4亿元，增长14.6%。汽车、农产品、人发制品成为拉动全省外贸出口的新动力。

（四）发展质效：创新能力较快提升、财政收入快速增长、重点企业营收稳步增加

1. 创新能力较快提升

近年来，河南坚定把创新摆在发展的逻辑起点、现代化建设的核心位置，创新能力得到稳步提升。创新平台能级持续提高，省科学院与中原科技城、国家技术转移郑州中心加速融合，研发实体达31家，居省级科学院首位；省医学科学院重建和中原医学科学城规划建设全面启动；中原农谷建设有序推进；省实验室挂牌运营创历史新高，达到14家；新增国家级创新产业集群3个；启动实施省级重大科技专项19项。创新投入持续增加，2023年1~6月，河南省一般公共预算支出中科技支出达216.2亿元，较上年同期增长30.7%；技术合同登记总额达640亿元，同比增长13%。

2. 财政收入快速增长

2023年以来，河南各级财政部门狠抓财政收支管理，财政收入呈现较快增长态势。总体来看，增速较快，2023年1~8月河南省财政总收入5033.5亿元，同比增长18%；一般公共预算收入为3272.2亿元，同比增长9.5%。从结构来看，质和量齐升，2023年上半年地方税收收入为1645.8亿元，增长19.8%，税收占一般公共预算收入比重达61.8%，同比提高3.7个百分点。

3. 重点企业营收稳步增加

2023年以来，河南在全力以赴拼经济指引下，全省重点企业营收保持

良好增长势头，规上工业企业营收降幅收窄，1~5月降幅较1~4月收窄了2个百分点；规上服务业企业营收增幅增加，1~5月增幅为6%，较1~4月加快了4.6个百分点；省管企业营收增加，2023年上半年41家省管企业实现营收3254.4亿元，同比增长20.6%，增速位居全国前列。

（五）全力拼经济效果：实体经济在恢复、市场活跃度在增强、金融服务质量在提升

1. 实体经济在恢复

2023年以来，河南始终把发展经济的着力点放在实体经济上，全省实体经济得到持续恢复。从用电量看，2023年1~8月第二产业用电量增长0.73%，第三产业用电量增长5.89%。从物流指数看，2023年8月全省物流景气指数达到46.8%，高于全国0.5个百分点，连续7个月处于景气区间；1~8月，河南快递业务量同比增长24.5%，居全国第6位。

2. 市场活跃度在增强

2023年以来，随着河南持续深入推进"万人助万企"活动，继续实施减税降费等惠企纾困政策，全省市场活跃度在增强。总体上看，2023年1~6月全省新设经营主体107.4万户，与上年同期相比增长38.6%。从结构上看，2023年1~6月全省新增省级专精特新中小企业551家，累计达2762家；新设外资企业数量较上年同期增长50.4%。可以说，无论从经营主体增量看，还是从结构上看，河南省市场活跃度都呈现了令人振奋的发展态势。

3. 金融服务业质量在提升

2023年1~8月，河南金融机构本外币各项存款、贷款余额分别为100650.9亿元、81839.9亿元，较上年同期分别增长10.4%和8.8%；新增境内外上市公司5家，境内豫股股权融资突破100亿元。2023年上半年，全省社会融资规模为7018.5亿元，同比增加355.6亿元。这既表明了金融服务实体经济的质效在提升，也证明了河南经济运行的基础得到夯实。

总体来看，2023年河南经济发展的积极因素在增多，向好运行的态势在持续。但同时，面对更加复杂多变的内外部环境，一些深层次矛盾和

问题需加以关注。一是发展信心有待提振。面对日趋复杂的国际环境和低于预期的复苏形势，市场主体信心不足，不愿投、不敢投等问题突出。二是发展动力有待增强。投资方面，房地产投资呈现连续下降趋势，2023年1~7月房地产投资额同比下降9%；消费方面，消费复苏仍不及预期，尚未恢复到疫情前水平，社会消费品零售总额增速较2019年同期下降了5.4个百分点；出口方面，增速放缓，且出口总额近十年来首次被安徽超越，居中部地区第二位。三是发展风险有待化解。失业潮、倒闭潮持续发酵，加之受疫情影响，地方政府债务率不降反升，部分地方银行风险逐渐增大，房地产企业违约风险持续暴露，严重制约了河南经济持续健康发展。

二 2024年河南省经济发展环境及总体走势展望

（一）2024年河南省经济运行环境分析

1. 有利条件

（1）中国经济复苏态势不断显现

2022年以来，全球经济逐步复苏，可以预见，2024年全世界更多国家和地区将恢复正常的经济生活。2023年，我国经济持续复苏，餐饮、娱乐、旅游等接触性消费快速增长，网络消费、新能源汽车等领域成为新的亮点。2024年，随着居民收入和消费能力的恢复，企业投资和消费者信心将持续回升，尤其是在新基建和双循环等重要战略举措的推动下，投资、消费将持续回暖，新能源汽车、绿色、智能制造等产业将迎来新的机遇。"一带一路"倡议进入新的十年，中国将进一步扩大与各国经贸往来，以绿色、智慧为主题提升"一带一路"合作水平。可以预见，中国经济将呈现强劲复苏的态势。

（2）宏观调控政策效应逐步释放

2023年以来，国务院加大宏观政策调控力度，打出政策"组合拳"，出台了一系列政策，巩固经济回升势头。发挥超大规模市场优势，深入实施扩大内需战略，推出恢复和扩大消费的"20条"措施；加快金融市场改革，组建金融监管局，推出活跃资本市场的"25条"措施；出台促进民营经济发展的一系列政策举措，优化营商环境、打破市场壁垒，加强对民营经济的政策支持、法治保障，成立民营经济发展局；深入实施创新驱动发展战略，加快建设制造业技术创新体系，不断优化科技创新领域的政策支持；优化房地产市场政策，坚持"一城一策"，推动房地产市场平稳健康发展，部署超大特大城市城中村改造；大力推进新型基础设施、"平急两用"、农田水利等领域投资。这一系列政策举措将持续释放发展红利，推动2024年宏观经济持续向好。

（3）新技术新产业加快产业升级

近年来，5G、人工智能、物联网、新能源、生命科技等新技术新产业快速发展，尤其是新能源、人工智能等领域产业化步伐加快，市场规模和应用范围迅速扩大。在消费领域，直播电商、网红经济、新能源汽车、老年人消费、宠物消费、数字文旅融合、运动消费、健康管理等新型消费增长迅速。2023年以来，以淄博烧烤为代表的夜经济、地摊经济一夜爆红。这些消费新模式、新场景，不但能够提升经济效率、改善用户体验，而且能够造就大量新的就业机会，为经济发展带来新动能、注入新活力。随着科技创新领域不断加快发展，郑州比亚迪、宁德时代、郑汴洛濮氢走廊等重大项目落地，以及新材料、北斗导航、区块链、文创文旅融合等新兴领域发展，河南将逐步加快产业升级步伐。

（4）河南自身发展潜力依然突出

河南省有将近1亿人口，巨大的内需市场对于经济增长、制造业发展、产业升级、科技创新等都有着重要意义；河南位于中部地区，全国综合交通枢纽地位不断提升，"空中丝绸之路"不断扩容提质；产业门类齐全，工业基础深厚，稳粮保粮作用突出，能在构建双循环新发展格局中发挥重要作用。2022年底，河南常住人口城镇化率为57.07%，仍然落后于全国8.15个百分点，在推进新型城镇化的过程中，投资、消费仍具有巨大的增长空间。构建新发展格局、新时代中部地区高质量发展、黄河流域生态保护和高质量发展三大战略交汇叠加，郑州航空港经济综合实验区、郑洛新自创区、中国（河南）自贸区等国家重大战略平台高质量发展，河南发展潜力依然突出。

（5）现代化河南建设铸就新动力

河南省第十一次党代会以来，河南锚定"两个确保"，实施"十大战略"，奋力推进中国式现代化建设河南实践。河南省推动现代化建设过程中，将创新驱动、科教兴省、人才强省作为首位战略，深入实施创新发展综合配套改革，以推进省科学院重建重振为牵引，积极对接国家创新资源布局，国家技术转移郑州中心、国家超级计算郑州中心、周口国家农高区、新乡建设国家创新型城市等陆续落地，谋划建设中原科技城、神农嵩山黄河实验室、中原农谷，国家级高新区纷纷争先进位，推进规上工业企业研发活动全覆盖。积极谋划九期"三个一批"项目，累计投资约13万亿元，郑州比亚迪、洛阳百万吨乙烯、宁德时代等重大项目顺利推进。持续优化营商环境，做好"万人助万企"活动，加快民营经济健康发展，现代化河南建设正在形成新的强大动力。

2. 不利因素

（1）外部环境仍然严峻复杂

2023年，美国和欧洲主要经济体仍然面临高通胀，货币紧缩政策仍将持续。2023年9月，经合组织（OECD）下调2024年全球经济增速预期至2.7%；世界经济论坛发布的调查报告显示，61%的首席经济学家认为2024年全球经济将会走弱，全球经济进入高成本、高债务、低增长模式。全球贸易保护主义风潮仍将持续，受地缘政治和国际经济形势变化的影响，全球产业链本土化、区域化、阵营化趋势明显，不少跨国公司开始构建"中国+1"模式。我国发展面临的外部环境日趋严峻复杂，河南需要提高经济增长质量和可持续性，增强抵御外部风险的能力。

（2）经济复苏信心有待恢复

我国经济逐步回归正轨，但在经济复苏过程中，投资和消费信心仍有待恢复。一方面，国际环境日趋严峻复杂，宏观经济复苏低于预期，民营经济和企业家预期不稳问题突出，互联网龙头企业国际竞争力下降，新经济新产业新业态创新乏力，发展信心还需要进一步呵护和提振；另一方面，大学毕业生实际就业率明显下滑，企业投资、用工增长意愿不强，居民增收难度较大。从河南来看，2023年上半年，河南省居民人均可支配收入只有全国水平的72%，消费拉动经济复苏的动力不足。受疫情影响，地方政府债务率不降反升，中小城市商业银行风险暴露，房地产企业违约现象频频发生，市场信心亟待提升。

(3) 产业转型压力不断加大

近年来，拉动中国经济增长的三大动力出口、投资、消费均发生重大趋势性变化，经济潜在增长率下移；我国科技创新能力处于由大到强、要强未强的关键阶段，全国规模以上工业企业研发（R&D）经费投入占营业收入的比重仅为1.33%，远低于发达国家。从河南来看，2022年研发经费投入强度仅为全国水平的73.2%，国家实验室、国家技术创新中心目前仍为空白，"双一流"建设高校仅有2所，行业龙头企业数量偏少，"大而不强、粗而不精、宽而不深"问题依然存在。与此同时，区域间创新资源、创新能力的竞争日趋激烈，全国各地纷纷聚焦新领域和新模式，积极布局新产业、新赛道，人才流动加速向重点都市圈与城市群汇聚。河南亟须加快动能转换，实现创新领域的跨越式发展。

(4) 人口老龄化带来新问题

2022年，中国出现1962年以来的首次人口负增长，河南人口自然增长率出现负增长。近年来，受育龄妇女持续减少、生育观念变化、劳动年龄人口外出打工、第二个生育高峰人口老龄化等多方面因素影响，河南省老龄化加剧并将持续，"少子化、老龄化"将成为常态，由此带来的赡养、抚育、养老、医疗、社会保障等方面的压力将逐年凸显。与此同时，面对人口增长和人口结构的拐点，未来城市间将不仅争夺人才，也争夺劳动力，甚至争夺普通人口、非劳动力人口。随着航空、高铁、高速公路等交通方式日益便捷，城市群和都市圈人口虹吸效应将更加突出，河南省在加快产业转型升级、改善营商环境、改善居民就业收入条件等方面的需求将更加紧迫，以便能够更好应对人口流动新趋势。

（5）重点领域风险仍需化解

近年来，在国际国内发展环境趋紧、非预期因素叠加等影响下，河南部分领域风险隐患持续增加。一是财政收支压力较大，受疫情影响，各市、县财政收入减少、支出增加，加上地方政府举债空间受限、投融资能力较差等原因，地方财政和债务风险增加，资金支付进度延缓、停滞等情况时有发生；二是受经济下行压力、金融市场趋紧影响，企业债务风险增大，房地产、建筑等行业尤其突出；三是金融领域、房地产领域风险增大，2023年上半年，全省房地产开发投资额同比下降10.4%，部分龙头房企财务困难，烂尾楼现象需要加快处置，民间金融机构风险需要进一步化解，落实统筹发展和安全要求的压力增大。

（二）2024年河南省经济走势及主要指标预测

2023年以来，经济社会发展回归常态，但外部环境依然严峻复杂，外需不振、贸易保护主义抬头、地缘政治危机叠加，支撑国内宏观经济恢复性增长的投资、消费信心仍有待回升。2024年，河南省将全力推进现代化建设河南实践，锚定"两个确保"，实施"十大战略"，经济运行将呈现持续复苏态势，全年GDP增速将高于全国平均水平。

1. 主要指标持续向好，增长速度高于全国

2023年，国务院加大宏观政策调控力度，打出政策"组合拳"，中国人民银行加强货币政策的逆周期调节，党的二十届三中全会释放新的改革创新红利。可以预见，2024年，在居民就业收入回升、政策调控和改革红利等因素的共同作用下，宏观经济景气度将继续回升。从河南省的情况来看，受多种非预期因素影响，2020~2022年河南省GDP增速累计落后全国3个百分点以上，2023年上半年河南省GDP增速仍然落后全国1.7个百分点。在前期受冲击形成低基数的前提下，2024年河南经济反弹力度有望更强，此外，河南内需市场规模、新型城镇化、承接产业转移等方面的潜力依然突出，科技创新提速、交通优势再造、文旅文创融合等领域势头喜人，"万人助万企"活动不断迈向深入，各级政府大兴调研之风，直达一线为企业排忧解难。综合判断，2024年河南经济将持续向好，经济运行的各项指标增速有望高于全国水平。

2. 项目建设不断提速，投资效应持续显现

2021年以来，河南省坚持"项目为王"，以项目为抓手积极拉动有效投资。九期"三个一批"项目滚动实施、持续发力，总投资累计约13万亿元。郑州比亚迪、洛阳百万吨乙烯、郑汴洛濮氢走廊等重大项目顺利推进。2023年以来，省领导带队赴粤港澳交流招商，产业生态不断优化，投资内生动力不断增强。进入2024年，在全省"三个一批"项目储备充足、政策支持到位、技改投资需求持续释放、高技术制造业投资维持强势等利好因素的推动下，产业项目投资将稳中有进，随着金融市场改革、新一轮城市更新、房地产市场放松等，房地产开发投资相对于前期低基数有望反弹。综合判断，2024年河南省固定资产投资将保持持续回升的良好势头。

3. 居民就业收入回暖，消费潜力加速释放

2023年，以餐饮、旅游、体育、娱乐等为代表的接触性消费迅速反弹，甚至一些旅游景点、演唱会出现"人满为患"的情况。2023年，以淄博烧烤为代表的地摊经济迅速走红，"烟火气"回归人民生活，新能源汽车、健康体育、银发经济等领域成为新增长点，但部分场景也出现消费数量增多、金额减少的情况。随着国务院出台恢复和扩大消费的"20条"措施，河南省的促进消费"12条"、促进文旅消费"8条"等政策效应显现，居民就业收入持续回暖，消费信心从"创伤效应"中逐渐恢复，新能源汽车消费、家装消费、文化娱乐消费、网络消费、健康消费、旅游出行消费等需求将进一步释放。总体来看，2024年河南省消费市场将延续2023年以来的加快回暖态势，对拉动经济总体回升发挥重要作用。

4. 外部需求持续减弱，进出口有望稳定增长

从外部需求来看，2022年以来，美国和欧洲主要经济体持续出现高通胀，美联储和欧洲央行不断加息以对抗通胀，尽管到2024年加息步伐可能放缓，但普遍预期美国和欧洲主要经济体可能出现经济增长疲软的情况。此外，当前国际地缘政治冲突持续、贸易保护主义持续，对我国和河南省的出口增长造成不利影响。但是，2023年以来，人民币兑美元、欧元总体呈现贬值趋势，叠加美国和欧洲高通胀环境，对出口增长形成一定的支撑。2024年，"一带一路"倡议进入新的十年，RCEP协议持续释放外贸红利，河南对共建"一带一路"国家和东南亚国家出口有望保持增长。综合判断，2024年，河南省外贸进出口有望实现稳定增长。

5. 市场需求不断回升，物价有望温和上涨

2024年，随着欧洲和美国加息步伐放缓，人民币汇率可能出现回升，受主要产油国限产措施影响，国际国内油价可能继续上涨。受俄乌冲突持续的影响，国际粮食价格将维持高位。同时，随着国内居民就业收入和消费信心的持续恢复，以及交通、旅游、餐饮、住宿等行业景气度回升，消费需求将会持续回升。2023年9月，制造业采购经理指数回归荣枯线以上，综合PMI产出指数连续9个月保持在50%以上，市场供给状况也将不断改善。综合判断，2024年，我国物价将会出现温和上涨，PPI指数将由负转正，CPI指数将逐步上行。

6. 居民收入持续改善，就业压力仍然较大

2023年以来，河南省大力改善民生保障，积极推动各个领域民生实事落地见效，通过保障民生稳定经济复苏基础、带动消费信心回暖。河南通过大力发展新产业、新业态、新消费场景创造新的就业岗位，全省深入实施"万人助万企"活动，不断优化营商环境，改善中小企业经营环境，通过经济复苏进一步带动就业回暖，同时打好"补、扩、降、返、缓、延"的稳就业政策"组合拳"，拓宽居民就业渠道、提升招工就业效率。随着经济发展的持续回暖向好，企业经营、就业岗位将逐步恢复。但受2019年以来高职高专扩招的影响，2023年大学毕业生和青年群体就业压力加大，该情况在2024年可能会持续。综合来看，2024年，河南省居民收入水平将持续改善，但就业压力，尤其是青年就业压力仍然比较大。

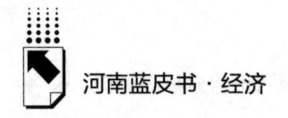

三 全力拼经济稳增长的政策建议

面对严峻复杂的发展环境和艰巨繁重的发展任务，必须坚持稳中求进的工作总基调，紧紧围绕高质量发展首要任务，持续落实既定战略思路举措，聚焦当前的突出问题，采取有针对性的重大措施，着力扩大内需、提振信心、防范风险，不断推动经济运行持续好转、内生动力持续增强、社会预期持续改善，风险隐患持续化解，推动经济实现质的有效提升和量的合理增长。

（一）紧盯扩大内需，全力稳住经济基本盘

扩大内需不仅是当前稳定经济增长的关键所在，也是中长期保持全省经济持续健康发展的根本途径。着力扩大内需，必须充分发挥投资的关键作用和消费的基础性作用，不断释放经济增长潜力，为稳住经济基本盘提供有力支撑。要不断扩大有效投资，坚持项目为王，持续滚动开展好"三个一批"项目建设活动，完善项目建设全生命周期服务机制，切实推动"万人助万企"活动，强化土地、资金等要素保障，推动项目早建成、早投产、早见效；统筹推进重大交通、能源、水利设施等传统基础设施和新一代通信网络、新型数据中心、工业互联网等新型基础设施建设，促进基础设施领域投资稳定增长；充分发挥重大项目牵引作用和政府投资撬动作用，鼓励民间资本采取多种方式规范参与政府和社会资本合作（PPP）项目，激发民间投资活力。要加快消费提质升级，持续提振传统消费，围绕稳定大宗消费、促进汽车和电子产品消费、拓展家居家电消费等方面出台刺激消费的政策，引导消费者增加大宗消费；着力升级文旅消费，大力开发露营、研学、城市漫游等文旅消费新产品，加快建设智慧文旅平台，吸引更多游客"行走河南·读懂中国"；不断挖潜新型消费，立足个性化、多样化的消费需求，创新消费场景，大力发展体育休闲等服务消费，积极培育时尚消费、国潮消费、沉浸式消费，构建夜间消费、信息消费、休闲消费等新型消费模式，充分激发消费新动能。

（二）聚焦提质升级，不断增强产业支撑力

加快构建以实体经济为支撑的现代化产业体系，是提升河南产业基础能力和产业链水平的必然选择，也是推动实现全省经济健康快速发展的基础所在、支撑所在。要大力推动产业基础高级化，深入实施产业基础再造工程和关键核心技术攻关，鼓励产业链龙头企业组建创新联合体，在关键共性技术、前沿引领技术、现代工程技术、颠覆性技术创新上着力破解"卡脖子"问题，不断提升基础零部件及元器件、基础材料、基础软件等研发制造能力和基础工艺水平，推动更多产业产品、技术装备、材料器件迈入中高端；积极推进产业数字化发展，大力开拓数字化转型场景；加快绿色低碳转型，推动绿色低碳技术研发应用，为产业绿色低碳发展提供创新动能。要大力推动产业链条一体化，聚焦主导产业和优势企业，推进短板产业补链、优势产业延链、传统产业升链、新兴产业建链，发挥头部企业的资源整合和引领带动作用，促进产业链全链资源整合，提升产业链供应链韧性和安全水平。要大力推动产业发展集群化，坚持"一群多链、串企成链、聚链成群"，加快推进国家级先进制造业集群、战略性新兴产业集群培育，通过财政、货币、产业、科技等相关政策协调配合，促进要素高效积聚、资源高效整合、协作高效紧密，实现产业由空间集聚向集群发展跃升，加快形成更多千亿元级优势特色产业集群。

（三）坚定扩大开放，着力服务新发展格局

全面扩大开放是经济发展的重要法宝，面对当前外部环境的深刻变化，必须坚定不移推动高水平对外开放，实行更加积极主动的开放战略，深度融入和服务新发展格局，更好利用国际国内两个市场、两种资源，不断拓展高质量发展新空间。要深入推进制度型开放，更加积极主动对接国际高标准经贸规则、规制、标准等，加快构建有利于贸易、投资、信息、技术、人才等自由便利流动的政策制度体系；提升RCEP规则利用率，引导河南省企业用足用好原产地累积、关税减让、程序便利、电子商务等规则，助力企业积极

参与RCEP区域内产业链供应链分工合作，提升投资保护水平，促进投资便利化。要加快推动外贸转型升级，持续开展"千企百展"拓市场行动，确保各项外贸政策落地见效，加大对外贸企业参加各类境外展会的支持力度，稳定和扩大重点产品进出口规模；促进服务贸易数字化转型，鼓励旅游、会展、运输等传统服务贸易数字化改造，同时大力发展智慧物流、远程医疗、线上办展等新型服务贸易，不断提高服务的可贸易性。要着力提升平台通道效能，实施好自贸试验区提升战略，加快2.0版建设，充分发挥"四条丝绸之路"协同并进和系列国家战略平台叠加的开放优势，加快建设连通境内外、辐射东中西的国际化物流通道枢纽，努力在开放平台、通道优势提升上实现再突破，为高水平对外开放增添动力。

（四）打造一流环境，充分激发市场活力

良好的营商环境是企业创新发展的沃土，也是保持经济持久竞争力的关键。要以打造市场化、法治化、国际化的一流营商环境为目标，深入推进营商环境综合配套改革，不断提升服务质效，以营商环境之"优"促经济之"稳"、发展之"进"。要持续优化政务环境，以系统性重塑行政审批制度改革为牵引，以数字政府建设为支撑，发挥制度重塑和数智赋能双轮驱动作用，全面推进政务服务集成化、标准化、便利化、数字化和服务企业精准化改革，持续完善"一网通办""一件事一次办"服务体系，加快实现河南省"线上一个平台、线下一个窗口"一体化政务全覆盖。要持续规范市场环境，严格落实市场准入负面清单制度，继续清理带有市场准入限制的显性和隐性壁垒，破除经营主体在许可准入、招投标等领域面临的"玻璃门""弹簧门"问题；切实维护公平竞争市场秩序，增强公平竞争审查制度刚性约束，确保各类经营主体平等使用资源要素、公平参与市场竞争、同等受到法律保护。要持续强化法治保障，依法保护民营企业产权和企业家权益，继续完善知识产权保护体系，建立健全知识产权纠纷快速处理机制，加大对知识产权违法犯罪行为的打击力度，同时还要全面推进信用河南建设，实施政务诚信提升行动，加强社会信用体系建设，开展守信

激励、失信惩戒、信用修复，让诚实守信蔚然成风，让经营主体专心创业、放心投资、安心经营。

（五）加大民生保障，扎实推进共同富裕

民生是人民幸福之基、社会和谐之本。加大民生保障力度，持续兴办民生实事，扎实推进共同富裕，不断满足人民群众对美好生活的向往，是推动实现高质量发展的最终目的和内在要求。要强化就业优先政策，做好高校毕业生、退役军人、农民工、城镇困难人员等重点群体就业工作，着力扩大就业"蓄水池"，稳住公共部门岗位规模、拓宽市场化就业渠道，激励企业稳定扩大吸纳就业规模；积极拓展更多元的就业形态，结合"互联网+"、数字经济、平台经济的发展，探索和推广青年群体灵活就业新模式，加大对灵活就业保障支持，在新职业开发、针对性培训、人力资源服务、权益保障等方面强化扶持，培育更多灵活就业增长点。要健全多层次社会保障体系，完善基本养老、医疗、失业、工伤、生育保险制度，健全分层分类社会救助体系，加强低收入人口动态监测和常态化救助帮扶，强化对低保对象、特困人员、返贫致贫人口、重度残疾人等困难群体的关心关爱，及时救助受自然灾害影响严重地区群众，扎实推动各项暖民心、惠民生工作。要加大公共服务高品质供给，聚焦公共服务领域突出短板和人民群众"急难愁盼"问题，着力在教育、医疗、养老等领域开展公共服务质量提升行动，推动教育优质创新发展，加快优质医疗资源扩容和区域均衡布局，推进基本便民服务全覆盖，不断提升发展的民生温度，让全体人民能够公平共享改革发展成果，不断增强人民群众的获得感、幸福感、安全感。

（六）切实防范风险，坚决守住安全底线

切实防范化解风险，坚决守住安全发展底线，是经济社会健康稳定持续发展的前提和保障。当前我们面临的发展环境复杂多变，各种可以预见和难以预见的风险因素明显增多，必须增强风险意识，树立底线思维，下好先手棋、打好主动仗，有效防范化解各类风险挑战，为经济快速健康发展夯实基

础。要守牢财政金融安全底线，切实防范化解农信社、村镇银行等中小金融机构风险，持续开展存量金融风险三年出清行动，加强和完善现代金融监管，强化金融风险监测预警，建立健全金融突发事件应急预警预案，加大打击非法金融活动力度，坚决守住不发生系统性金融风险的底线；持续加强地方政府债务风险化解防范，坚持"遏制增量、化解存量"思路，不断优化债务期限结构，严格实行政府债券"借、用、管、还"全链条管控，严控隐性债务增长。要稳妥推进房地产市场平稳健康发展，处理好化解房地产市场风险和促进房地产市场平稳健康发展之间的关系，立足房地产市场供求关系产生重大变化的新形势，实时调整优化房地产政策，支持刚性和改善性住房需求，同时全面完成"保交楼、稳民生"重点任务，防止风险向金融领域扩散。要深入防范化解公共安全风险，聚焦化工企业、道路交通、建筑施工、市政设施等重点领域持续开展问题隐患排查专项整治，提高城市运行安全水平和突发事件应急处置能力，严防重特大安全事故发生。

参考文献

《政府工作报告——二〇二三年一月十四日 在河南省第十四届人民代表大会第一次会议上 河南省人民政府省长王凯》，河南省人民政府网，2023年1月29日，https://www.henan.gov.cn/2023/01-29/2680023.html?eqid=ed428b640019f4f7000000036486c7ca。

河南省社会科学院课题组：《全力以赴拼经济 顶压前行稳增长——2023年上半年河南经济形势分析暨全年展望》，《河南日报》2023年7月15日。

《2023年8月份全省经济运行情况》，河南省统计局网站，2023年9月20日，https://tjj.henan.gov.cn/2023/09-20/2818759.html。

王承哲、完世伟、高璇主编《河南经济发展报告（2023）》，社会科学文献出版社，2022。

调查评价篇

B.2
2023年河南省辖市经济综合竞争力评价报告

河南省社会科学院课题组*

摘　要： 2022年，党的二十大胜利召开，河南省贯彻中央部署，奋力推进中国式现代化的河南实践，各省辖市贯彻新发展理念，着力推动现代化建设。本文贯彻新发展理念，以中国式现代化的河南实践为指引，构建了由6个一级指标、24个二级指标构成的河南省辖市经济综合竞争力评价指标体系。郑州市、洛阳市、南阳市的经济综合竞争力排在前三位。河南省辖市应锚定"两个确保"，走好现代化建设的"五条新路子"，加快创新驱动发展，高水平构建新型城镇化发展格局，持续保障和改善民生，全面提升经济综合竞争力。

---

* 课题组组长：王承哲，河南省社会科学院党委书记、院长，研究员。课题组成员：完世伟、高璇、武文超、石涛、王芳、李丽菲。执笔：武文超，河南省社会科学院经济研究所副研究员，主要研究方向为数量经济。

河南蓝皮书·经济

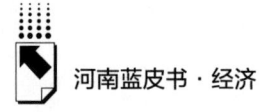

关键词： 新发展理念　经济综合竞争力　现代化建设

2022年10月，党的二十大胜利召开，党中央提出以中国式现代化推进中华民族伟大复兴的宏伟目标。河南省贯彻党中央部署，锚定"两个确保"，实施"十大战略"，奋力推进中国式现代化的河南实践。2023年，经济社会生活回归常态，河南扛稳经济大省责任，全力推动经济复苏向好，持续改善居民就业收入。在此背景下，课题组开展2023年河南省辖市经济综合竞争力评价。

一　2023年河南省辖市经济综合竞争力评价指标体系

课题组在延续以往多年建立的河南省辖市经济综合竞争力评价指标体系的基础上，贯彻新发展理念，立足中国式现代化河南实践的目标和要求，锚定"两个确保"，构建2023年河南省辖市经济综合竞争力评价指标体系。

（一）评价指标体系设计

在对2023年河南省辖市经济综合竞争力评价指标体系进行设计时，课题组除了保持多年评价指标体系的延续性，主要从三个方面进行考虑。一是贯彻党的二十大精神，以及河南省委十一届五次全会精神，以中国式现代化的河南实践为指引，坚决贯彻新发展理念，在指标设计过程中，尽可能体现中国式现代化的五大特征以及经济高质量发展的根本要求，充分体现人口内需规模、人与自然和谐、共同富裕、建设现代经济体系、科技自立自强等方面的特征和精神。二是坚持指标体系设计的科学性和合理性，确保指标体系总体上能够较好地反映省辖市的经济综合竞争力，使一级指标、二级指标的构成更加科学合理。三是评价数据获取的可得性、可靠性，在指标设计的过程中，如果部分统计指标数据难以获取，则无法将该指标纳入评价体系，同时统计数据要来自统计局和政府有关部门，确保统计数据的权威性、可靠性。

2023年河南省辖市经济综合竞争力评价指标体系包括6个一级指标、24个二级指标。6个一级指标为经济规模、发展速度、财政金融、经济结构、科技创新和发展效益。二级指标的构成如下：经济规模指标包括地区生产总值、常住人口和社会消费品零售总额3个指标；发展速度指标包括地区生产总值增速、固定资产投资增速和规模以上工业增加值增速3个指标；财政金融指标包括一般公共预算收入、一般公共预算支出、年末金融机构人民币存款余额、年末金融机构人民币贷款余额4个指标；经济结构指标包括第二产业增加值占地区生产总值之比、第三产业增加值占地区生产总值之比、城乡居民收入比、城镇化率、经济外向度（进出口总额与地区生产总值之比）5个指标；科技创新指标包括有效发明专利数、每万人有效发明专利数、研究与试验发展经费、研发经费投入强度4个指标；发展效益指标包括每万人卫生机构床位数、每万人卫生技术人员数、居民人均可支配收入、人均地区生产总值、空气质量优良天数5个指标（见表1）。

表1　2023年河南省辖市经济综合竞争力评价指标体系

一级指标	二级指标	一级指标	二级指标
经济规模	地区生产总值(亿元)	经济结构	城乡居民收入比
	常住人口(万人)		城镇化率(%)
	社会消费品零售总额(亿元)		经济外向度(%)
发展速度	地区生产总值增速(%)	科技创新	有效发明专利数(件)
	固定资产投资增速(%)		每万人有效发明专利数(件)
	规模以上工业增加值增速(%)		研究与试验发展经费(亿元)
财政金融	一般公共预算收入(亿元)		研发经费投入强度(%)
	一般公共预算支出(亿元)	发展效益	每万人卫生机构床位数(张)
	年末金融机构人民币存款余额(亿元)		每万人卫生技术人员数(人)
	年末金融机构人民币贷款余额(亿元)		居民人均可支配收入(元)
经济结构	第二产业增加值占地区生产总值之比(%)		人均地区生产总值(元)
	第三产业增加值占地区生产总值之比(%)		空气质量优良天数(天)

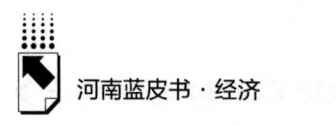

课题组在2022年指标体系的基础上进行了三个方面的调整：一是删去对外经济一级指标，以及二级指标进出口总额、实际利用外资，删除实际利用外资指标主要是由于数据可得性问题，删去进出口总额指标的原因是对该指标进行了调整；二是在经济结构指标中增加了二级指标经济外向度，该指标由进出口总额除以地区生产总值得到，反映一个地区外向型经济发展水平；三是科技创新指标中，将专利授权数量修改为有效发明专利数，原因主要是数据可得性问题。总体而言，本次指标体系调整不大，总体上延续了上一年的指标体系构成。

（二）评价方法

本次评价中所采取的评价方法与以往河南省辖市经济综合竞争力评价方法一致，即通过专家法赋权、线性加权方法计算评价得分。在24个二级指标中，城乡居民收入比是逆向指标（即数值越低评分越高），其余指标均为正向指标。

（三）数据来源

本文所采用的统计数据主要来自河南省辖市和济源示范区发布的2022年经济和社会发展统计公报。专利数据来自河南省知识产权局网站；研发经费投入数据来自河南省统计局发布的《2022年河南省研究与试验发展（R&D）经费投入统计公报》；部分缺失数据通过外推法、类比法进行补充。部分人均类、增速类、占比类指标数据通过基础数据计算得到。

二 2023年河南省辖市经济综合竞争力评价结果与分析

基于2023年河南省辖市经济综合竞争力评价指标体系，课题组收集统计数据并计算，得到评价结果。

（一）评价结果

从评价结果来看，郑州市、洛阳市、南阳市排在2023年河南省辖市经济综合竞争力的前三位。其中，郑州市延续以往的优势，以比较大的评分优势排在第1位，洛阳市同样保持对其他省辖市的领先优势，继续排在第2位，南阳市作为河南省的省域副中心城市排在第3位。2022年，受疫情和多种非预期因素影响，郑州市主要经济指标的增速相对减缓，因此，郑州市相对其他地市的评分优势有所缩小。从一级指标来看，郑州市的经济规模、财政金融、经济结构、科技创新、发展效益5个指标都排在河南省辖市的第1位，而发展速度指标排在河南省辖市的第18位，可见，郑州市主要受发展速度指标影响拖累了总体评分；洛阳市在财政金融和科技创新方面排在河南省辖市的第2位，在经济规模方面排在第3位，在发展效益方面排在第5位，在经济结构方面排在第9位，在发展速度方面排在第14位，同样被发展速度拖累了总体评分；南阳市在经济规模方面排在河南省辖市第2位，财政金融方面排在第3位，发展效益方面排在第4位，发展速度方面排在第6位，科技创新方面排在第7位，经济结构方面排在第14位。郑州市、洛阳市、南阳市作为河南省的中心和副中心城市，在承接人口转移、带动周边区域高质量发展、促进科技创新、扩大和深化对外开放等方面持续发挥引领带动作用。河南省辖市经济综合竞争力评价排在第4位到第18位的分为是新乡市、焦作市、济源市、三门峡市、平顶山市、漯河市、许昌市、濮阳市、驻马店市、信阳市、商丘市、开封市、鹤壁市、安阳市和周口市（见图1）。从空间布局来看，河南省辖市经济综合竞争力评价仍然以郑州都市圈为中心的中部地带城市排名相对靠前，排在第4位到第10位的新乡市、焦作市、济源市、三门峡市、平顶山市、漯河市、许昌市都处于这一地带。豫北的传统工业城市、豫南和豫东南的传统农业区城市排名相对靠后。

近年来，由于疫情和多种非预期因素影响，省辖市的经济增长速度变化较大。省辖市之间的经济增速差异大于其他总量、人均、结构类指标，因此发展速度对河南省辖市经济综合竞争力评价的排名结果影响比较明显，表现为城市间排名变化较大、上下浮动较大。例如，焦作市由于2020年统计数据挤水分，当年地区生产总值出现大幅负增长，排名从第7位下降至第13

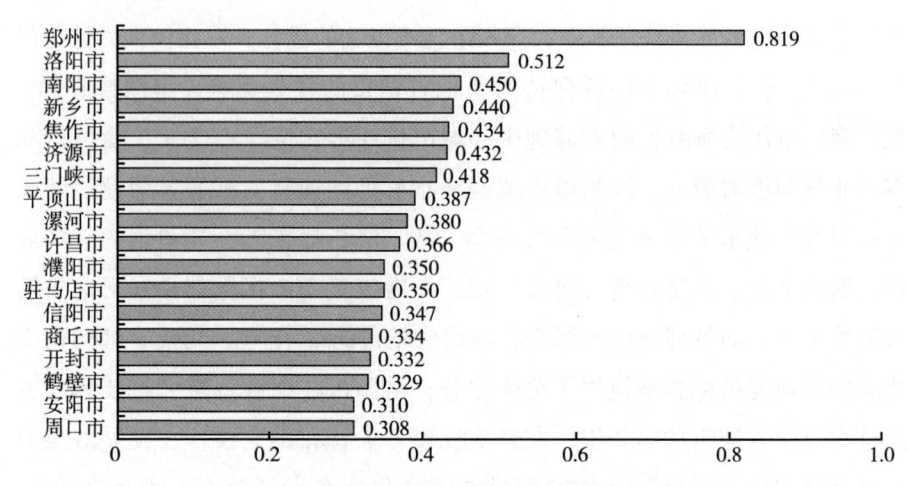

城市	得分
郑州市	0.819
洛阳市	0.512
南阳市	0.450
新乡市	0.440
焦作市	0.434
济源市	0.432
三门峡市	0.418
平顶山市	0.387
漯河市	0.380
许昌市	0.366
濮阳市	0.350
驻马店市	0.350
信阳市	0.347
商丘市	0.334
开封市	0.332
鹤壁市	0.329
安阳市	0.310
周口市	0.308

图1　2023年河南省辖市经济综合竞争力评价排名

位，2023年回升至第5位；商丘市2021年排名受地区生产总值增速排在末位拖累而在2022年评价中排在最后一位，2023年排名同样有所回升。在本次评价中，许昌市、郑州市的发展速度排在省辖市最后两位，因此，郑州市的评价得分优势有所缩小，而许昌市的排名出现明显下降。

本次评价突出体现了新发展理念、高质量发展的要求，在排名靠后的城市中，开封市、鹤壁市、安阳市的发展效益指标排名相对比较靠后，而商丘市、周口市、信阳市等则是在经济结构、科技创新方面比较靠后，排在中上游的城市在经济结构、科技创新、发展效益等方面指标表现相对较好。

但是，从评价得分来看，部分城市之间尽管排名有差距，但得分差距很小。

（二）分项指标评价结果

1. 经济规模指标

一级指标经济规模的构成包括地区生产总值、常住人口、社会消费品零售总额，突出了内需市场的作用，总体上体现了人口规模巨大的现代化这一特征以及壮大内循环等方面的要求。经济规模指标评价结果排在前五位的省辖市是郑州市、南阳市、洛阳市、周口市和商丘市（见图2）。其中，郑州市在地区生产总值、常住人口、社会消费品零售总额三个方面都排在河南省第1位；南阳市在常住人口方面排在全省第2位，在地区生产总值和社会消费品零售总额方面排在全省第3位；洛阳市在地区生产总值和社会消费品零售总额方面排在全省第2位，在常住人口方面排在第5位；周口市在常住人口方面排在全省第3位，在地区生产总值、社会消费品零售总额方面分别排在全省第5位、第4位；商丘市在常住人口方面排在河南省第4位，地区生产总值和社会消费品零售总额分别排在第7位、第5位。经济规模指标排名总体上与2022年没有变化，仅开封市和安阳市因较小的评分差别而交换位次。在推进中国式现代化的河南实践过程中，河南省努力走出人口大省高质量发展的新路子，在人口高质量发展、共同富裕、打造发展新动能新优势、推动产业转型升级、加快推进以人为核心的新型城镇化、发挥内需市场优势等方面努力奋进，为实现"两个确保"提供有力支撑。

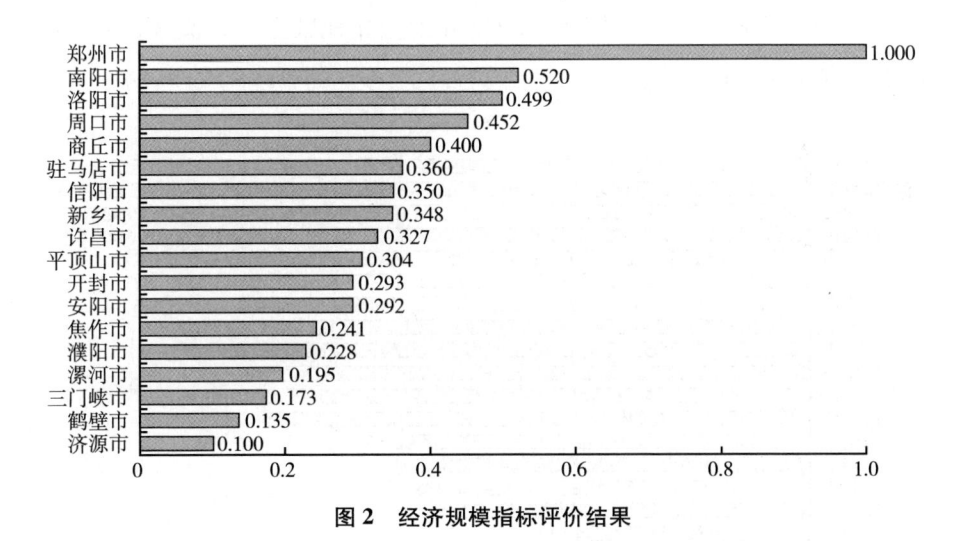

城市	评分
郑州市	1.000
南阳市	0.520
洛阳市	0.499
周口市	0.452
商丘市	0.400
驻马店市	0.360
信阳市	0.350
新乡市	0.348
许昌市	0.327
平顶山市	0.304
开封市	0.293
安阳市	0.292
焦作市	0.241
濮阳市	0.228
漯河市	0.195
三门峡市	0.173
鹤壁市	0.135
济源市	0.100

图2 经济规模指标评价结果

2. 发展速度指标

近年来，受疫情和多种非预期因素的影响，河南省辖市发展速度指标评分年度变化幅度比较大，对评价结果产生了一定的影响。发展速度指标评价结果排在前五位的省辖市分别为濮阳市、新乡市、漯河市、商丘市、三门峡市（见图3）。其中，濮阳市规模以上工业增加值增速为8.2%，排在省辖市第1位，地区生产总值增速、固定资产投资增速分别排在全省第5位、第6位；新乡市地区生产总值增速为5.3%，排在全省第1位，固定资产投资增速和规模以上工业增加值增速均排在第2位；漯河市地区生产总值增速排在全省第2位，固定资产投资增速、规模以上工业增加值增速均排在第4位；商丘市地区生产总值增速、固定资产投资增速、规模以上工业增加值增速三项指标均排在全省第6位；三门峡市地区生产总值增速、固定资产投资增速、规模以上工业增加值增速三项指标分别排在全省第7位、第13位和第3位。郑州市受非预期因素影响较大，地区生产总值增速、固定资产投资增速都排在全省最后1位，规模以上工业增加值增速排在全省第14位。2023年上半年，郑州市受益于经济复苏和上年低基数等因素，地区生产总值增长6.3%，高于全省2.5个百分点。此外，2022年经济增速较低的安阳市，2023年上半年地区生产总值增长4.3%，高于全省0.5个百分点。

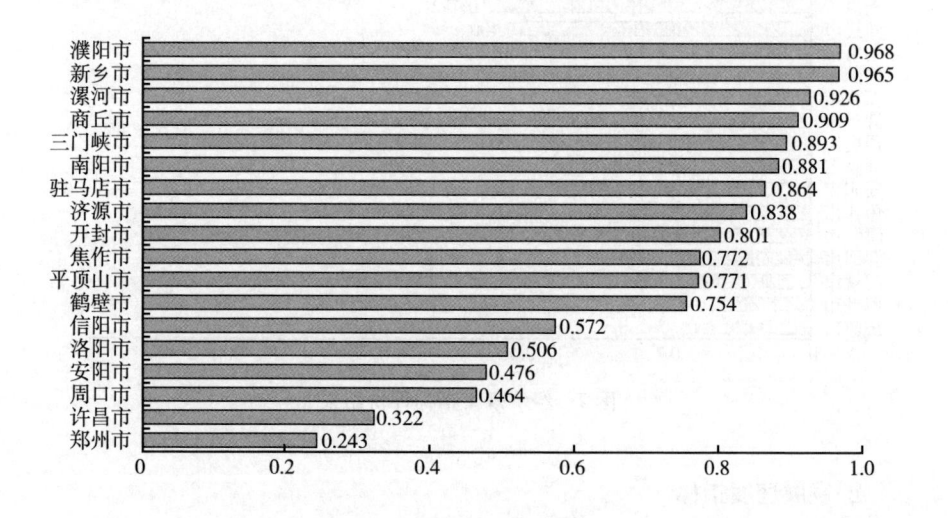

省辖市	数值
濮阳市	0.968
新乡市	0.965
漯河市	0.926
商丘市	0.909
三门峡市	0.893
南阳市	0.881
驻马店市	0.864
济源市	0.838
开封市	0.801
焦作市	0.772
平顶山市	0.771
鹤壁市	0.754
信阳市	0.572
洛阳市	0.506
安阳市	0.476
周口市	0.464
许昌市	0.322
郑州市	0.243

图3 发展速度指标评价结果

3. 财政金融指标

财政金融指标主要由一般公共预算收入、一般公共预算支出、年末金融机构人民币存款余额、年末金融机构人民币贷款余额4个二级指标构成，用来反映省辖市经济发展的资金资源规模。一般公共预算收入和年末金融机构人民币贷款余额还能够部分反映一个地区企业发展、产业投资的情况。根据评价结果，财政金融指标评价结果排在河南省辖市前五位的分别是郑州市、洛阳市、南阳市、周口市和驻马店市（见图4）。其中，郑州市在一般公共预算收入、一般公共预算支出、年末金融机构人民币存款余额、年末金融机构人民币贷款余额4个指标上都排在全省第1位，2022年郑州市一般公共预算收入、一般公共预算支出、年末金融机构人民币存款余额、年末金融机构人民币贷款余额分别占省辖市总量的26.3%、16.5%、31.4%和46.0%；洛阳市在一般公共预算收入、年末金融机构人民币存款余额、年末金融机构人民币贷款余额方面均排在全省第2位，一般公共预算支出排在全省第5位；南阳市的一般公共预算支出排在全省第2位，一般公共预算收入、年末金融机构人民币存款余额、年末金融机构人民币贷款余额均排在全省第3位；周口市的一般公共预算收入、一般公共预算支出、年末金融机构人民币存款余额、年末金融机构人民币贷款余额分别排在全省第11位、第3位、第4位和第12位；驻马店市的一般公共预算收入、一般公共预算支出、年末金融机构人民币存款余额、年末金融机构人民币贷款余额分别排在全省第8位、第7位、第6位和第6位。

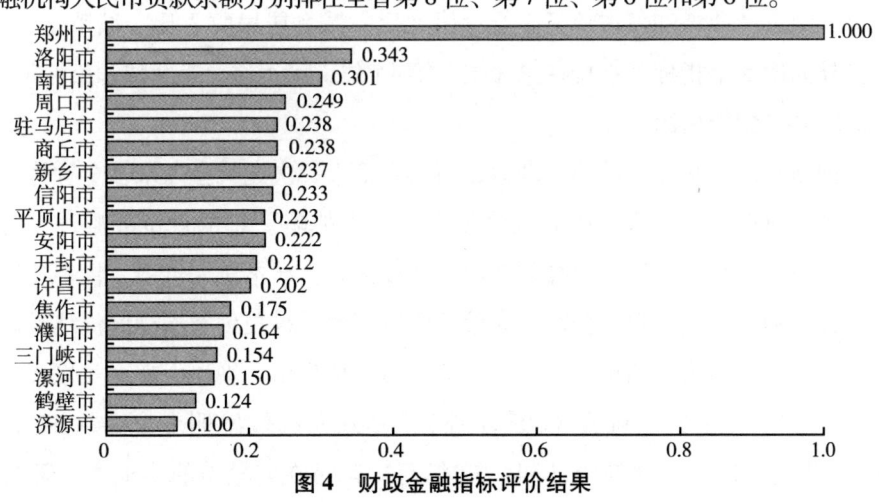

城市	数值
郑州市	1.000
洛阳市	0.343
南阳市	0.301
周口市	0.249
驻马店市	0.238
商丘市	0.238
新乡市	0.237
信阳市	0.233
平顶山市	0.223
安阳市	0.222
开封市	0.212
许昌市	0.202
焦作市	0.175
濮阳市	0.164
三门峡市	0.154
漯河市	0.150
鹤壁市	0.124
济源市	0.100

图4 财政金融指标评价结果

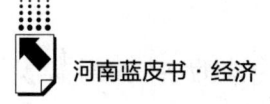

4. 经济结构指标

经济结构指标由第二产业增加值占地区生产总值之比、第三产业增加值占地区生产总值之比、城乡居民收入比、城镇化率、经济外向度5个二级指标构成，用来反映产业结构、城乡结构、城乡收入差异、经济外向性，经济外向度为本次评价中新加入的指标。经济结构指标评价结果排在前五位的城市分别是郑州市、济源市、焦作市、鹤壁市、许昌市（见图5）。郑州市在第三产业增加值占地区生产总值之比（58.6%）、城镇化率（79.4%）和经济外向度（46.9%）方面都排在省辖市第1位，城乡居民收入比排在第2位，第二产业增加值占地区生产总值之比排在第12位，尤其是经济外向度方面，郑州领先第2位的济源市9.6个百分点。济源市在第二产业增加值占地区生产总值之比（60.9%）方面排在全省第1位，城镇化率、经济外向度排在第2位，城乡居民收入比排在第4位，第三产业增加值占地区生产总值之比排在第17位。焦作市城乡居民收入比（1.58）排在全省第1位，第二产业增加值占地区生产总值之比、第三产业增加值占地区生产总值之比、城镇化率、经济外向度分别排在第10位、第2位、第4位和第5位。鹤壁市第二产业增加值占地区生产总值之比、第三产业增加值占地区生产总值之比、城乡居民收入比、城镇化率、经济外向度5个指标分别排在第2位、第18位、第3位、第5位和第7位。许昌市第二产业增加值占地区生产总值之比、第三产业增加值占地区生产总值之比、城乡居民收入比、城镇化率、经济外向度5个指标分别排在第3位、第14位、第5位、第9位和第6位。

5. 科技创新指标

创新是现代化建设的第一动力，河南省第十一次党代会以来，全省将创新驱动、科教兴省、人才强省战略作为"十大战略"中的首位战略，大力推进科技创新领域发展，科技创新能力持续提升。在本次评价中，将科技创新指标中的专利授权数量修改为有效发明专利数。科技创新指标评价结果排在前五位的城市为郑州市、洛阳市、新乡市、焦作市、平顶山市（见图6）。郑州市的有效发明专利数（30704件）、每万人有效发明专利数（24.10件）、研究与试验发展经费（344.72亿元）都排在省辖市的第1位，研发

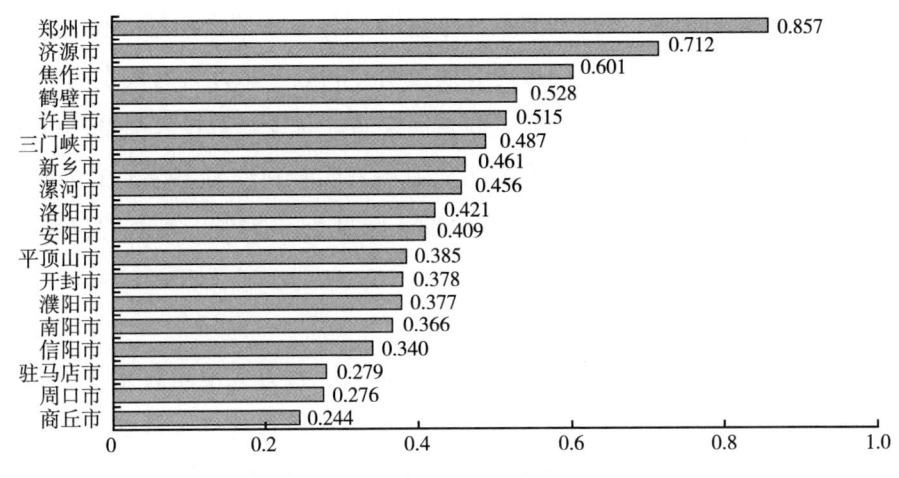

图 5　经济结构指标评价结果

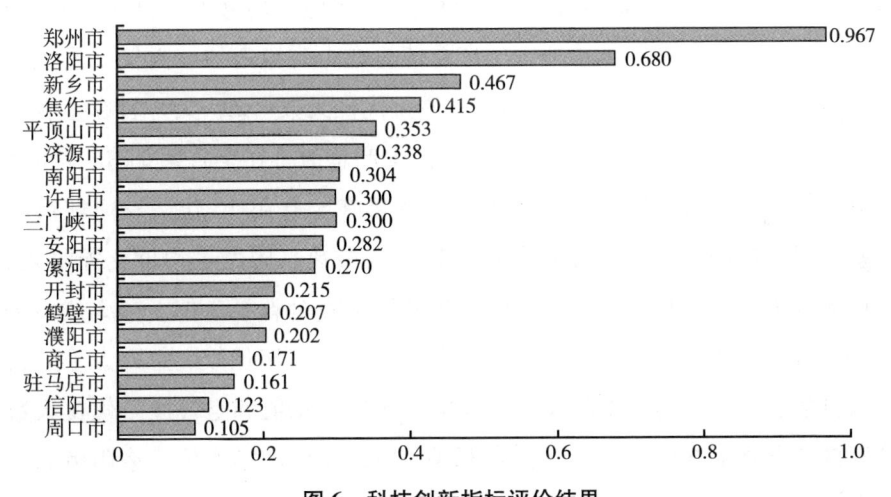

城市	数值
郑州市	0.857
济源市	0.712
焦作市	0.601
鹤壁市	0.528
许昌市	0.515
三门峡市	0.487
新乡市	0.461
漯河市	0.456
洛阳市	0.421
安阳市	0.409
平顶山市	0.385
开封市	0.378
濮阳市	0.377
南阳市	0.366
信阳市	0.340
驻马店市	0.279
周口市	0.276
商丘市	0.244

图 6　科技创新指标评价结果

城市	数值
郑州市	0.967
洛阳市	0.680
新乡市	0.467
焦作市	0.415
平顶山市	0.353
济源市	0.338
南阳市	0.304
许昌市	0.300
三门峡市	0.300
安阳市	0.282
漯河市	0.270
开封市	0.215
鹤壁市	0.207
濮阳市	0.202
商丘市	0.171
驻马店市	0.161
信阳市	0.123
周口市	0.105

经费投入强度排在省辖市第 2 位。洛阳市的研发经费投入强度（2.96%）排在省辖市第 1 位，有效发明专利数、每万人有效发明专利数、研究与试验发展经费都排在省辖市第 2 位。新乡市的有效发明专利数、研究与试验发展经费、研发经费投入强度排在省辖市第 3 位，每万人有效发明专利数排在省辖市第 4 位。焦作市的有效发明专利数、每万人有效发明专利数、

研究与试验发展经费、研发经费投入强度分别排在省辖市的第5位、第3位、第7位和第4位。平顶山市的有效发明专利数、每万人有效发明专利数都排在省辖市第7位，研究与试验发展经费、研发经费投入强度都排在省辖市的第5位。2022年，全国每万人有效发明专利数为29.83件，高于所有河南省辖市水平；全国研发经费投入强度为2.54%，河南省仅洛阳市、郑州市和新乡市高于全国水平。

6. 发展效益指标

发展效益指标包括每万人卫生机构床位数、每万人卫生技术人员数、居民人均可支配收入、人均地区生产总值和空气质量优良天数5个指标。发展效益指标评价结果排在省辖市前五位的是郑州市、信阳市、三门峡市、南阳市和洛阳市（见图7）。郑州市的每万人卫生机构床位数（88.63张）、每万人卫生技术人员数（111.63人）、居民人均可支配收入（41049元）均排全省第1位，人均地区生产总值排在全省第2位，空气质量优良天数排在全省第13位。信阳市的空气质量优良天数（297天）排在全省第1位，每万人卫生机构床位数和人均地区生产总值排在全省第12位，每万人卫生技术人员数、居民人均可支配收入排在全省第15位。三门峡市的每万人卫生机构床位数、每万人卫生技术人员数、居民人均可支配收入、人均地区生产总值和空气质量优良天数分别排在全省第2位、第3位、第11位、第4位和第7位。南阳市的每万人卫生机构床位数、每万人卫生技术人员数、居民人均可支配收入、人均地区生产总值和空气质量优良天数分别排在全省第6位、第2位、第12位、第14位和第4位。洛阳市的每万人卫生机构床位数、每万人卫生技术人员数排在全省第4位，居民人均可支配收入、人均地区生产总值和空气质量优良天数分别排在全省第3位、第5位、第10位。

三 政策建议

第一，锚定"两个确保"，走好建设现代化河南的"五条新路子"。楼

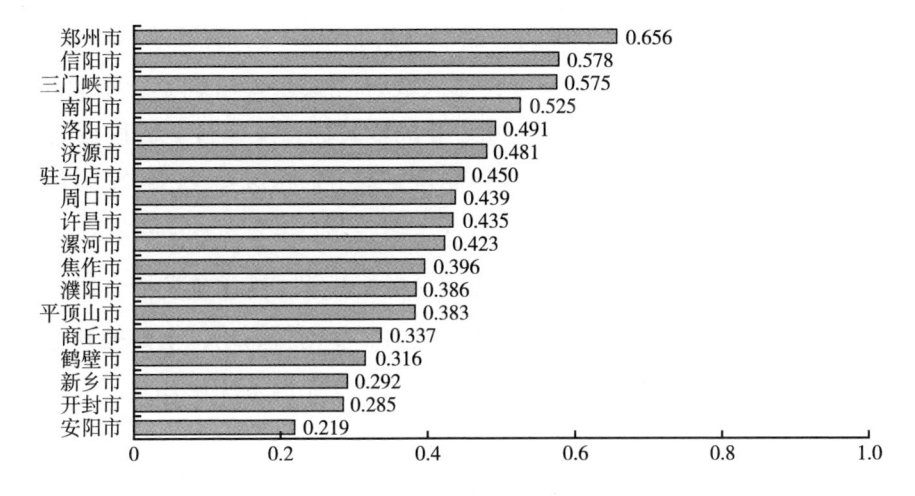

城市	数值
郑州市	0.656
信阳市	0.578
三门峡市	0.575
南阳市	0.525
洛阳市	0.491
济源市	0.481
驻马店市	0.450
周口市	0.439
许昌市	0.435
漯河市	0.423
焦作市	0.396
濮阳市	0.386
平顶山市	0.383
商丘市	0.337
鹤壁市	0.316
新乡市	0.292
开封市	0.285
安阳市	0.219

图7 发展效益指标评价结果

阳生书记提出了建设现代化河南要努力走好人口大省高质量发展的新路子、农业大省统筹城乡的新路子、文化大省以文兴业的新路子、生态大省绿色发展的新路子、内陆大省开放带动的新路子。这五条新路子突出体现了中国式现代化的五大特征，生动地解答了河南这样一个经济大省、农业大省、文化大省如何建设现代化的问题。走好人口大省高质量发展的新路子，一方面要发挥内需市场、劳动力优势，加快发展；另一方面，要通过产业发展、人口集聚、科技创新等提升人口承载力以及居民就业收入水平，在人口高质量发展、共同富裕、打造发展新动能新优势、推动产业转型升级、加快推进以人为核心的新型城镇化、发挥内需市场优势等方面持续发力。走好农业大省统筹城乡的新路子，要一体推进新型城镇化和乡村振兴，优化城乡间的资源配置，加快一二三产业融合发展、城乡融合发展，构建"一区两带三山"农业农村现代化发展布局，扛稳粮食安全重任，推进农业供给侧结构性改革，提升粮食等重要农产品核心竞争力，构建乡村产业体系。走好文化大省以文兴业的新路子，要充分利用历史文化资源，以保护传承弘扬黄河文化为主线，以场景为核心打造文化展示体验新空间，以品牌为统领构建全域形象推广新格局，着力培育具有国际影响力的"行走河南·读懂中国"形象品牌,加快建设中华文明连绵不断的探源地、实证地和体验地。走好生态大省绿色发展的新路子,深入践行"绿水青山就是金山银山"理念,以"三大"结构调整为重点、绿色技术创新为关键、制度体系建设为保障,加快生产和生活方式绿色变革,努力在经济发展中促进绿色转型,在绿色转型中实现更高水平、更高质量发展。走好内陆大省开放带动的新路子,实施更大范围更宽领域高水平对外开放,高质量发挥自贸试验区引领作用,打造与国际通行规则相衔接的制度创新高地,全面提升郑州航空港经济综合实验区开放枢纽功能,实施全产业链系统化开放,积极引进产业链高端环节、高端要素等。

第二,加快创新驱动发展,提升科技创新能力。创新是第一动力,未来省辖市经济发展的竞争很大程度上是创新的竞争。深入实施创新驱动、科教兴省、人才强省这一首位战略,加快构建"基础研究+技术攻关+成果转化+科技金融+人才支撑"全过程创新生态链,全方位赋能高质量发展。对标全国重点实验室建设标准,加快建设黄河实验室、嵩山实验室、农业供给安全实验室,积极创建国家实验室,持续加大对省级创新平台的培育力度,在隧道掘进装备、诊断试剂、高端轴承、超硬材料等领域争创国家技术创新中心,集中布局重大科技基础设施和跨领域、跨学科的前沿交叉研究平台。围绕传统产业提质发展,聚焦材料、装备、汽车、食品、现代农业等传统优势产业,依托创新龙头企业,突破一批关键共性技术,推动产业迭代升级。围绕新兴产业培育壮大,聚焦信息技术、生物医药、新能源、节能环保、高端装备、功能材料等新兴产业,加速创新突破和融合应用,培育带动新兴产业集群。围绕未来产业前瞻布局,在新一代通信技术、清洁能源、前沿新材料等领域,以"现有产业未来化"和"未来技术产业化"为重点,力争在部分前沿领域实现颠覆性重大突破,培育形成若干未来产业的新增长极。大力培育创新主体,实施高新技术企业倍增计划、科技型中小企业"春笋"计划,强化服务、壮大创新型企业队伍,持续开展推动规上工业企业研发活动全覆盖专项行动,落实好税收优惠政策,培育一批"双一流"高校和学科,重建重振省科学院,做优做强省农科院,增强高校院所创新能力,探索开展以创新绩效为导向的省属科研院所改革。深入实施人才强省战略，一体推进教育科技人才强省建设，努力培养造就一大批学术大家、领军科学家、一流创新人才和团队、青年创新人才、大国工匠，促进教育链、人才链与创新链、产业链深度融合。坚持制造为重，做强做优做大数字经济，培育壮大制造业集群，打造全国先进制造业基地。

第三，坚持以郑州都市圈为引领，高水平构建新型城镇化发展格局。推动中心城市"起高峰"，打造现代化郑州都市圈，增强洛阳和南阳副中心城市辐射带动能力，推进区域协调联动发展。坚持以郑州都市圈建设为牵引，全力提升郑州国家中心城市能级，强化郑州枢纽开放、科技创新、教育文化、金融服务等功能，推进中心城区有机更新和品质提升，探索将中牟、荥阳、新郑等具备条件的县（市）纳入中心城区统一管理，加快提高城市首位度。着力推动都市圈基础设施一体化发展，构建快速便捷高效的交通网络，明确都市圈产业协同的主攻方向，做好相对分工，推动产业聚势成链，在都市圈范围内布局战略性新兴产业等重大生产力。以都市圈为重点和突破口，探索区域一体化发展机制和跨界一体化地区发展模式，探索增量税收由各地政府协商按比例分成等合作模式。积极培育省域副中心城市，推动公共资源向洛阳、南阳倾斜，形成反磁力中心。推动公共资源按常住人口规模配置，提升其综合承载能力，鼓励人口规模较大的城市做大做强。推进洛阳中原城市群副中心城市提级扩能，坚持创新产业双驱动、改革开放两手抓、文旅文创成支柱，打造具有国际竞争力的装备制造产业集群，塑造"盛世隋唐""国花牡丹"等特色文化品牌。培育南阳这个省域副中心城市，坚持制造业高质量发展主攻方向，把做优做强产业企业作为重中之重，实施南水北调中线工程丹江口库区等生态保育工程，提升"八大宛药"规模品质，大力发展现代中医药产业集群，加快副中心城市建设步伐。加快中等城市中心城区和市域人口与产业集聚能力，提升就业承载能力，完善城市功能，提升城市建设水平，探索特色发展道路，增强对区域经济社会发展的带动作用，增强对周边小城市和县域的辐射带动作用。推进以县城为重要载体的城镇化建设，加快推进城乡基础设施一体化，提升吸纳和承载人口的能力，根据县域自身特色走好高质量发展道路。

第四，坚持保障和改善民生，提升人民幸福感获得感。加强普惠性、基础性、兜底性民生建设，突出抓好"一老一小一青壮"民生工作，解决好群众"急难愁盼"问题，让发展成果更多更公平惠及全体人民。实施就业优先行动。扎实推进"人人持证、技能河南"建设，提升劳动年龄人口职业技能水平，多措并举提升高校毕业生、进出务工人员等群体就业水平，鼓励发展新就业形态。扎实扩大中等收入群体，持续稳步扩大居民收入渠道，改善低收入群体收入水平，完善最低工资标准的动态调整机制。实施教育提质行动。优化义务教育阶段教育资源布局，高质量发展普惠学前教育，鼓励高中阶段学校高质量有特色发展，加快"双一流"大学和学科建设，提升高校学科建设水平，积极引进国内外高水平大学分校或实施共建计划。建成国家职业教育创新发展高地，培养一批专业技能人才。完善终身学习体系，加快建设书香河南。实施健康促进行动。坚持医疗、医保、医药、医养、医改"五医联动"，推动以治病为中心向以人民健康为中心转变，加快建设健康河南。推进国家区域医疗中心、省医学中心建设，发展县域医共体和城市医联体，打造"15分钟健康服务圈"。发展中医药产业，建设国家中医药综合改革试验区。健全全生命周期人口服务体系，完善鼓励生育三孩的各项配套措施，鼓励多种养老模式并举，提升养老服务供给水平。不断完善多层次社会保障体系，推进务工农民、灵活就业人员、新业态就业人员参加社会保险，实施基本医保、失业保险、工伤保险省级统筹。坚持高水平发展和安全相统筹，牢牢保障粮食安全，积极处置和化解房地产市场、政府隐性债务、企业债务等领域风险，扎实做好企业生产安全保障工作，加强应对自然灾害、卫生风险的预警和应急反应体系建设，强化社会治安整体防控，为经济社会发展和人民生活提供安全保障。

参考文献

黄茂兴、李闽榕：《中国省域经济综合竞争力评价与预测的方法研究》，《福州师范大学学报》（哲学社会科学版）2008年第1期。

李金昌、史龙梅，徐蔼婷：《高质量发展评价指标体系探讨》，《统计研究》2019年第1期。

李梦欣、任保平：《新时代中国高质量发展的综合评价及其路径选择》，《财经科学》2018年第5期。

B.3
2023年河南省县域经济高质量发展评价报告

河南省社会科学院课题组*

摘　要： 坚持新发展理念，本文基于以往研究评价的基本框架，从规模、结构、效益、潜力、民生等角度搭建河南省县域经济高质量评价指标体系，基于2021年河南省县域经济统计数据，利用熵值法对河南省102个县（市）经济高质量发展水平进行评价分析。研究发现，不同县（市）经济高质量发展的差异较为明显，县域经济发展格局基本稳定，新郑、巩义、中牟、义马、荥阳等县（市）在经济高质量发展上的比较优势突出。新时代，在全球经济恢复减缓、经济下行压力较大的客观现实下，仍然要扎实推进县域发展起高原，持续优化创新生态、推进产业振兴、城乡全面融合，走出河南县域经济高质量发展的特色之路。

关键词： 河南省　县域经济　经济高质量发展水平

推进县域经济发展起高原，是新时代推进中国式现代化建设的关键举措。近年来，河南省锚定"两个确保"，深入实施"十大战略"，持续推进县域治理"三起来"，成效显著。2023年，全球经济恢复减缓，经济下行压力加大，县域经济发展面临着机遇与挑战，推进县域经济高质量发展成为关键，科学、客观地评价县域经济高质量发展水平，找弱项、找优势，能够为

---

* 课题组组长：王承哲，河南省社会科学院党委书记、院长、研究员。课题组成员：完世伟、高璇、石涛、武文超、崔理想、汪萌萌。执笔：石涛，河南省社会科学院经济研究所副研究员，主要研究方向为数量经济与金融。

持续推进县域经济高质量发展提供决策依据，具有重要的现实价值。考虑到政策的时效性和数据的可得性，课题组利用2021年河南省102个县（市）的数据，利用熵值法来测算县域经济高质量发展指数，据此来探讨河南省县域经济高质量发展的现状以及政策要点。

一 研究设计

在充分借鉴现有学者研究成果的基础上，课题组践行新发展理念，构建2023年河南省县域经济高质量发展评价指标体系。

（一）县域经济发展质量评价指标体系构建

习近平总书记指出，高质量发展，就是能够很好满足人民日益增长的美好生活需要的发展，是体现新发展理念的发展，是创新成为第一动力、协调成为内生特点、绿色成为普遍形态、开放成为必由之路、共享成为根本目的的发展。高质量发展要以新发展理念为指导原则。因此，河南省县域经济高质量发展应该尽可能地突出发展的质量、效率和动力，从而更加科学、客观地反映河南省县域经济高质量发展的实际。实际上，不少学者针对经济高质量发展进行了研究。单勤琴、李中（2022）对2011~2020年中国不同区域经济高质量发展水平进行测度，并使用基尼系数和时空收敛分析模型研究了全国及四大区域的地区差异和时空收敛性。黄敦平、叶蕾（2023）从创新发展、协调发展、绿色发展、开放发展、共享发展5个维度构建黄河流域经济高质量发展评价指标体系，综合评价黄河流域58个地级市的经济高质量发展水平。黄春元、李媛钰（2023）基于经济发展、科技创新、民生改善、社会发展和绿色生态5个方面构建了经济高质量发展水平综合评价指标体系，并测算了2011~2019年经济高质量发展水平。魏艳华、马立平、王丙参（2023）基于高维标度评价法分析构造新的评价方法，对中国八大经济区经济高质量发展状况进行综合评价。还有学者对县域经济高质量发展水平进行测度，林森、林先扬、徐明威（2023）基于广东57个县（市）的数据，利用AHP法和熵值法模型分析了广东县域经济发展水平的时空演变格局、区域差距来源以及分布动态。

上述学者的研究成果，为课题组分析河南省县域经济高质量发展提供了有益参考。坚持新发展理念，本着具有可操作性、可比性、引导性的基本原则，既突出现有学者对县域经济高质量发展的研究，又突出县域经济本身的地域特色、比较优势、独立性等特点，本文延续课题组以往县域经济高质量发展的评价框架，考虑县域经济统计数据可得性以及指标数据作用时滞的局限，构建了包括发展规模、发展结构、发展效益、发展潜力、民生幸福5个一级指标和18个二级指标的县域经济高质量发展评价指标体系，以反映河南县域经济发展的整体格局、发展态势和政策要点，如表1所示。

表1 河南省县域经济高质量发展评价指标体系

一级指标	维度	二级指标	属性
发展规模	经济总量	地区生产总值（GDP）	+
	经济质量	人均GDP	+
	地方财政收入水平	一般公共预算收入	+
	人均地方财政收入	一般公共预算收入/常住人口	+
发展结构	经济结构	工业增加值占GDP的比重	+
		第三产业增加值占GDP的比重	+
	城乡发展结构	人口城镇化率	+
		农民人均纯收入/城镇居民人均收入	+
发展效益	劳动生产率	GDP/就业人员	+
	单位GDP财税水平	一般公共预算收入/GDP	+
	收入经济匹配度	居民人均可支配收入/人均GDP	+
发展潜力	消费潜力	社会消费品零售总额	+
		社会消费品零售总额/常住人口	+
	经济增长潜力	人均GDP指数	+
		GDP指数	+
民生幸福	城镇居民收入水平	城镇居民人均可支配收入	+
	农村居民收入水平	农民人均纯收入	+
	城乡居民收入水平	居民人均可支配收入	+

发展规模包括经济总量、经济质量、地方财政收入水平、人均地方财政收入4个维度的4个二级指标，其中，经济总量由地区生产总值（GDP）表示，经济质量由人均GDP表示，地方财政收入水平由一般公共预算收入表示，人均地方财政收入由一般公共预算收入/常住人口计算得出。

发展结构包括经济结构、城乡发展结构2个维度的4个二级指标。其中，经济结构由工业增加值占GDP的比重和第三产业增加值占GDP的比重表示，城乡发展结构由人口城镇化率、农民人均纯收入/城镇居民人均收入表示。

发展效益包括劳动生产率、单位GDP财税水平、收入经济匹配度3个维度的3个二级指标，其中，劳动生产率由GDP/就业人员计算得出，单位GDP财税水平由一般公共预算收入/GDP计算得出，收入经济匹配度由居民人均可支配收入/人均GDP计算得出。

发展潜力包括消费潜力和经济增长潜力2个维度的4个二级指标。其中，消费潜力由社会消费品零售总额、社会消费品零售总额/常住人口表示，经济增长潜力由人均GDP指数、GDP指数表示。

民生幸福包括城镇居民收入水平、农村居民收入水平、城乡居民收入水平3个维度的3个二级指标。其中，城镇居民收入水平由城镇居民人均可支配收入表示，农村居民收入水平由农民人均纯收入表示，城乡居民收入水平由居民人均可支配收入表示。

（二）县域经济发展质量评价方法

通过比较分析因子分析法、主成分分析法、模糊层次分析法（AHP）、数据包络分析（DEA）、熵值法等各类方法的优劣特性可知，熵值法能够更加客观地评估指标综合水平，基于此，使用熵值法测算县域经济发展质量评价综合指数 CTN_i：

$$CTN_i = \sum_{j=1}^{m} w_j \times x_{ij} \qquad (1)$$

式（1）中，w_j 表示不同样本的权重；x_{ij} 表示相应标准化指标，计算如下：

$$\begin{cases} x'_i = \dfrac{x_i - \min\{x_1,\ldots,x_n\}}{\max\{x_1,\ldots,x_n\} - \min\{x_1,\ldots,x_n\}} \\ p_i = (1 + x'_i)/\sum_{i=1}^{n}(1 + x'_i) \\ e_j = -k\sum_{i=1}^{n} p_i \times \ln(p_i), k = 1/\ln(n) \\ w_j = d_j/\sum_{j=1}^{m} d_j, d_j = 1 - e_j \end{cases} \quad (2)$$

式（2）中，x'_i 表示标准化后的 x_i 值，负向标准化 x_i 只需将 x'_i 的分子变为 $(\max\{x_1,\ldots,x_n\} - x_i)$；$p_i$ 表示样本指标权重；e_j 是第 j 个指标的信息熵；d_j 为第 j 个指标的效用值；n 是样本数量；w_j 是不同样本的权重。

（三）指标选择与数据来源

未经特殊说明，本文所用数据均来自2022年《河南统计年鉴》以及各地级市（含济源示范区）统计公报。结合数据可得性，构建了包含102个县（市）2021年的县域经济面板数据。部分空缺值采用三年移动平移补充，表2为样本描述统计。

表 2　指标选择与样本描述统计

指标计算	单位	观测值	均值	标准差	最小值	最大值
地区生产总值（GDP）	亿元	102	344.66	214.94	107.46	1451.26
人均GDP	元	102	52593.92	19628.26	14829.00	116167.00
一般公共预算收入	亿元	102	17.51	12.06	5.16	74.70
一般公共预算收入/常住人口	万元/人	102	0.29	0.19	0.10	1.39
工业增加值占GDP的比重	%	102	40.10	9.20	16.69	70.60
第三产业增加值占GDP的比重	%	102	44.23	5.74	25.62	59.63
人口城镇化率	%	102	47.20	9.71	28.03	97.00
农民人均纯收入/城镇居民人均收入	—	102	0.54	0.10	0.00	0.76
GDP/就业人员	万元/人	102	7.34	3.54	3.01	23.01

续表

指标计算	单位	观测值	均值	标准差	最小值	最大值
一般公共预算收入/GDP	—	102	0.05	0.02	0.02	0.13
居民人均可支配收入/人均GDP	—	102	0.53	0.18	0.25	1.81
社会消费品零售总额	亿元	102	124.59	70.68	34.00	388.65
社会消费品零售总额/常住人口	万元/人	102	1.89	0.66	0.69	4.16
人均GDP指数	—	102	107.64	5.15	86.12	123.24
GDP指数	—	102	106.82	4.94	82.10	113.03
城镇居民人均可支配收入	元	101	17873.99	3583.13	12293.00	28760.00
农民人均纯收入	元	102	32929.60	3231.37	25157.00	41046.00
居民人均可支配收入	元	102	25314.18	3128.28	17849.00	33628.50

二 县域经济发展质量测度结果及分析

基于式（1）和式（2），测算2021年河南省102个县（市）县域经济高质量发展水平。本部分从发展规模、发展结构、发展效益、发展潜力、民生幸福5个方面系统分析县域经济高质量发展情况，县域经济高质量发展评价结果如表3所示。

（一）县域经济高质量发展的总体情况

总体来看，样本地区县域经济高质量发展评价结果的总体情况排名较上年同期未有明显变化。2021年县域经济高质量发展水平位居全部样本前十的县（市）依次为新郑市（0.7095，第1位）、巩义市（0.6373，第2位）、中牟县（0.6045，第3位）、义马市（0.5446，第4位）、荥阳市（0.5138，第5位）、长葛市（0.4879，第6位）、新密市（0.4824，第7位）、禹州市（0.4478，第8位）、长垣县（0.4407，第9位）、渑池县（0.4359，第10位）。

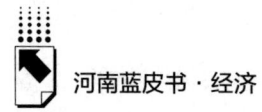

表3 2021年河南102个县（市）县域经济高质量发展评价结果

县市名	总体情况 得分	排名	发展规模 得分	排名	发展结构 得分	排名	发展效益 得分	排名	发展潜力 得分	排名	民生幸福 得分	排名
新郑市	0.7095	1	0.7345	1	0.6204	3	0.5123	2	0.8083	1	0.8973	2
巩义市	0.6373	2	0.5914	3	0.6265	2	0.4133	6	0.7922	2	0.9619	1
中牟县	0.6045	3	0.6112	2	0.5838	5	0.4223	5	0.7491	4	0.7212	6
义马市	0.5446	4	0.5148	4	0.8079	1	0.6094	1	0.3664	32	0.5638	26
荥阳市	0.5138	5	0.4873	5	0.5508	9	0.4240	4	0.4178	23	0.8316	4
长葛市	0.4879	6	0.4863	6	0.5370	11	0.3136	15	0.5890	8	0.6211	17
新密市	0.4824	7	0.4230	8	0.5996	4	0.3362	12	0.4696	19	0.8359	3
禹州市	0.4478	8	0.3460	14	0.5081	19	0.2231	43	0.7780	3	0.6819	12
长垣市	0.4407	9	0.3688	13	0.5362	12	0.3331	14	0.4951	16	0.7028	8
渑池县	0.4359	10	0.4099	9	0.4919	21	0.4783	3	0.2678	68	0.6110	18
永城市	0.4351	11	0.4317	7	0.4525	31	0.2760	22	0.5629	11	0.5388	28
汝州市	0.4238	12	0.3364	15	0.4756	23	0.2797	20	0.6894	5	0.5669	25
新安县	0.4202	13	0.3762	11	0.5144	17	0.3843	8	0.3156	44	0.6743	13
栾川县	0.4078	14	0.3749	12	0.5384	10	0.3640	11	0.4755	18	0.4069	41
登封市	0.3883	15	0.2845	18	0.5574	8	0.2911	18	0.4215	21	0.7054	7
林州市	0.3875	16	0.3826	10	0.5635	7	0.2846	19	0.1482	99	0.7396	5
兰考县	0.3636	17	0.3210	16	0.4261	40	0.2975	17	0.5796	9	0.2961	65
沁阳市	0.3632	18	0.2371	23	0.5752	6	0.2742	24	0.4015	28	0.6984	9
汤阴县	0.3575	19	0.1948	31	0.4412	36	0.3977	7	0.6212	7	0.4081	40
孟州市	0.3382	20	0.2384	22	0.5171	16	0.2733	26	0.2857	60	0.6870	10

续表

县市名	总体情况 得分	总体情况 排名	发展规模 得分	发展规模 排名	发展结构 得分	发展结构 排名	发展效益 得分	发展效益 排名	发展潜力 得分	发展潜力 排名	民生幸福 得分	民生幸福 排名
宝丰县	0.3281	21	0.2539	21	0.4709	25	0.2742	25	0.2817	64	0.5995	19
修武县	0.3264	22	0.2018	30	0.5081	20	0.3354	13	0.2981	52	0.5985	20
舞钢市	0.3187	23	0.2038	29	0.5087	18	0.3725	10	0.2402	79	0.5431	27
伊川县	0.3166	24	0.2267	27	0.4727	24	0.2221	45	0.4117	24	0.5213	30
襄城县	0.3162	25	0.2658	20	0.4334	39	0.2548	29	0.3061	49	0.5007	32
西峡县	0.3146	26	0.2357	24	0.4664	27	0.2607	28	0.2384	81	0.6296	14
尉氏县	0.3117	27	0.2835	19	0.3933	46	0.2745	23	0.3241	40	0.3870	43
辉县市	0.3093	28	0.2194	28	0.4639	28	0.3012	16	0.2387	80	0.5744	24
淇县	0.3087	29	0.2355	25	0.5310	14	0.2652	27	0.1996	90	0.5810	23
临颍县	0.3047	30	0.2308	26	0.4666	26	0.2202	47	0.3531	35	0.4967	33
灵宝市	0.3030	31	0.2915	17	0.3362	76	0.2396	36	0.5183	14	0.1577	99
鄢陵县	0.3029	32	0.1923	32	0.4398	38	0.2480	35	0.3352	38	0.5944	21
邓州市	0.2866	33	0.1781	36	0.3588	64	0.1820	56	0.4916	17	0.4889	34
新乡县	0.2839	34	0.1627	43	0.5347	13	0.2018	52	0.2237	82	0.6859	11
武陟县	0.2770	35	0.1495	47	0.4568	29	0.2202	46	0.2854	61	0.6222	16
鹿邑县	0.2769	36	0.1696	41	0.3504	68	0.1403	87	0.6445	6	0.3296	58
博爱县	0.2740	37	0.1140	62	0.5234	15	0.2512	34	0.3001	50	0.5927	22
固始县	0.2690	38	0.1748	39	0.3738	53	0.1408	86	0.5236	13	0.3839	46
内乡县	0.2664	39	0.1749	38	0.3929	47	0.2527	30	0.3069	48	0.4296	37
宜阳县	0.2644	40	0.1738	40	0.4239	41	0.2021	51	0.4480	20	0.3090	63
温县	0.2643	41	0.1196	57	0.4917	22	0.2036	49	0.2820	63	0.6240	15

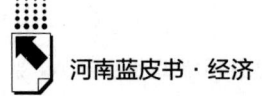

续表

县市名	总体情况 得分	排名	发展规模 得分	排名	发展结构 得分	排名	发展效益 得分	排名	发展潜力 得分	排名	民生幸福 得分	排名
镇平县	0.2553	42	0.0902	81	0.4075	44	0.1812	57	0.5325	12	0.4365	36
项城市	0.2536	43	0.1502	45	0.4472	33	0.1466	76	0.5137	15	0.2932	67
汝阳县	0.2522	44	0.1501	46	0.4404	37	0.2763	21	0.3700	30	0.2502	81
洛宁县	0.2493	45	0.1803	34	0.3605	62	0.2522	31	0.3230	41	0.2885	69
遂平县	0.2400	46	0.1799	35	0.3957	45	0.2228	44	0.2676	69	0.3095	62
淅川县	0.2371	47	0.1302	53	0.4113	43	0.1619	67	0.3934	29	0.3751	47
濮阳县	0.2367	48	0.1240	54	0.3831	50	0.2243	42	0.3302	39	0.3849	45
杞县	0.2341	49	0.1906	33	0.3178	89	0.1910	55	0.3134	45	0.2830	72
唐河县	0.2296	50	0.1178	59	0.3384	75	0.1465	77	0.4063	26	0.4155	39
嵩县	0.2296	51	0.0980	75	0.3824	51	0.2097	48	0.4015	27	0.3478	52
新野县	0.2239	52	0.1054	67	0.3802	52	0.1345	90	0.2969	53	0.5332	29
桐柏县	0.2235	53	0.1411	49	0.4455	34	0.2256	41	0.2415	78	0.2951	66
潢川县	0.2232	54	0.1037	69	0.4550	30	0.1351	89	0.3505	36	0.4157	38
舞阳县	0.2211	55	0.1693	42	0.3867	49	0.2291	39	0.3218	42	0.1292	100
太康县	0.2202	56	0.1174	60	0.3416	74	0.1255	94	0.5660	10	0.1844	91
新县	0.2180	57	0.1219	55	0.4199	42	0.1785	60	0.2906	55	0.3471	53
通许县	0.2170	58	0.1405	51	0.3464	71	0.1797	58	0.2900	56	0.3325	56
方城县	0.2160	59	0.0865	83	0.3654	59	0.1551	75	0.4191	22	0.3590	49
确山县	0.2148	60	0.1771	37	0.3313	80	0.2394	37	0.1753	97	0.2568	77
郏县	0.2136	61	0.1180	58	0.3659	58	0.2033	50	0.2646	72	0.3534	51
沈丘县	0.2080	62	0.1454	48	0.3571	65	0.1587	72	0.3627	33	0.1881	90

续表

县市名	总体情况 得分	总体情况 排名	发展规模 得分	发展规模 排名	发展结构 得分	发展结构 排名	发展效益 得分	发展效益 排名	发展潜力 得分	发展潜力 排名	民生幸福 得分	民生幸福 排名
滑县	0.2075	63	0.1328	52	0.3244	85	0.1604	69	0.3499	37	0.2580	76
泌阳县	0.2064	64	0.1517	44	0.3611	61	0.1644	66	0.2451	77	0.2871	70
新蔡县	0.2058	65	0.1135	63	0.3141	93	0.1576	73	0.4065	25	0.2464	82
安阳县	0.2043	66	0.0058	102	0.3167	90	0.3765	9	0.1467	100	0.5178	31
浚县	0.2024	67	0.0770	92	0.3922	48	0.1170	99	0.2910	54	0.4840	35
获嘉县	0.2010	68	0.0862	84	0.4481	32	0.1726	63	0.2783	65	0.3316	57
卫辉市	0.1953	69	0.0988	73	0.4436	35	0.2514	32	0.0852	102	0.3591	48
叶县	0.1948	70	0.0828	89	0.2807	101	0.1934	54	0.2622	74	0.3959	42
西平县	0.1924	71	0.1406	50	0.3297	81	0.1725	64	0.1967	92	0.2820	73
罗山县	0.1904	72	0.0992	72	0.3465	70	0.1338	91	0.2862	59	0.3360	55
平舆县	0.1889	73	0.1203	56	0.3690	54	0.1558	74	0.2083	83	0.3036	64
虞城县	0.1887	74	0.1088	66	0.3522	67	0.1303	92	0.2896	57	0.2919	68
夏邑县	0.1884	75	0.0979	76	0.3433	73	0.1445	83	0.2715	67	0.3273	59
郸城县	0.1876	76	0.1167	61	0.3156	91	0.1235	95	0.3578	34	0.2131	87
原阳县	0.1852	77	0.0981	74	0.3660	56	0.1987	53	0.2081	84	0.2752	74
商城县	0.1838	78	0.1033	70	0.3341	78	0.1277	93	0.2618	75	0.3216	60
光山县	0.1832	79	0.0745	93	0.3338	79	0.1220	97	0.3190	43	0.3446	54
淮滨县	0.1824	80	0.1010	71	0.3533	66	0.1450	80	0.2658	70	0.2714	75
清丰县	0.1803	81	0.0855	85	0.3035	97	0.1796	59	0.2026	86	0.3569	50
息县	0.1792	82	0.0970	78	0.3086	95	0.1172	98	0.3076	47	0.2851	71
卢氏县	0.1772	83	0.0938	79	0.3469	69	0.2513	33	0.2046	85	0.1593	96

续表

县市名	总体情况 得分	总体情况 排名	发展规模 得分	发展规模 排名	发展结构 得分	发展结构 排名	发展效益 得分	发展效益 排名	发展潜力 得分	发展潜力 排名	民生幸福 得分	民生幸福 排名
南召县	0.1751	84	0.0594	97	0.3675	55	0.1617	68	0.3077	46	0.2550	79
扶沟县	0.1736	85	0.1041	68	0.3271	83	0.1416	85	0.2982	51	0.1798	93
睢县	0.1732	86	0.0849	86	0.2989	100	0.1591	71	0.2734	66	0.2564	78
柘城县	0.1727	87	0.0889	82	0.3225	86	0.1447	82	0.2892	58	0.2282	85
延津县	0.1719	88	0.0505	99	0.3590	63	0.1771	62	0.1855	96	0.3863	44
上蔡县	0.1709	89	0.0810	91	0.3117	94	0.1462	78	0.2826	62	0.2515	80
西华县	0.1693	90	0.0847	87	0.3184	88	0.1231	96	0.3679	31	0.1584	98
南乐县	0.1667	91	0.0675	94	0.3146	92	0.1783	61	0.1926	94	0.3156	61
民权县	0.1663	92	0.0973	77	0.3188	87	0.1595	70	0.2000	89	0.2411	83
范县	0.1647	93	0.1099	65	0.3659	57	0.1659	65	0.2532	76	0.0835	101
汝南县	0.1600	94	0.1128	64	0.3050	96	0.1382	88	0.1864	95	0.2070	88
鲁山县	0.1598	95	0.0550	98	0.3018	98	0.2274	40	0.2010	87	0.2193	86
社旗县	0.1592	96	0.0612	96	0.3278	82	0.1455	79	0.2649	71	0.2350	84
商水县	0.1499	97	0.0822	90	0.3357	77	0.1042	102	0.2625	73	0.1660	95
正阳县	0.1443	98	0.0913	80	0.2998	99	0.1130	101	0.1979	91	0.1844	92
内黄县	0.1416	99	0.0844	88	0.1436	102	0.2352	38	0.1363	101	0.1669	94
封丘县	0.1396	100	0.0656	95	0.3262	84	0.1449	81	0.1577	98	0.2049	89
宁陵县	0.1270	101	0.0447	100	0.3455	72	0.1140	100	0.2004	88	0.1587	97
台前县	0.1168	102	0.0436	101	0.3637	60	0.1441	84	0.1934	93	0.0313	102

数据来源：作者计算整理。

从分布格局来看，不同地区县域经济高质量发展差异较为明显。样本县（市）县域经济高质量发展水平均值为0.2672，有38个县（市）高于均值，有64个县（市）低于均值。县域经济高质量发展水平高于均值的县（市）分别为新郑市、巩义市、中牟县、义马市、荥阳市、长葛市、新密市、禹州市、长垣县、渑池县、永城市、汝州市、新安县、栾川县、登封市、林州市、兰考县、沁阳市、汤阴县、孟州市、宝丰县、修武县、舞钢市、伊川县、襄城县、西峡县、尉氏县、辉县市、淇县、临颍县、灵宝市、鄢陵县、邓州市、新乡县、武陟县、鹿邑县、博爱县、固始县。

（二）发展规模水平

总体来看，发展规模水平排名较上年同期未有明显变化。依据表3，发展规模水平位居全部样本前十的县（市）依次为新郑市（0.7345，第1位）、中牟县（0.6112，第2位）、巩义市（0.5914，第3位）、义马市（0.5148，第4位）、荥阳市（0.4873，第5位）、长葛市（0.4863，第6位）、永城市（0.4317，第7位）、新密市（0.4230，第8位）、渑池县（0.4099，第9位）、林州市（0.3826，第10位）。

从分布格局来看，不同地区县域经济高质量发展的发展规模水平差异较为明显。样本县（市）县域经济高质量发展的发展规模水平均值为0.1843，有33个县（市）高于均值，有69个县（市）低于均值。发展规模水平高于均值的县（市）分别为新郑市、中牟县、巩义市、义马市、荥阳市、长葛市、永城市、新密市、渑池县、林州市、新安县、栾川县、长垣县、禹州市、汝州市、兰考县、灵宝市、登封市、尉氏县、襄城县、宝丰县、孟州市、沁阳市、西峡县、淇县、临颍县、伊川县、辉县市、舞钢市、修武县、汤阴县、鄢陵县、杞县。

（三）发展结构水平

总体来看，样本地区县域经济高质量发展的发展结构水平排名较上年同期未有明显变化。依据表3，发展结构水平位居全部样本前十的县（市）依次为义马市（0.8079，第1位）、巩义市（0.6265，第2位）、新郑市（0.6204，第3位）、新密市（0.5996，第4位）、中牟县（0.5838，第5位）、沁阳市（0.5752，第6位）、林州市（0.5635，第7位）、登封市（0.5574，第8位）、荥阳市（0.5508，第9位）、栾川县（0.5384，第10位）。

从分布格局来看，不同地区县域经济高质量发展的发展结构水平差异较为明显。发展结构水平均值为0.4092，有43个地区高于均值，有59个地区低于均值。发展结构水平高于均值的县（市）分别为义马市、巩义市、新郑市、新密市、中牟县、沁阳市、林州市、登封市、荥阳市、栾川县、长葛市、长垣县、新乡县、淇县、博爱县、孟州市、新安县、舞钢市、禹州市、修武县、渑池县、温县、汝州市、伊川县、宝丰县、临颍县、西峡县、辉县市、武陟县、潢川县、永城市、获嘉县、项城市、桐柏县、卫辉市、汤阴县、汝阳县、鄢陵县、襄城县、兰考县、宜阳县、新县、淅川县。

（四）发展效益水平

总体来看，样本地区县域经济高质量发展的发展效益水平排名较上年同期未有明显变化。依据表3，发展效益水平位居全部样本前十的县（市）依次为义马市（0.6094，第1位）、新郑市（0.5123，第2位）、渑池县（0.4783，第3位）、荥阳市（0.4240，第4位）、中牟县（0.4223，第5位）、巩义市（0.4133，第6位）、汤阴县（0.3977，第7位）、新安县（0.3843，第8位）、安阳县（0.3765，第9位）、舞钢市（0.3725，第10位）。

从分布格局来看，不同地区县域经济高质量发展的发展效益水平差异较为明显。发展效益水平均值为0.2230，有43个县（市）高于均值，有59个县（市）低于均值。发展效益水平高于均值的县（市）分别为义马市、新郑市、渑池县、荥阳市、中牟县、巩义市、汤阴县、新安县、安阳县、舞钢市、栾川县、新密市、修武县、长垣县、长葛市、辉县市、兰考县、登封市、林州市、汝州市、汝阳县、永城市、尉氏县、沁阳市、宝丰县、孟州市、淇县、西峡县、襄城县、内乡县、洛宁县、卫辉市、卢氏县、博爱县、鄢陵县、灵宝市、确山县、内黄县、舞阳县、鲁山县、桐柏县、濮阳县、禹州市。

（五）发展潜力水平

总体来看，样本地区县域经济高质量发展的发展潜力排名较上年同期未有明显变化。依据表3，发展潜力水平位居全部样本前十的县（市）依次为新郑市（0.8083，第1位）、巩义市（0.7922，第2位）、禹州市（0.7780，第3位）、中牟县（0.7491，第4位）、汝州市（0.6894，第5位）、鹿邑县（0.6445，第6位）、汤阴县（0.6212，第7位）、长葛市（0.5890，第8位）、兰考县（0.5796，第9位）、太康县（0.5660，第10位）。

从分布格局来看，不同地区县域经济高质量发展的发展潜力水平差异较为明显。发展潜力水平均值为0.3413，有37个县（市）高于均值，有65个县（市）低于均值。发展潜力水平高于均值的县（市）分别为新郑市、巩义市、禹州市、中牟县、汝州市、鹿邑县、汤阴县、长葛市、兰考县、太康县、永城市、镇平县、固始县、灵宝市、项城市、长垣县、邓州市、栾川县、新密市、宜阳县、登封市、方城县、荥阳市、伊川县、新蔡县、唐河县、沁阳市、嵩县、淅川县、汝阳县、西华县、义马市、沈丘县、郸城县、临颍县、潢川县、滑县。

（六）民生幸福水平

总体来看，样本地区县域经济高质量发展的民生幸福水平排名较上年同期未有明显变化。依据表3，民生幸福水平位居全部样本前十的县（市）依次为巩义市（0.9619，第1位）、新郑市（0.8973，第2位）、新密市（0.8359，第3位）、荥阳市（0.8316，第4位）、林州市（0.7396，第5位）、中牟县（0.7212，第6位）、登封市（0.7054，第7位）、长垣县（0.7028，第8位）、沁阳市（0.6984，第9位）、孟州市（0.6870，第10位）。

从分布格局来看，不同地区县域经济高质量发展的民生幸福水平差异较为明显。民生幸福水平均值为0.4035，有41个县（市）高于均值，有61个县（市）低于均值。民生幸福水平高于均值的县（市）分别为巩义市、新郑市、新密市、荥阳市、林州市、中牟县、登封市、长垣县、沁阳市、孟

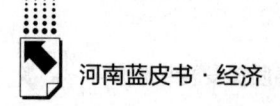

州市、新乡县、禹州市、新安县、西峡县、温县、武陟县、长葛市、渑池县、宝丰县、修武县、鄢陵县、博爱县、淇县、辉县市、汝州市、义马市、舞钢市、永城市、新野县、伊川县、安阳县、襄城县、临颍县、邓州市、浚县、镇平县、内乡县、潢川县、唐河县、汤阴县、栾川县。

三 县域经济所属地级市的发展质量特征分析

基于地级市所属县（市）的县域经济高质量发展水平数据，采用均值法得到2021年不同地级市的县域经济高质量发展水平，如表4所示。

（一）县域经济所属地级市的总体水平分析

郑州市所属县域经济6个县（市），总体水平得分为0.5560，位居第1；许昌市所属县域经济4个县（市），总体水平得分为0.3887，位居第2；三门峡市所属县域经济4个县（市），总体水平得分为0.3652，位居第3；焦作市所属县域经济6个县（市），总体水平得分为0.3071，位居第4；洛阳市所属县域经济9个县（市），总体水平得分为0.3057，位居第5；开封市所属县域经济4个县（市），总体水平得分为0.2816，位居第6；平顶山市所属县域经济6个县（市），总体水平得分为0.2731，位居第7；漯河市所属县域经济2个县（市），总体水平得分为0.2629，位居第8；安阳市所属县域经济5个县（市），总体水平得分为0.2597，位居第9；鹤壁市所属县域经济2个县（市），总体水平得分为0.2555，位居第10；新乡市所属县域经济8个县（市），总体水平得分为0.2409，位居第11；南阳市所属县域经济11个县（市），总体水平得分为0.2352，位居第12；商丘市所属县域经济7个县（市），总体水平得分为0.2074，位居第13；信阳市所属县域经济8个县（市），总体水平得分为0.2037，位居第14；周口市所属县域经济8个县（市），总体水平得分为0.1979，位居第15；驻马店市所属县域经济9个县（市），总体水平得分为0.1977，位居第16；濮阳市所属县域经济5个县（市），总体水平得分为0.1730，位居第17。

表4 2021年河南102个县（市）所属地级市的县域经济高质量发展水平评价结果

地区名	总体水平 得分	总体水平 排名	发展规模 得分	发展规模 排名	发展结构 得分	发展结构 排名	发展效益 得分	发展效益 排名	发展潜力 得分	发展潜力 排名	民生幸福 得分	民生幸福 排名
郑州市	0.5560	1	0.5220	1	0.5898	1	0.3999	1	0.6098	1	0.8255	1
许昌市	0.3887	2	0.3226	3	0.4796	4	0.2599	5	0.5021	2	0.5995	3
三门峡市	0.3652	3	0.3275	2	0.4957	3	0.3946	2	0.3393	7	0.3729	10
焦作市	0.3071	4	0.1767	7	0.5120	2	0.2596	6	0.3088	11	0.6371	2
洛阳市	0.3057	5	0.2257	5	0.4475	6	0.2730	4	0.3922	4	0.3997	9
开封市	0.2816	6	0.2339	4	0.3709	11	0.2357	8	0.3768	5	0.3247	12
平顶山市	0.2731	7	0.1750	8	0.4006	9	0.2584	7	0.3232	10	0.4463	5
漯河市	0.2629	8	0.2001	6	0.4266	8	0.2247	9	0.3374	8	0.3129	13
安阳市	0.2597	9	0.1601	9	0.3579	13	0.2909	3	0.2805	13	0.4181	7
鹤壁市	0.2555	10	0.1562	10	0.4616	5	0.1911	11	0.2453	15	0.5325	4
新乡市	0.2409	11	0.1438	11	0.4347	7	0.2226	10	0.2340	17	0.4400	6
南阳市	0.2352	12	0.1255	14	0.3875	10	0.1825	12	0.3545	6	0.4048	8
商丘市	0.2074	13	0.1363	12	0.3477	14	0.1612	15	0.2981	12	0.2918	14
信阳市	0.2037	14	0.1094	16	0.3656	12	0.1375	16	0.3256	9	0.3382	11
周口市	0.1979	15	0.1171	15	0.3351	17	0.1310	17	0.4085	3	0.2028	17
驻马店市	0.1977	16	0.1319	13	0.3465	15	0.1657	14	0.2680	14	0.2621	15
濮阳市	0.1730	17	0.0861	17	0.3461	16	0.1784	13	0.2344	16	0.2345	16

数据来源：作者依据统计资料整理。

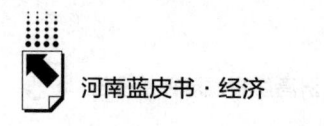

（二）县域经济所属地级市的发展规模水平分析

郑州市所属县域经济，发展规模水平得分为 0.5220，位居第 1；三门峡市所属县域经济，发展规模水平得分为 0.3275，位居第 2；许昌市所属县域经济，发展规模水平得分为 0.3226，位居第 3；开封市所属县域经济，发展规模水平得分为 0.2339，位居第 4；洛阳市所属县域经济，发展规模水平得分为 0.2257，位居第 5；漯河市所属县域经济，发展规模水平得分为 0.2001，位居第 6；焦作市所属县域经济，发展规模水平得分为 0.1767，位居第 7；平顶山市所属县域经济，发展规模水平得分为 0.1750，位居第 8；安阳市所属县域经济，发展规模水平得分为 0.1601，位居第 9；鹤壁市所属县域经济，发展规模水平得分为 0.1562，位居第 10；新乡市所属县域经济，发展规模水平得分为 0.1438，位居第 11；商丘市所属县域经济，发展规模水平得分为 0.1363，位居第 12；驻马店市所属县域经济，发展规模水平得分为 0.1319，位居第 13；南阳市所属县域经济，发展规模水平得分为 0.1255，位居第 14；周口市所属县域经济，发展规模水平得分为 0.1171，位居第 15；信阳市所属县域经济，发展规模水平得分为 0.1094，位居第 16；濮阳市所属县域经济，发展规模水平得分为 0.0861，位居第 17。

（三）县域经济所属地级市的发展结构水平分析

郑州市所属县域经济，发展结构水平得分为 0.5898，位居第 1；焦作市所属县域经济，发展结构水平得分为 0.5120，位居第 2；三门峡市所属县域经济，发展结构水平得分为 0.4957，位居第 3；许昌市所属县域经济，发展结构水平得分为 0.4796，位居第 4；鹤壁市所属县域经济，发展结构水平得分为 0.4616，位居第 5；洛阳市所属县域经济，发展结构水平得分为 0.4475，位居第 6；新乡市所属县域经济，发展结构水平得分为 0.4347，位居第 7；漯河市所属县域经济，发展结构水平得分为 0.4266，位居第 8；平顶山市所属县域经济，发展结构水平得分为 0.4006，位居第 9；南阳市所属县域经济，发展结构水平得分为0.3875，位居第10；开封市所属县域经济，发展结构水平得分为0.3709，位居第11；信阳市所属县域经济，发展结构水平得分为0.3656，位居第12；安阳市所属县域经济，发展结构水平得分为0.3579，位居第13；商丘市所属县域经济，发展结构水平得分为0.3477，位居第14；驻马店市所属县域经济，发展结构水平得分为0.3465，位居第15；濮阳市所属县域经济，发展结构水平得分为0.3461，位居第16；周口市所属县域经济，发展结构水平得分为0.3351，位居第17。

（四）县域经济所属地级市的发展效益水平分析

郑州市所属县域经济，发展效益水平得分为0.3999，位居第1；三门峡市所属县域经济，发展效益水平得分为0.3946，位居第2；安阳市所属县域经济，发展效益水平得分为0.2909，位居第3；洛阳市所属县域经济，发展效益水平得分为0.2730，位居第4；许昌市所属县域经济，发展效益水平得分为0.2599，位居第5；焦作市所属县域经济，发展效益水平得分为0.2596，位居第6；平顶山市所属县域经济，发展效益水平得分为0.2584，位居第7；开封市所属县域经济，发展效益水平得分为0.2357，位居第8；漯河市所属县域经济，发展效益水平得分为0.2247，位居第9；新乡市所属县域经济，发展效益水平得分为0.2226，位居第10；鹤壁市所属县域经济，发展效益水平得分为0.1911，位居第11；南阳市所属县域经济，发展效益水平得分为0.1825，位居第12；濮阳市所属县域经济，发展效益水平得分为0.1784，位居第13；驻马店市所属县域经济，发展效益水平得分为0.1657，位居第14；商丘市所属县域经济，发展效益水平得分为0.1612，位居第15；信阳市所属县域经济，发展效益水平得分为0.1375，位居第16；周口市所属县域经济，发展效益水平得分为0.1310，位居第17。

（五）县域经济所属地级市的发展潜力水平分析

郑州市所属县域经济，发展潜力水平得分为0.6098，位居第1；许昌市所属县域经济，发展潜力水平得分为0.5021，位居第2；周口市所属县域经济，发展潜力水平得分为0.4085，位居第3；洛阳市所属县域经济，发展潜力水平得分为0.3922，位居第4；开封市所属县域经济，发展潜力水平得分为0.3768，位居第5；南阳市所属县域经济，发展潜力水平得分为0.3545，位居第6；三门峡市所属县域经济，发展潜力水平得分为0.3393，位居第7；漯河市所属县域经济，发展潜力水平得分为0.3374，位居第8；信阳市所属县域经济，发展潜力水平得分为0.3256，位居第9；平顶山市所属县域经济，发展潜力水平得分为0.3232，位居第10；焦作市所属县域经济，发展潜力水平得分为0.3088，位居第11；商丘市所属县域经济，发展潜力水平得分为0.2981，位居第12；安阳市所属县域经济，发展潜力水平得分为0.2805，位居第13；驻马店市所属县域经济，发展潜力水平得分为0.2680，位居第14；鹤壁市所属县域经济，发展潜力水平得分为0.2453，位居第15；濮阳市所属县域经济，发展潜力水平得分为0.2344，位居第16；新乡市所属县域经济，发展潜力水平得分为0.2340，位居第17。

（六）县域经济所属地级市的民生幸福水平分析

郑州市所属县域经济，民生幸福水平得分为0.8255，位居第1；焦作市所属县域经济，民生幸福水平得分为0.6371，位居第2；许昌市所属县域经济，民生幸福水平得分为0.5995，位居第3；鹤壁市所属县域经济，民生幸福水平得分为0.5325，位居第4；平顶山市所属县域经济，民生幸福水平得分为0.4463，位居第5；新乡市所属县域经济，民生幸福水平得分为0.4400，位居第6；安阳市所属县域经济，民生幸福水平得分为0.4181，位居第7；南阳市所属县域经济，民生幸福水平得分为0.4048，位居第8；洛阳市所属县域经济，民生幸福水平得分为0.3997，位居第9；三门峡市所属县域经济，民生幸福水平得分为0.3729，位居第10；信阳市所属县域经济，民生幸福水平得分为0.3382，位居第11；开封市所属县域经济，民生幸福水平得分为0.3247，位居第12；漯河市所属县域经济，民生幸福水平得分为0.3129，位居第13；商丘市所属县域经济，民生幸福水平得分为0.2918，位居第14；驻马店市所属县域经济，民生幸福水平得分为0.2621，位居第15；濮阳市所属县域经济，民生幸福水平得分为0.2345，位居第16；周口市所属县域经济，民生幸福水平得分为0.2028，位居第17。

四　对策建议

2024年，是河南锚定"两个确保"、持续推进"十大战略"的重要节点，也是河南县域经济高质量发展起高峰的重要阶段。当前，国内外经济发展恢复减缓的趋势客观存在，全省县域经济发展稳中趋好、韧性较强的发展态势未变，县域经济新特点、新优势、新进位持续出现，需要持续优化县域创新生态环境，推进产业振兴发展，全面推进城乡协同发展，走出河南县域经济高质量发展的特色之路。

第一，持续优化县域创新生态环境。按照"一县一省级开发区"的布局，持续推进"一县一省级开发区"布局建设，发挥高新区在创新平台支撑中的核心作用，加强区内产学研合作，促进知识和技术的溢出，提高创新成果产出水平。要加强对小微企业和高技术企业的创新财政补贴，同时鼓励和支持本地金融机构出台针对专精特新企业的低息免息政策，支持企业的科创行动。要大力开展"人人持证"活动，鼓励人才积极考取技能证书，持证上岗，为县域培养大批专业型、应用型科技人才，逐步壮大县域高技术人才队伍。

第二，强化产业振兴发展。要牢牢守住国家粮食安全底线，提升农业现代化、机械化水平，延伸农业全产业链，推动农业高质量发展，稳住农业发展的基本盘。要因地制宜，围绕食品、电子、新型材料等优势产业，加快传统产业形态向现代产业集群转型，加强产业链上下游衔接、左右岸配套，延链成群、集聚发展。要发挥科技引领作用，在复合材料、新型材料研发上下功夫，推动家居产业绿色发展、可持续发展。要提升教育、医疗、商业等基础设施配套水平，打造公共服务"高地"，形成要素汇聚"洼地"。

第三，要全面推进城乡融合发展。要大力推进乡村旅游、直播带货、电子商务等农村经济发展的新形态，破除城乡劳动力等要素流动的制度性壁垒，扩大农村地区就业面，不断增加农民的经营性收入和工资性收入，缩小城乡之间的收入差距。同时，逐步加大对乡村卫生院、中小学、幼儿园、超市、道路、数字移动网络等公共服务基础设施的建设，持续改善农村的人均生活环境，有效推进城乡之间的公共服务均等化。此外，要逐步放开户籍制度约束，加大对农村居民落户及落后福利条件的制度创新，逐步提高人口的户籍城镇化水平。

参考文献

黄春元、李嫒钰：《经济高质量发展水平的地区差异及动态演化》，《统计与决策》2023年第18期。

林森、林先扬、徐明威：《新发展阶段广东县域经济高质量发展测度和时空分异探究》，《云南农业大学学报》（社会科学版）2023年第5期。

魏艳华、马立平、王丙参：《中国八大综合经济区经济高质量发展测度研究——基于高维标度评价法》，《数理统计与管理》2023年第5期。

黄敦平、叶蕾：《黄河流域城市经济高质量发展综合评价》，《统计与决策》2023年第19期。

单勤琴、李中：《经济高质量发展水平的地区差异及时空收敛性研究》，《经济地理》2022年第9期。

B.4 2023年河南省跨境电商发展指数评价报告*

河南省跨境电商发展指数评价课题组**

摘　要： 2022年，河南省跨境电商进出口总值达2209.2亿元，增长9.5%，占河南省外贸进出口总值的25.9%，占我国跨境电商进出口总值的10.5%。其中，出口1700.6亿元，增长15.3%；进口508.6亿元，下降6.3%。河南跨境电商持续释放优势与活力，助推河南外贸高质量发展。本报告首先分析了2022年河南省跨境电商发展概况，然后从主体规模、成长速度、环境支撑、经济影响四个方面构建了评价指标体系，通过熵值法计算得到河南省跨境电商发展综合指数与各分项指数，依据指数将河南省各地市跨境电商发展水平划分为发展成熟期、快速成长期、发展调整期三个阶段，最后依据发展概况与指数分析结果，提出了具有针对性和前瞻性的建议，如深入挖掘地方产业特色、打造优质产业带、实行跨境电商精细化运营、持续优化跨境电商经营环境、完善跨境电商人才培养体系等。

关键词： 跨境电商　进出口　河南省

2022年，我国外贸进出口总值达42.07万亿元，比2021年增长7.7%，其中，出口23.97万亿元，增长10.5%；进口18.1万亿元，增长4.3%。跨

---

* 本报告系"双循环新格局下河南省跨境电商产业发展研究"（232400411103）课题阶段性研究成果。
** 课题组组长：常广庶，郑州航空工业管理学院航空经济发展河南省协同创新中心主任、教授；课题组成员：张苏丰、刘少卿、熊壮、朱利利。执笔：刘少卿，郑州铁路职业技术学院助教，通讯作者。

境电商面临着一系列复杂的国际形势和疫情导致的消费力降低、汇率波动、供应链脆弱、境外税收政策不确定性高、物流成本升高等影响，进出口规模增速相较于上年有所放缓，但依然保持稳健增长态势。2022年中国跨境电商市场规模为15.7万亿元，同比增长10.56%；跨境电商进出口规模首次突破2万亿元，达2.11万亿元，比2021年增长7.1%，其中，出口1.55万亿元，增长11.7%，进口0.56万亿元，增长4.9%，跨境电商进出口规模占全国货物贸易进出口总值的4.9%。

2022年，河南省跨境电商发展水平持续提高，发展成效突出，成功举办第六届全球跨境电子商务大会；全国跨境电商零售进口药品试点业务在河南保税物流中心"全球汇"平台完成首单交易，正式启动试点业务；焦作市、许昌市入选跨境电商综合试验区，河南省国家级跨境电商综合试验区增至5个；跨境电商物流服务水平不断提高，河南省为打造物流强省推出了一系列扶持政策，郑州机场北货运区正式建成投用，单体货库面积和货邮保障能力位居我国中部地区第一、全国前列，河南境内的中欧班列统一命名为"中豫"号，由省委、省政府统一管理、统一计划、统一线路布局、统一政策支持。河南省跨境电商从监管制度、园区建设、运营模式、企业培育、招大引强、人才培养、物流支撑、积极布局海外仓等多维度发力，逐步完善跨境电商全链条生态圈，持续增强对河南省产业发展的支撑力。为此，我们构建河南省跨境电子商务发展指数，以期准确、客观地揭露河南省各城市在跨境电子商务发展中的优势与不足，为相关部门完善跨境电商发展政策行规、推进全省跨境电商产业高质量发展提供决策参考。

一 河南省跨境电商发展现状

（一）跨境电商交易规模持续增长

2022年，河南省外贸进出口总值8524.1亿元，同比增长4.4%，有进出口实绩的外贸企业数量达10740家，居全国第9位，连续11年稳居中部六省第1位，总值和排位均再创历史新高。2022年，河南省跨境电商进出口（含快递包裹）总值达2209.2亿元，增长9.5%，占河南省外贸进出口总值的25.9%，占我国跨境电商进出口总值的10.5%。其中，出口1700.6亿元，增长15.3%；进口508.6亿元，下降6.3%。截至2022年底，河南省共有5个国家级跨境电商综试区，分别为郑州、洛阳、南阳、焦作（新增）、许昌（新增），7个跨境电商零售进口试点城市，分别为郑州、洛阳、南阳、商丘、开封、焦作、许昌。

2022年，郑州依然是河南省跨境电商发展的领头羊，全年跨境电商进出口总值为1180亿元，同比增长8.0%，占河南省跨境电商进出口总值的53.4%；许昌跨境电商进出口总值为191亿元，居全省第2位，仅次于郑州；南阳市跨境电商进出口总值为152.8亿元，同比增长13.8%；洛阳市跨境电商进出口总值为72.17亿元，同比增长16.9%；周口、开封、鹤壁、平顶山等地跨境电商进出口增幅超过30%，5个国家级跨境电商综试区进出口规模达1672.2亿元，合计占全省的76%。

（二）跨境电商物流综合服务水平显著提高

河南省为加快推动交通区位优势向枢纽经济优势转变，更好服务融入新发展格局，先后出台多项政策致力于打造物流强省，提高物流综合服务水平。2022年，郑州成功举办全国唯一以"空中丝绸之路"为主题的国家级论坛——郑卢"空中丝绸之路"国际合作论坛，为"十四五"期间"空中丝绸之路"发展擘画路线图，达成了推进"空中丝绸之路"高质量发展的重要共识，签约发布了31项重要合作项目。国家发展改革委印发《关于做好2022年国家物流枢纽建设工作的通知》，郑州陆港型、南阳商贸服务型国家物流枢纽入选建设名单，河南省国家物流枢纽获批数量增至6个，总量位居全国第一。2022年，郑州机场货运吞吐量达到62.5万吨，货运航空公司达25家，货运航线34条，全货机航线44条，国内外通航城市和地区161个，郑州边检站查验出入境货运航班突破10000架次，查验数量环比增长7.2%，创历史新高，郑州机场的全货机周一至周五每天40架次，周六、周日每天30架次，郑州机场北货运区正式建成投用，新增货机位16个，设计年保障能力60万吨，推动郑州机场年货邮保障能力跃升至110万吨，单体货库面积和货邮保障能力位居我国中部地区第一、全国前列，为打造郑州国际航空货运枢纽奠定了坚实基础。河南中豫国际港务集团有限公司正式成立，做强陆港河港"两大板块"，打造全省陆港业务"一张网"、河港业务"一条链"，郑州、洛阳、新乡等5地6列中欧班列统一命名为"中豫"号，2022年中欧班列（"中豫"号）开行1600班，已形成西达欧洲中亚、东通日韩、北连俄罗斯、南接RCEP的网络布局，境外目的地达20个，集疏分拨网络覆盖四分之三国土面积，辐射班列沿线40多个国家、140多个城市，以平均每周去程16班、回程18班的高频次实现班列常态化往返均衡对开。郑州陆港航空港片区开工建设，将打造世界级国际铁路枢纽港、中欧班列运贸产创新发展示范区、内陆口岸经济高质量发展先行区，郑州已形成"铁公机"三网联合、区港联动、多式联运的现代综合交通和物流体系，大大提高了河南省物流综合服务水平。

（三）跨境电商特色产业带数字化发展迅速

河南省跨境电商特色产业带众多，产品品类丰富，品牌价值高，在数字化手段的助力下，越来越多的"河南制造"卖向全球，服务全球消费者。河南外贸企业通过阿里国际站远销全球超200个国家，跨境出口行业包括工业机械、工程机械、美妆行业、家居园艺、化工、五金工具等，通过阿里国际站出口的前5个目的国，分别是美国、加拿大、澳大利亚、墨西哥、菲律宾。河南一直是阿里国际站最重要的市场之一，阿里国际站深耕河南产业带多年，在产业带当地有本地化服务团队，帮助当地外贸企业用数字化技术深入解决企业的获客、物流和资金等问题，提升产业带企业货通全球的能力。

截至2022年底，全球越来越多的孩子能够享受到来自郑州的"快乐制造机"，海外游乐设备需求快速增长，产业每年销售额以20%以上的速度增长。许昌是全世界最大的发制品集散地和出口基地，发制品畅销全球120个国家和地区，许昌假发产业带入选中国跨境电商发展典型案例。洛阳钢制家具产业带年产值180亿元，销售份额占全国的80%，出口达10.35亿元，商家近2000家，产业群聚效应明显，目前已涌现多家出色的跨境标杆商家，河南钢美科技有限公司就是其中的佼佼者。数字化手段正在成为跨境电商高质量发展转型的关键，不仅为"河南制造"提供了更高效的一体化运营平台，提高了产品在海外市场的覆盖率与占有率，也为河南经济发展发掘新动能，打造新优势。

（四）创新驱动助力跨境电商高质量发展

河南省跨境电商发展至今，通过制度创新、运营创新、金融创新、监管创新，取得多项突出成果，不断为跨境电商行业发展贡献"河南智慧"。

在运营模式方面，首创"1210"模式在国内外复制推广，业务覆盖近200个国家和地区，"跨境电商零售进口退货中心仓""跨境电商零售进口正面监管模式""网购保税+线下自提"等在全国复制推广，通过建设跨境电商直播基地，吸引全国知名MCN机构和TikTok、全球购等跨境直播平台入驻，打造店播、仓播、线上直播间等交易推广集群，实现产业孵化和品牌孵化；郑州自贸片区已累计形成316项创新成果，规则、规制、管理和标准等制度型开放领域的创新成果有233项，其中属于全国首创的有50项，全省首创的有79项，有12项制度创新成果在全国复制推广。

在金融服务方面，河南自贸试验区在跨境金融结算、投融资便利化、支持期货市场国际化发展等方面不断创新，探索委托境外加工贸易跨境资金结算新模式，洛阳片区完成了河南省首笔委托境外加工贸易跨境结算，探索开展新型离岸国际贸易新路径，郑州海关与中国建设银行跨领域合作创新，推出"单一窗口共享盾"，打造"电子口岸+金融服务"一站式办理新模式。

在法律服务方面，推动设立河南自贸试验区郑州片区人民法院，挂牌受案以来，共受理涉外案件163件，案件涉及美国、德国、英国等18个国家和地区，包含国际货物买卖合同纠纷等涉外案件。

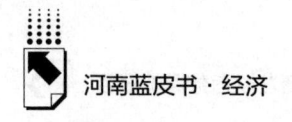

二　河南省跨境电商发展综合指数

2022年河南省跨境电商发展综合指数主要从河南省各城市跨境电商行业主体规模、成长速度、环境支撑、经济影响四个方面分析考量河南省跨境电商产业总体发展水平。综合指数不仅关注跨境电商发展规模与速度，同时也关注多项环境支撑基本要素和跨境电商对传统电商与外贸的影响程度，河南省各城市跨境电商发展综合指数测评结果如图1所示。

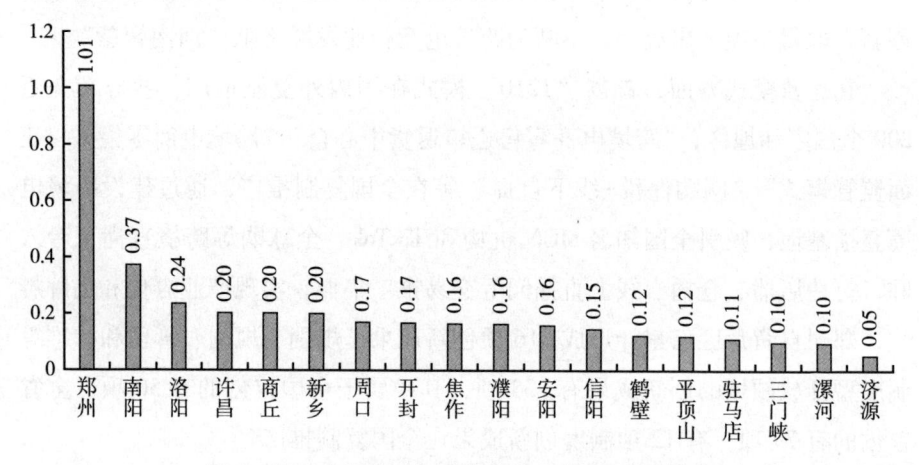

图1　2022年河南省各城市跨境电商发展综合指数

郑州 1.01　南阳 0.37　洛阳 0.24　许昌 0.20　商丘 0.20　新乡 0.20　周口 0.17　开封 0.17　焦作 0.16　濮阳 0.16　安阳 0.16　信阳 0.15　鹤壁 0.12　平顶山 0.12　驻马店 0.11　三门峡 0.10　漯河 0.10　济源 0.05

由图1可以看出，各城市的跨境电商发展水平存在显著差异。受到复杂严峻的国际经济形势影响，各城市综合指数较上年有升有降，其中综合指数高于上年的城市有郑州、南阳、新乡、周口、焦作、濮阳、安阳，洛阳综合指数与上年持平，其余城市相较上年有所下降，郑州依然具有主导地位，综合实力大幅领先其他城市。

可依据2022年河南省各城市跨境电商发展的规模指数、成长指数、环境指数、影响指数将河南省各城市划分为规模较大城市、潜力较大城市、环境较好城市、影响力较大城市。

三 河南省跨境电商发展分项指数

（一）规模指数

规模指数的计算以跨境电商交易额、跨境电商企业数量、跨境电商企业数量在电商企业数量中的占比、跨境电商培训孵化示范基地数量以及跨境电商综合园区数量五个指标为依据，通过熵值法计算出对应数值，反映河南省各城市跨境电商发展的规模大小。跨境电商交易额直观反映该地区跨境电商产业的发展程度，跨境电商企业数量与跨境电商企业数量在电商企业数量中的占比反映该地区跨境电商产业活跃度，跨境电商培训孵化示范基地数量以及跨境电商综合园区数量则反映了跨境电商发展所必需的配套基础设施建设情况。跨境电商规模指数数值越大，跨境电商发展规模也就越大。2022年河南各城市跨境电商规模指数如图2所示。

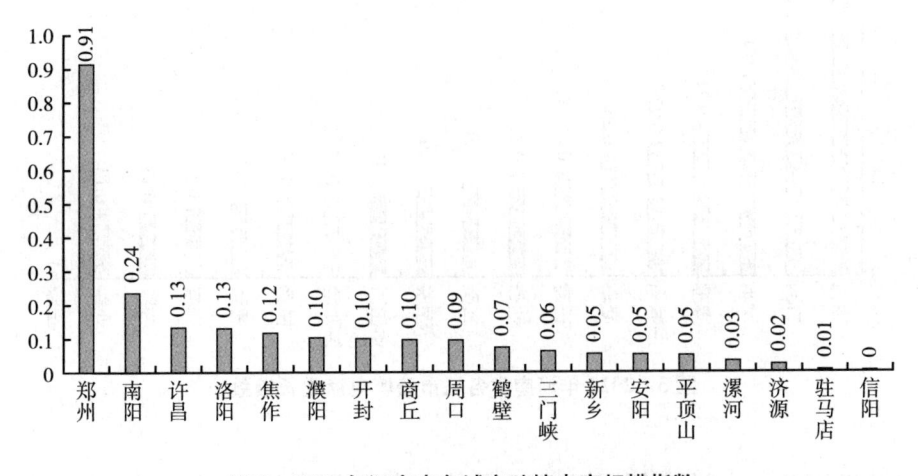

图2 2022年河南省各城市跨境电商规模指数

郑州	0.91
南阳	0.24
许昌	0.13
洛阳	0.13
焦作	0.12
濮阳	0.10
开封	0.10
商丘	0.10
周口	0.09
鹤壁	0.07
三门峡	0.06
新乡	0.05
安阳	0.05
平顶山	0.05
漯河	0.03
济源	0.02
驻马店	0.01
信阳	0

整体上，所有地市的规模指数增速都出现了一定程度的放缓，郑州跨境电商发展规模依然是最大的；南阳较上年上升一个位次，仅次于郑州，

两个城市与其他城市跨境电商发展规模之间存在显著差异；许昌、洛阳、焦作紧跟其后；濮阳、开封、漯河、三门峡、新乡、鹤壁相较于上年位次均有所上升；剩余城市位次有所下降。从跨境电商进出口总值来看，信阳以外的其他城市跨境电商发展均呈正向增长，说明2022年发展成熟度低的城市跨境电商规模有了进一步发展。

（二）成长指数

成长指数的计算以跨境电商进出口总值增长率与跨境电商企业数量增量为依据，通过熵值法计算出对应数值，考察各城市跨境电商发展的成长性。跨境电商进出口总值增长率、跨境电商企业数量增量越大，跨境电商成长指数越大。2022年河南各城市跨境电商成长指数如图3所示。

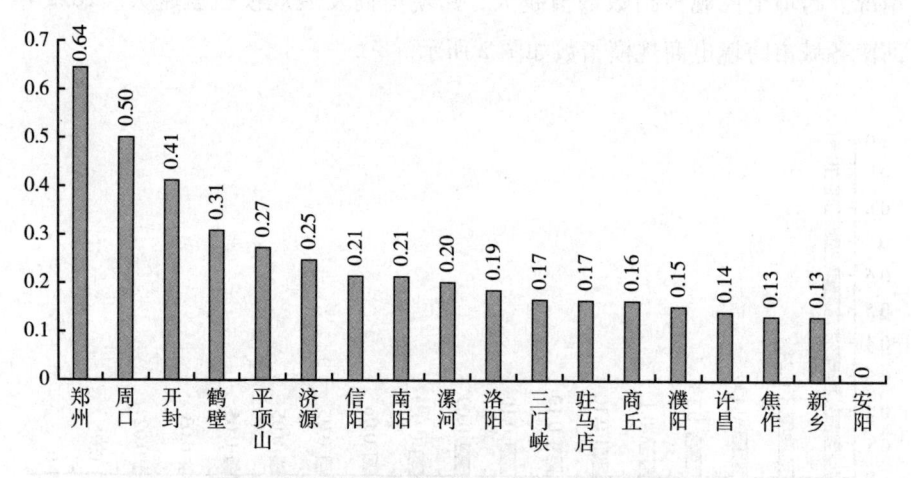

图3 2022年河南省各城市跨境电商成长指数

2022年，安阳以外的其他城市跨境电商进出口总值与企业数量均实现了增长，但增长幅度相差较大，成长性排前三的城市分别是郑州、周口、开封，说明这三个城市相较上年跨境电商成长较快，安阳未实现增长，跨境电商企业数量未增加，其他城市较上年均有一定增加。这说明河南省跨境电商产业整体发展水平较往年有所提高，但不同地区发展水平不均，成长性较低的地区应依托地方优势，促进传统外贸企业转型升级，以跨境电商业态为媒介，打造新的行业增长点，从而提升跨境电商整体实力。

（三）环境指数

环境指数的计算以各地区电子商务发展情况、信息化水平、物流综合服务、人才培养四个方面的 28 项指标为依据，通过熵值法计算出对应数值，反映影响各城市跨境电商发展的环境因素，2022 年河南各城市跨境电商环境指数如图 4 所示。

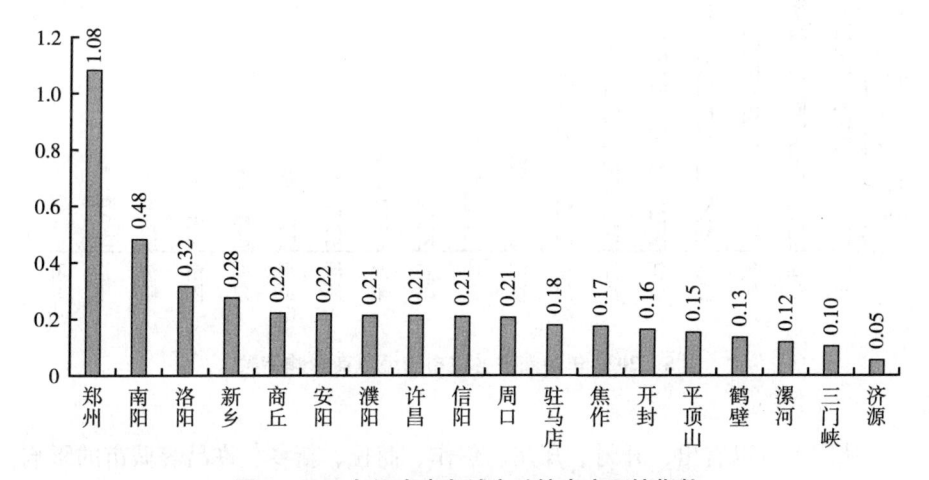

图 4　2022 年河南省各城市跨境电商环境指数

由图 4 可以看出，郑州跨境电商环境指数明显优于其他城市，这说明郑州跨境电商在电子商务发展情况、信息化水平、物流综合服务、人才培养四个方面更为成熟。郑州、南阳、洛阳、新乡、商丘、安阳、濮阳、信阳、周口、驻马店、焦作、平顶山环境指数相较于上年有明显提高，许昌、开封环境指数较上年略有降低，三门峡、漯河、济源环境指数相较于上年明显降低，这说明 2022 年河南省大部分地市发展跨境电商的环境有了进一步改善。

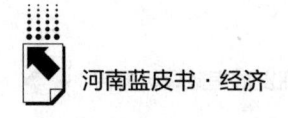

（四）影响指数

影响指数以各城市跨境电商进出口总值占该城市进出口总值的比重与跨境电商进出口总值占该城市电子商务交易总额的比重为依据，通过熵值法计算出对应数值，反映了跨境电商对传统外贸和电子商务的驱动效果，比重越大，说明跨境电商对当地外贸与电子商务的影响越大。2022年河南省各城市跨境电商影响指数如图5所示。

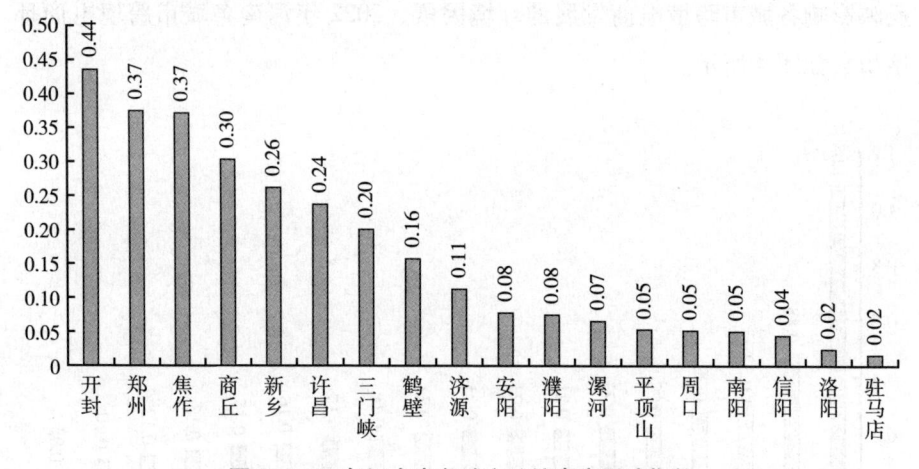

图5 2022年河南省各城市跨境电商影响指数

从图5可以看出，开封、郑州、焦作、商丘、新乡、许昌等城市的影响指数较高。开封与焦作2022年跨境电商保持较高的增长率，加上其发展起步晚，整体规模较小，因此影响指数相较于上年有较明显提升，郑州跨境电商对于地区外贸与电商发展的影响依然强劲，连续三年影响指数一直在上升，许昌相较于上年影响指数位次有所下降，因为许昌电子商务发展迅速，2022年的电商交易总额是2021年的两倍多。其他地区跨境电商影响指数相对较低，但都为正值，这表明跨境电商在推动传统外贸转型升级与促进电商发展方面具有十分重要的作用。

四 河南省跨境电商发展区域分析

按照上述四项指数可以将河南省跨境电商发展所处阶段划分为发展成熟期、快速成长期、发展调整期三个阶段。

（一）发展成熟期

根据2022年河南省跨境电商发展四项分项指数可以看出，郑州、南阳两个城市处于发展成熟期，郑州的规模指数、成长指数、环境指数显著高于全省平均水平，南阳的规模指数、环境指数高于全省平均水平。发展成熟期城市与全省各分项指数平均值的对比如图6所示。

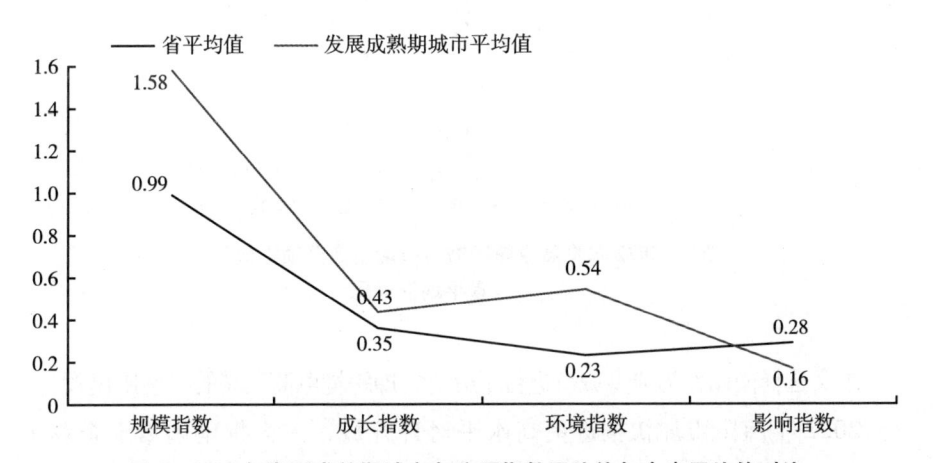

图6 2022年发展成熟期城市各分项指数平均值与全省平均值对比

由图6可以看出，处于发展成熟期的两个城市，2022年规模指数、成长指数、环境指数的平均值高于全省平均水平，影响指数低于全省平均水平。近三年郑州、南阳四项指数每年都在省平均指数之上，交易规模不断扩大，发展速度稳健加快，发展环境逐年改善。郑州跨境电商进出口总值为1180亿元，同比增长8%，低于全省跨境电商进出口总值的增速，但高于郑州外贸进出口总值增速5个百分点，这说明跨境电商对于推动郑州市外贸发

069

展起到了重要作用；南阳跨境电商进出口总值为152.8亿元，同比增长13.8%，高于全省增速，总量稳居全省第三位，排在郑州、许昌之后。郑州和南阳两个发展成熟期城市跨境电商分项指数与全省平均值对比如图7所示。

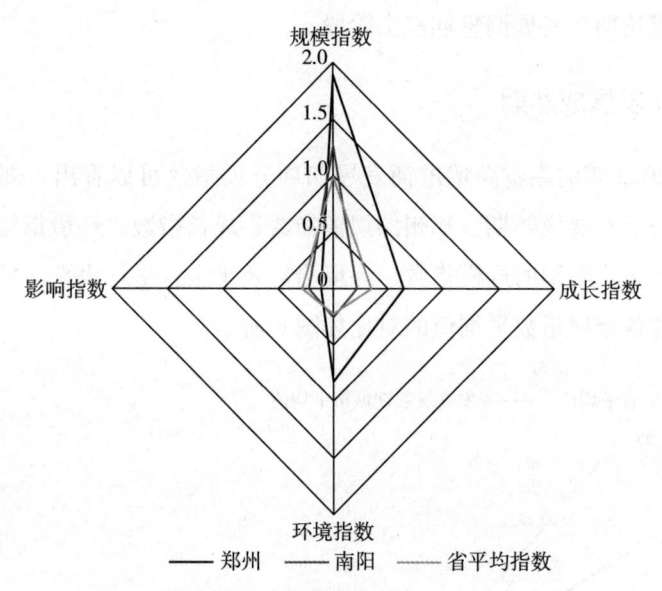

图7 2022年发展成熟期城市跨境电商分项指数与全省平均值对比

本文选择南阳作为典型城市进行了分析，即跨境电商发展的"南阳模式"。

2022年南阳市加快推进更高水平对外开放，一大批南阳本土企业走向世界，用"全球视野"赋能转型发展，取得了跨越式增长成效。2022年，跨境电商进出口交易额为152.8亿元，同比增长13.8%，总量居全省第三位。

一是物流通道越来越通畅。南阳市为构建完善"四路"协同格局，推动跨境电商多点集聚，打通南阳"出海通道"。2022年，南阳开通了豫西南首趟中欧班列并常态化运营，截至目前，南阳中欧班列已开行线路6条，通达3个国家的6个城市，累计发行20尺标箱货柜1283个、货值约12.5亿元，分别增长275.1%和891.4%。

二是跨境电商相关配套服务水平越来越高。南阳市发挥南阳跨境电商综试区、卧龙综合保税区等平台作用，建成跨境电商通关一体化平台，开展一站式通关服务，建设南阳跨境电商进出口商品展示中心，辐射豫鄂陕毗邻区域，打造食用菌、光学元件、玉雕工艺品等特色跨境电商产业带，按照"一核多园"布局，建设镇平、西峡、社旗、内乡、新野等跨境电商园区。

三是加强区域合作，高度重视招商引资。南阳市持续深化京宛对口协作，加深与信阳、驻马店协作互动，加快推动豫南高效生态经济示范区建设；加强与长三角、粤港澳、京津冀地区协同发展，推动战略性新兴产业发展。在招商引资方面，成立招商引资工作委员会，设立驻地招商行动小组，坚持走出去、引进来双向发力。2022年，南阳市新招引亿元以上项目1185个，其中10亿元以上项目269个、30亿元以上项目64个、50亿元以上项目25个。

四是不断优化营商环境。近年来，南阳市把优化营商环境作为"一号工程"，以"万人助万企"活动为抓手，以政策供给优化为突破点，打造办事不求人的高效政务服务环境、公平公正的法治环境、尊企爱企护企的社会环境。2022年底发布的《河南社会治理发展报告（2022）》显示，南阳市营商环境跃居全省第三，城市宜居度跃居全省第一，2022年全国营商环境创新发展100个典型案例中，南阳入选2个案例，全省最多。

（二）快速成长期

根据2022年河南省跨境电商发展四项分项指数可以看出，河南省各地市跨境电商发展不均匀，以四项分项指数均出现负增长为标准，处于快速成长期的城市包括洛阳、许昌、商丘、新乡、周口、开封、焦作、濮阳、安阳、信阳、鹤壁、平顶山、驻马店13个城市。其中，洛阳、许昌规模指数达到全省平均水平，开封、周口、鹤壁、平顶山成长指数高于全省平均水平，洛阳、新乡环境指数高于全省平均水平，许昌、开封、商丘、安阳、信阳影响指数高于全省平均水平，安阳、驻马店四项分项指数均低于省平均水平，但为正值，仍呈增长态势。此阶段城市平均值与全省各项指数平均值对比结果如图8所示。

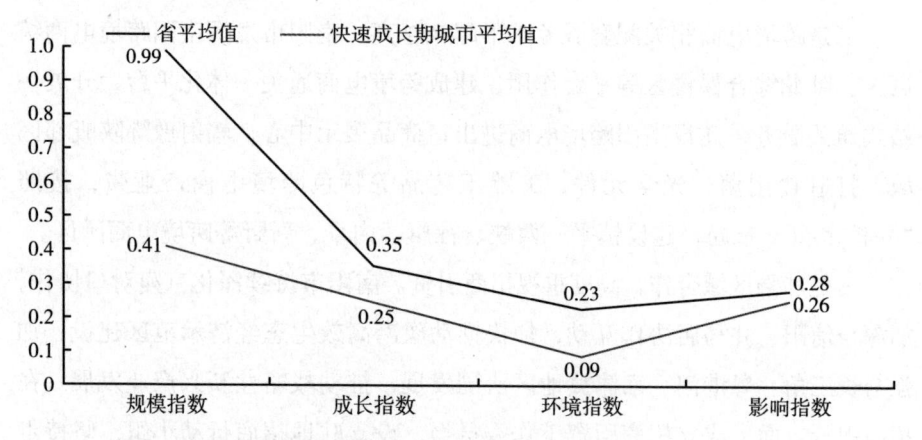

图8 2022年快速成长期城市各分项指数平均值与全省平均值对比

由图8可以看出，快速成长期城市的各项指数平均值均低于全省平均值，且规模指数与环境指数相差较大，这说明这些城市跨境电商发展整体规模较小、相关配套服务仍然有待提高，成长指数、影响指数接近但低于省平均值，说明相较于上年，跨境电商与传统外贸或电商产业融合度有所提高，但幅度不大。处于快速成长期的城市可以分为三类：第一类已经拥有跨境电商基础，具备一定规模，仍处于上升通道，但增速放缓，如洛阳、许昌、新乡、商丘；第二类经过初步发展，规模得到迅速扩大，如周口、开封、鹤壁、信阳、平顶山；第三类经过初步发展，规模得到了一定扩大，如焦作、濮阳、安阳、驻马店。

本报告选择假发产业的许昌市河南瑞贝卡发制品有限公司（以下简称"瑞贝卡"）作为典型案例进行分析。

假发已经成为许昌的名片，瑞贝卡作为许昌市最具知名度的假发公司，具备完整的研、产、供、销全球化产业链，发制品销往北美、非洲、欧洲以及亚洲等多个地区，主要产品有工艺发条、化纤发条、人发假发、化纤假发、教习头、复合纤维材料（纤维发丝）六大类，在全球拥有 Rebecca、Sleek、NOBLE、JOEDIR、Magic、QVR 等自主品牌。

瑞贝卡经营模式基于地域和种群差异，在不同市场采取不同策略。美洲市场上的销售模式分两种：一是 ODM/OEM 业务模式；二是自主品牌线上线下相融合的批发零售模式。非洲市场上的销售模式也分两种：一是母公司向非洲当地销售型子公司销售产品后由子公司就地批发销售；二是母公司将原、辅材料销往境外生产型子公司，其生产的产品就地批发销售。欧洲市场上的销售模式为母公司向欧洲子公司销售产品后由子公司就地批发销售。

瑞贝卡跨境电商模式主要有以下特点：一是产品过硬，生产研发供应链完整，产品种类丰富，品牌价值高，瑞贝卡假发与小作坊的假发价格相差数十倍，海外市场认可度高；二是平台广布局，市场覆盖范围广，在国内主流跨境电商平台阿里速卖通、天猫国际、京东全球购、唯品会等，以及欧美东南亚的亚马逊、Wish、eBay、Shopee、Lazada 等均有布局；三是做精品店铺，店铺大量铺设既增加管理难度，又有较高的平台封号风险，瑞贝卡通过团队分工，打造精品店铺，以提升精品店铺 GMV 为目标，提升粉丝黏性，增加消费者复购率；四是探索发展新业态，瑞贝卡建设了自己的独立站，以市场占有率、品牌价值与消费者认可度为出发点，努力通过店铺引流至独立站，同时也雇用海外市场当地人进行直播销售，这两部分业务处于刚刚起步阶段；五是海外市场本土化运营，与海外企业进行合资，在海外建设分公司，雇用当地人进行业务开发、产品销售。

（三）发展调整期

根据 2022 年河南省跨境电商发展四项分项指数，以分项指数中相较于上年存在负增长为标准，处于发展调整期的城市包括三门峡、漯河、济源。这三个城市环境指数均为负值，处于发展调整期的城市平均值与全省各项指数平均值对比结果如图 9 所示。

由图 9 可以看出，处于发展调整期的城市各项指数平均值均低于全省平均值，且相差较多，主要体现在以下五个方面：一是区域经济整体发展水平较低，经济规模较小，地方经济规模在全省占比较低；二是跨境电商配套服务与基础设施匮乏，如跨境支付、跨境物流以及其他综合服务缺乏，导致地方传统外贸或电商产业与跨境电商融合度低；三是地区资源禀赋差，相关产业未实现规模集约化，产业链整体价值较低；四是地方财力不足，跨境电商

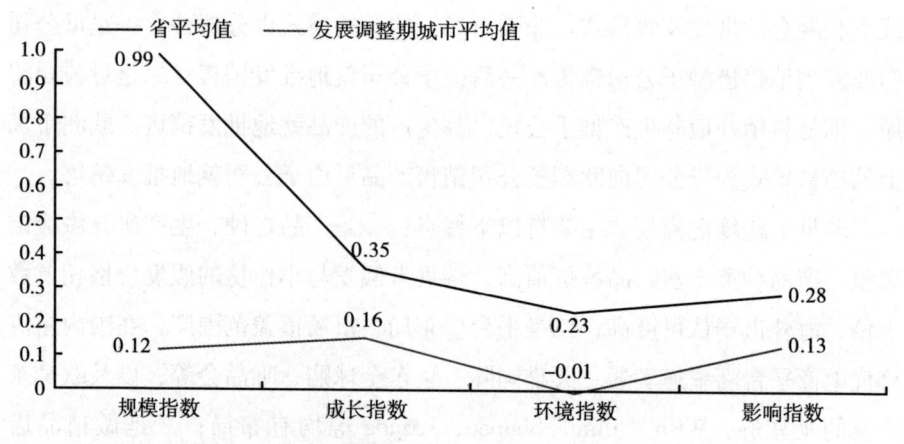

图9　2022年发展调整期城市各分项指数平均值与全省平均值对比

发展环境受限，地方企业投融资难度大，制约了跨境电商企业培育，无法形成集聚效应；五是人才匮乏，城市发展水平低，配套产业缺乏，导致城市人才吸引力低，再加上地方高校数量少，优秀人才十分紧缺。因此，处于发展调整期的城市应加大创新研发力度，多借鉴其他城市的发展经验，扶持本地区的优势产业做大做强，找到突破口，以点带面，创造经济新动能，提高本地区跨境电商发展水平，增强城市经济综合实力。

五　结语

本文从跨境电商主体规模、成长速度、环境支撑、经济影响四个方面对河南省各城市跨境电商发展水平进行了评估，得出以下结论。

按照河南省跨境电商各城市综合指数将河南省各城市跨境电商产业发展划分为三个阶段，郑州、南阳处于发展成熟期；洛阳、许昌、商丘、新乡、周口、开封、焦作、濮阳、安阳、信阳、鹤壁、平顶山、驻马店13个城市处于快速成长期；三门峡、漯河、济源处于发展调整期。

处于发展成熟期的两个城市郑州与南阳近三年的综合指数与四项分项指数均排名靠前。快速成长期城市的综合指数与四项分项指数均为正值，发展呈上升态势，部分分项指数高于省平均水平。快速成长期城市又分为了三类，第一类已经拥有跨境电商基础，具备一定规模，仍处于上升通道，但增速放缓，如洛阳、许昌、新乡、商丘，第二类经过初步发展，规模得到迅速扩大，如周口、开封、鹤壁、信阳、平顶山，第三类经过初步发展，规模得到了一定扩大，如焦作、濮阳、安阳、驻马店。处在发展调整期的城市部分分项指数为负值。指数结果会受到多种因素影响，如果一个地区产业单一、发展规模较小，但其与跨境电商融合度较高，那么其影响指数有可能会偏高，规模指数将会偏低。

河南省跨境电商整体发展不均衡，强弱分化明显，各地区的经济基础、营商环境、传统外贸和电商与跨境电商的融合度、跨境电商人才培养、配套及综合服务水平等因素都会影响当地跨境电商的整体发展水平，四项指数都应该是跨境电商关注的重点，这样才能为实现跨境电商高质量发展打下坚实基础。

对于处在发展成熟期的城市而言，一是要继续深入挖掘地方产业特色，促进地方传统行业转型升级，加大产品创新研发力度，提升产品品牌化价值，扶持有实力的跨境电商企业做大做强，以点带面，打造企业密度大、竞争力强、附加值高、供应链完整的优质产业带；二是要实行精细化运营，创新跨境电商经营模式，提高跨境电商各项配套服务水平，优化跨境支付手段，完善物流基础设施，提高运输效率，发展多式联运，海外市场多平台布局，合法合规经营，融入海外风土人文，提高产品市场占有率与覆盖率，实现跨境电商企业降本、提质、增效；三是要持续优化跨境电商经营环境，创新服务模式，构建并完善跨境电商信用评价体系，优化监管措施，有针对性地提供金融服务，缓解跨境电商中小企业资金运营压力；四是要优化跨境电商人才培养体系，加强校企合作，促进产教融合，为跨境电商行业培养适应行业、匹配岗位的高质量人才。对于快速成长期与发展调整期的城市而言，除了上述四点以外，重点是要以地方传统优势产业为基础、数字化手段为支撑，找到突破点，发展跨境电商新业态，实现传统优势产业转型升级，然后扶持其做大做强，带动供应链上下游配套产业发展，打造高质量产业集群，提高当地跨境电商发展水平。

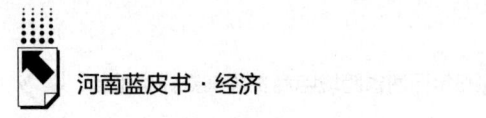

参考文献

王旭光：《河南保税物流中心："豫"见创新跨境电商发展"中"》，《国际商报》2023年2月17日。

杨桂芳：《五大行动"剑指"外贸9000亿元》，《河南商报》2023年2月7日。

宋敏：《郑卢"空中丝绸之路"国际合作论坛成果丰硕》，《河南日报》2022年11月20日。

冯智君、施书芳：《郑州机场北货运区全面运营》，《现代物流报》2022年9月19日。

崔卫杰：《努力把河南自贸试验区郑州片区打造成内陆自由经济区》，《行政科学论坛》2017年第10期。

王延辉、孙静：《E贸易交易额首次突破200亿元》，《河南日报》2022年11月18日。

孟向东：《争分夺秒拼经济 奋力实现"开门红"》，《河南日报》2023年3月10日。

分析预测篇

B.5 2023~2024年河南省产业发展形势分析与展望

曹 雷*

摘　要： 建设现代化产业体系是建设现代化经济体系的重要内容。2023年以来，河南经济运行回升态势明显，积极因素累积增多，产业转型升级取得了明显成效。但与发达省份相比，河南经济恢复基础尚不稳固，内生动力还不强，产业结构仍然落后，无论是工业、服务业还是农业，以传统行业为主的情况没有发生根本改变。展望2024年，河南产业发展面临着复杂多变的国内外环境，既存在有利条件，也存在不利因素。因此，全省要按照党的二十大的要求，全面贯彻落实省委十一届五次全会各项部署，坚定信心决心，保持拼抢劲头，抓好各项具体任务落地落实，奋力实现经济全面好转、量质齐升，在全面建设现代化河南的新征程中推动产业发展向高质量迈进。

---

* 曹雷，河南省社会科学院统计与管理科学研究所高级统计师，主要研究方向为经济社会统计。

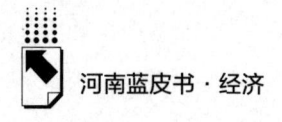

关键词： 产业发展 高质量发展 转型升级 营商环境

建设现代化产业体系是以习近平同志为核心的党中央从全面建设社会主义现代化国家的高度做出的重大战略部署。经过新时代十年砥砺奋进，河南已由传统农业大省转变为现代经济大省，站上新的起点，到了可以大有作为的关键阶段。2023年以来，面对严峻复杂的国内外环境，河南全省上下深入贯彻落实党中央、国务院和省委、省政府决策部署，坚持稳中求进工作总基调，完整、准确、全面贯彻新发展理念，全力以赴拼经济、促发展，全省生产需求逐步恢复，转型升级态势良好。同时应当看到，河南产业结构不合理的状况没有根本改变，全省产业转型升级任务仍然繁重，探索农业大省、资源大省转型升级的道路仍然漫长。

一 2023年河南产业发展现状分析

（一）三大产业总体回升，但恢复根基不够稳固

2023年以来，河南全省上下纲举目张抓工作、项目为王抓投资，着力推动经济平稳健康运行，转型升级持续推进，经济运行呈现稳中向好、稳中提质、动能增强态势。2023年1~6月，河南省地区生产总值（GDP）达到31326亿元，按不变价格计算，同比增长3.8%。其中，第一产业增加值为2308亿元，同比增长1.0%；第二产业增加值为13189亿元，同比增长3.5%；第三产业增加值为15829亿元，同比增长4.5%（见图1）。纵向对比来看，2023年上半年，河南省第一产业、第二产业增加值增速分别低于上年同期3.5个百分点、0.4个百分点，但第三产业增加值增速高于上年同期2.3个百分点。与全国对比看，2023年上半年河南三次产业增速分别低于全国平均水平2.7个百分点、0.8个百分点、1.9个百分点。这表明当前国内外宏观经济环境依然严峻复杂，河南经济恢复基础和产业发展根基尚不稳固，内生动力还不强。

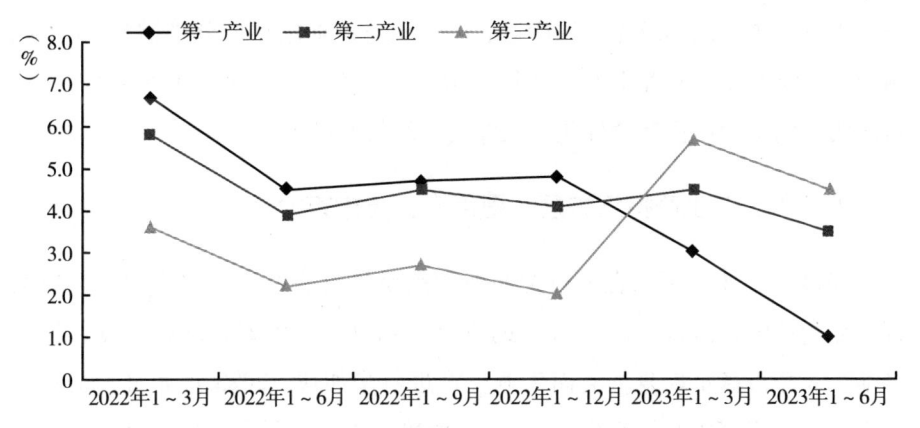

图 1　2022 年以来河南省三次产业增加值增速变化趋势

数据来源：河南省统计局。

（二）产业结构持续优化，主导产业支撑有力

2023 年上半年，河南三次产业占比为 7.4∶42.1∶50.5。与上年同期相比，第一产业、第二产业比重分别降低了 0.2 个百分点、1.8 个百分点，第三产业比重上升了 2.0 个百分点。第三产业比重的上升，表明服务业对全省经济增长的支撑作用增强。

在服务业内部，随着经济社会全面恢复常态化运行和各项支持服务业发展的政策显效，服务业整体恢复向好。2023 年 1~7 月，河南省规模以上服务业企业实现营业收入 4214.16 亿元，同比增长 6.0%，增速比上年同期和 2023 年上半年分别提高 7.5 个百分点、0.3 个百分点。有占八成的行业实现增长。2023 年 1~7 月，河南省规上服务业 10 个行业门类中有 8 个行业营业收入实现增长，增长面达 80.0%。另外，头部企业带动显著。2023 年 1~7 月，河南省规上服务业营业收入排前十的企业合计实现营业收入 1131.80 亿元，增长 35.0%，成为支撑服务业持续向好的重要力量。

在工业内部，汽车、电子等主导产业较快增长。2023 年 8 月，全省五大主导产业增加值同比增长 11.0%，高于全省规模以上工业增速 5.5 个百分点，拉动全省规模以上工业增加值增长 4.8 个百分点，比 7 月多拉动 1.7 个百分点。其中，汽车及零部件产业、电子信息产业增加值分别增长34.1%、14.9%，分别拉动全省规上工业增加值增长1.0个百分点、1.5个百分点。这表明河南工业结构持续优化，工业转型取得新进展。

（三）工业生产持续恢复，重点产业支撑有力

2023年以来，河南省坚持把制造业高质量发展作为主攻方向，积极培育重点产业链，深入开展"万人助万企"活动，加大惠企纾困力度，持续推动工业经济稳定恢复，河南工业生产进一步加快。2023年8月，全省规上工业增加值同比增长5.5%，比7月加快1.4个百分点，高于全国平均水平1.0个百分点，增速连续四个月回升（见图2）。

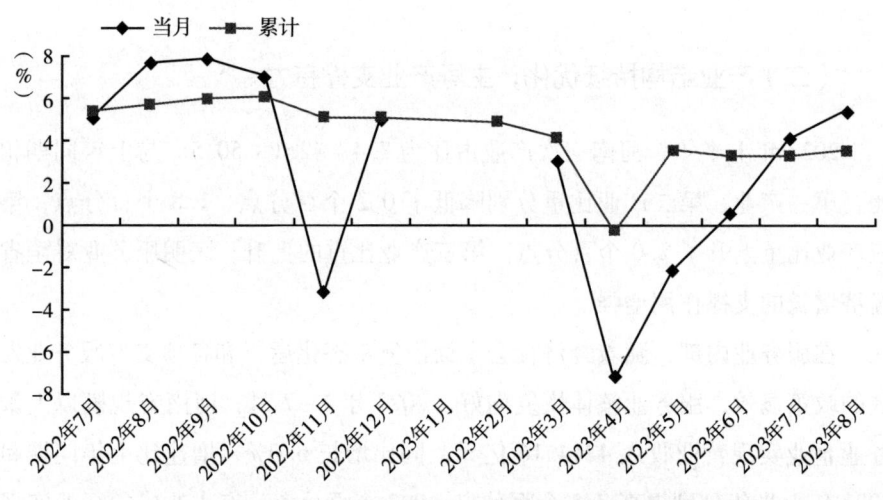

图2 2022年7月以来河南省规模以上工业增加值增速

数据来源：河南省统计局。

有占六成的行业增长。2023年8月，河南省规上工业的40个行业大类中有24个行业增加值保持增长，增长面为60.0%，比7月提高10.0个百分点；22个行业增加值增速比7月加快或降幅收窄，改善面达55.0%。化工、烟草行业生产出现恢复性增长。2023年8月，全省化学原料和化学制品制造业、烟草制品业增加值分别增长16.3%、

9.2%，分别比7月提高15.4个百分点、30.6个百分点，合计拉动全省规模以上工业增加值增长1.4个百分点。2023年1~8月，河南省规模以上工业增加值增长3.6%，比1~7月加快0.3个百分点。

（四）新动能持续发展壮大，重点领域持续恢复

2023年以来，河南省持续营造抓项目、优环境、促投资、增动能的浓厚氛围，以一流标准、前瞻眼光，高起点、高标准谋划推进项目建设。重大项目带动明显。2023年1~8月，全省亿元及以上项目完成投资同比增长10.6%，比1~7月加快0.7个百分点，其中10亿元及以上项目完成投资增长26.9%。工业投资力度加大。2023年1~8月，全省工业投资增长7.0%，比1~7月加快0.3个百分点，其中高技术制造业投资增长23.7%，比1~7月加快1.4个百分点；工业技改投资增长12.4%，比1~7月加快2.5个百分点。

新产业规模继续扩大。2023年1~7月，河南省高技术制造业、工业战略性新兴产业增加值同比增长10.3%、10.1%；全省规模以上新一代信息技术产业、节能环保产业、高端装备制造业和生物产业增加值同比分别增长18.6%、14.2%、9.2%和7.7%。

新产品产销两旺。2023年1~7月，笔记本电脑、光学仪器、锂电子电池产量分别增长5.8倍、96.0%和34.3%。其中，2023年7月，限额以上单位新能源汽车零售额同比增长60.3%，可穿戴智能设备零售额增长23.8%，新兴商品消费呈现快速增长的势头。

新业态加速显现。随着大数据、5G、工业互联网、物联网、人工智能等新一轮信息技术革命不断催生新产业、新业态、新模式，新兴产业业态快速发展，特别是互联网销售、外卖送餐等消费新业态发展较快。国家邮政局数据显示，2023年1~8月，河南快递业务量为36.19亿件，居全国第6位，同比增长24.5%（见图3）；快递业务收入262.82亿元，居全国第7位，同比增长22.3%。在全国快递业务量、快递业务收入前50强城市排名中，郑州分别居全国第16位、第14位。

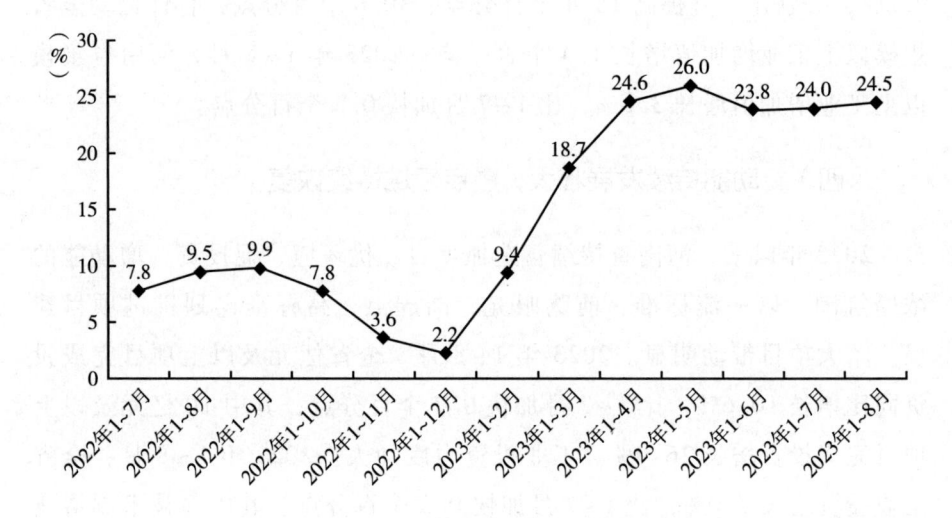

图3　2022年7月以来河南省快递业务量增速

数据来源：河南省统计局。

（五）企业盈利能力偏弱，但效益质量逐步改善

2023年以来，受内外部超预期因素叠加影响，河南省工业企业生产经营面临较大压力，工业企业营业收入增长稳中趋缓。2023年1~7月，全省规模以上工业企业实现营业收入25292.5亿元，同比下降2.7%，但降幅较1~6月回升0.7个百分点。受生产经营成本过高影响，企业利润总额增速持续低于营收增速，但呈逐步回升态势。2023年1~7月，全省规模以上工业企业利润总额为817.7亿元，同比下降19.8%，但降幅较1~6月回升3.6个百分点（见图4）。令人欣喜的是，2023年1~6月，全省41户省管企业实现营业收入3254.4亿元，同比增长20.6%；利润总额184.2亿元，同比增加61.7亿元，营业收入、利润总额增速均保持在全国前列，年度利润指标完成率65.8%，有力支撑了全省经济效益企稳向好，经济高质量发展取得了新进展。

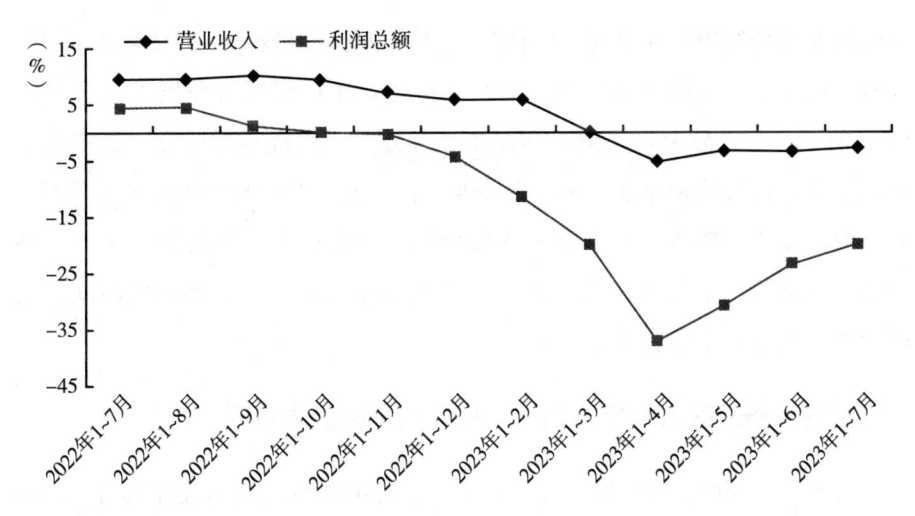

图 4　2022 年 7 月以来河南省规模以上工业企业营业收入和利润总额增速

数据来源：河南省统计局。

二　当前河南产业发展中面临的突出问题

（一）传统和高耗能制造业占比始终较高

长期以来，河南作为全国重要的原材料大省，钢铁、煤炭、有色金属等传统制造业和资源型产业占比较大。2022 年，全省传统支柱产业、能源原材料工业增加值占规模以上工业的比重分别为 49.5%、45.4%，分别较上年提高 1.1 个百分点、1.3 个百分点，反映全省工业仍然以传统制造业和能源原材料产业为主。此外，从代表产业转型升级的高技术制造业来看，2023 年 1~7 月，全省高技术制造业增加值占规上工业的比重为 12.7%，与上半年占比持平，但仍低于 2022 年 0.2 个百分点，增长缓慢，恢复态势不够稳固，对全省工业由大变强、实现高质量发展的支撑力不强。

（二）新兴服务业发展相对落后

在河南的服务业发展中，交通运输、仓储和邮政业，批发零售业，住宿和餐饮业等传统服务业具有一定优势，但附加值相对较低。2023年1~6月，全省交通运输、仓储和邮政业，批发零售业，住宿和餐饮业增加值合计占GDP的15.1%，较上年同期提高1.0个百分点，比重不降反升，长期处于较高状态，而现代物流业、金融保险业、信息服务业以及文化旅游业等新兴服务业占比相对较低，与东部发达省份相比差距较大。河南服务业"一高一低"的结构特征表明河南新兴服务业发展相对落后，未来一段时间，河南大力发展新兴服务业刻不容缓。

（三）研发投入水平落后，科技自主创新能力不强

近年来，河南省科技投入持续加大，呈现R&D经费投入逐年提升、R&D经费投入强度屡创新高的良好趋势，但与河南全国第5的经济大省地位相比，仍明显落后。从财政科技支出看，2022年全省财政科技支出411.09亿元，占一般公共预算支出的3.9%，低于全国平均水平1.1个百分点，居全国第8位。从R&D经费投入看，2022年全省R&D经费投入为1143.26亿元，居全国第11位，仅占全国的3.7%、广东的1/4左右，在中部六省中也落后于湖北、湖南；R&D经费投入强度为1.86%，低于全国平均水平0.68个百分点，居全国第17位，在中部六省中也仅高于江西和山西；与北京（6.83%）、上海（4.44%）、天津（3.49%）、广东（3.42%）、江苏（3.12%）、浙江（3.11%）等研发实力较强地区相比相差更远（见图5）。科学技术是第一生产力，河南研发经费投入不足，导致科技创新能力不足，影响经济可持续增长。

（四）产业层次和附加值相对较低

经过多年发展，河南产业结构实现重大突破，服务业成为经济增长新引擎。2022年全省三次产业结构为9.5∶41.5∶49.0，第三产业（服务业）占比高于第二产业7.5个百分点。2023年上半年，全省三次产业结构调整为7.4∶42.1∶50.5，第三产业（服务业）占比高于第二产业8.4个百分点，三次产业融合发展水平进一步优化调整。但是与全国平均水平以及东部沿海发达地区相比，河南产业整体仍处于价值链低端，最为明显的特征是产业结构不优、

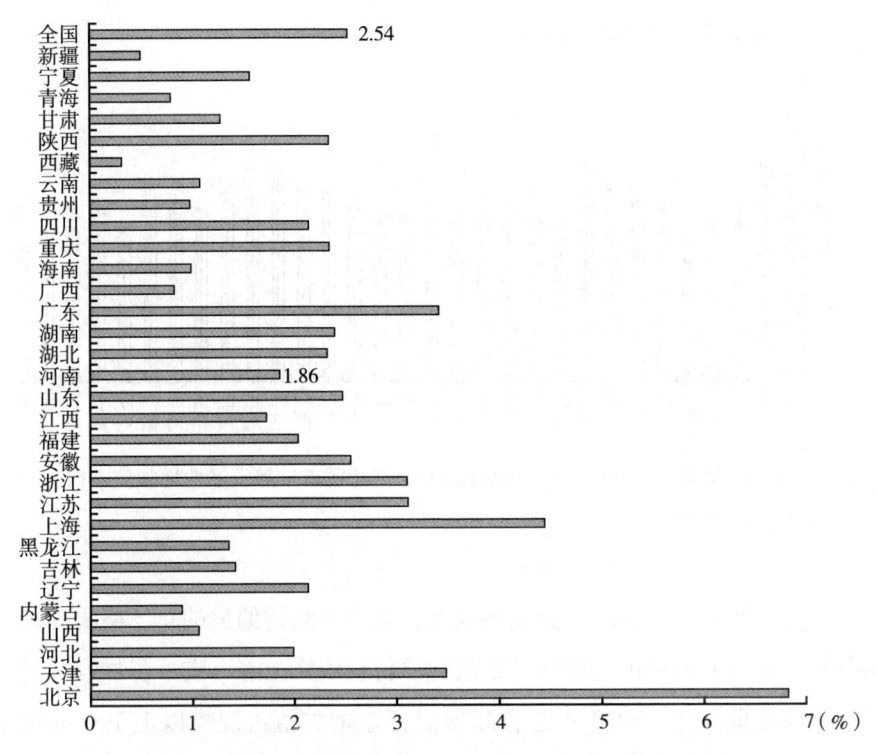

图5 2022年全国和31个省（区市）R&D经费投入强度

数据来源：《2022年全国科技经费投入统计公报》。

产业附加值不高。

一是产业结构不优，尤其是服务业仍有很大提升空间。2022年，河南第三产业增加值占GDP比重为49.0%，不仅较上年回落0.7个百分点，也低于全国平均水平3.8个百分点，更分别低于北京、上海、天津34.9个百分点、25.1个百分点、12.3个百分点，居全国第22位。2023年上半年，河南第三产业增加值占GDP比重与全国的差距拉大到5.5个百分点，与北京、上海、天津的差距也扩大到35.4个百分点、25.6个百分点、14.3个百分点，降至全国第26位（见图6）。

二是产业结构偏重。尽管近年来河南坚持以提高发展质量和效益为中心，大力推动产业结构优化升级，全面实施"制造强国战略"河南行动，

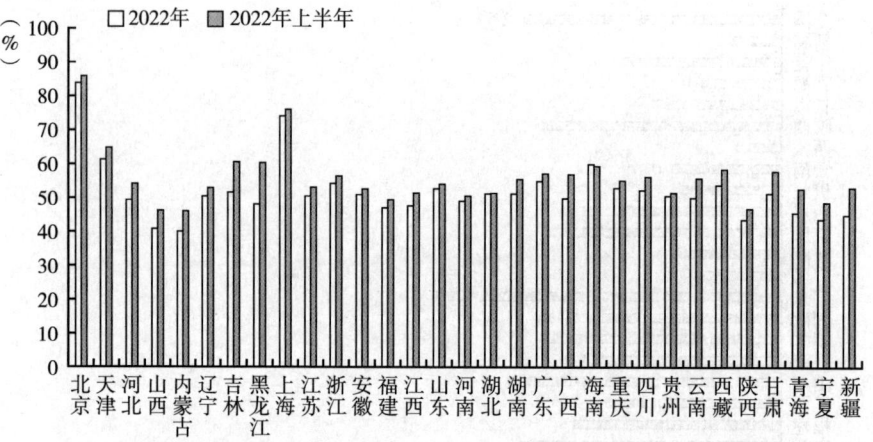

图 6　2022 年和 2023 年上半年全国 31 个省（区市）第三产业增加值占比

数据来源：各省统计局。

战略性新兴产业、高技术产业发展较快，但产业结构偏重的总体格局尚未根本扭转。疫情冲击和俄乌冲突导致能源原材料价格上涨，进一步加剧了河南产业结构偏重问题。2022年全省高耗能行业增加值占规模以上工业的比重达38.6%，较上年提高0.3个百分点。

三是资源型产业比重偏高。当前，河南传统的资源型产品较多，如煤炭、石油、有色金属等产业比重依然偏大，但这些产业大多处于价值链的上游，且受国际市场波动、资源垄断、环境保护等因素的影响较大。特别是疫情期间，由于全球外部需求不景气，沿海地区产品外贸出口下降，河南资源型产品的生产和流通受到较大影响，进而影响全省经济大盘。

（五）企业规模偏小，竞争不强

长期以来，河南的企业规模相对较小，创新能力和综合竞争力较弱，缺乏业态先进、竞争力强的领军企业。在2023年《财富》杂志公布的中国企业500强中，河南有15家企业上榜，较上年新增4家，居全国第10位，远远少于北京（105家）、广东（76家）、上海（54家）、浙江（41家）等省市。排名最靠前的河南企业是万洲国际有限公司，排第147位，较上年前进

4位，其营业收入为281.36亿美元，仅相当于排名第1的国家电网有限公司的5.3%，与排名前十的企业差距较大，且2023年河南入围中国企业500强的15家企业，主要集中在能源、电力等传统行业，战略性新兴产业和高技术制造业没有企业入围。

三 新征程上加快推动河南产业高质量发展的若干建议

2023年以来，河南上下全面贯彻党中央、国务院决策部署，完整、准确、全面贯彻新发展理念，聚焦聚力高质量发展首要任务，锚定"两个确保"、深入实施"十大战略"，全力以赴拼经济促发展，有效推动各项政策措施落实落地，全省经济运行中的积极变化明显增多，转型升级步伐加快。展望2024年，河南产业发展总体上仍然是机遇与挑战并存，既存在诸多有利条件，也存在一系列不利因素。为此，全省必须全面贯彻落实省委十一届五次全会各项部署，坚定信心决心，保持拼抢劲头，抓好各项具体任务落地落实，积极培育重点产业链，加快促进产业转型取得新进展，奋力实现经济全面好转、量质齐升。

（一）持之以恒建立健全产业转型体制机制

推进产业转型升级，关键是要完整、全面、准确贯彻落实新发展理念，推进体制和机制创新，不断激发企业发展动力和活力。一是加快构建现代产业转型升级动力机制。习近平总书记指出，全面提升产业基础高级化和产业链现代化水平，加快构建以先进制造业为骨干的现代化产业体系。现代化产业体系是实现中国式现代化的物质技术基础，是经济高质量发展的重要引擎。要大力弘扬企业家精神，加快形成以企业为主体、市场为导向、人才为支撑、政产学研用相结合的创新体系，推动形成工业化和信息化融合发展、先进制造业和现代服务业融合发展的新格局，打好产业基础高级化、产业链现代化的攻坚战。二是加快构建产业转型升级支撑体系。要牢固树立质量第一、效率优先战略不动摇，把发展经济的着力点放在实体经济上，将产业结构调整的主阵地转向提高产业全要素生产率、提升产业竞争能力等领域。以先进产业园区和产城融合发展为载体，不断推动河南高技术制造业、新兴产业发展水平，提高全省资源要素配置效率，为河南产业结构调整提供动力。三是加快构建产业转型升级优化路径。坚持以现代化产业体系为牵引，聚焦薄弱环节补链，深入实施产业基础再造工程；坚持以智能化和绿色化改造为重点，推进全省数字技术与产业发展各领域广泛融合，推广先进节能低碳技术、装备和管理模式普遍应用，全面优化产业结构，加快经济提质增效。四是加快建立健全产业转型升级绩效考核机制。推动产业转型发展的制度框架和体系建设，发挥高质量发展"指挥棒"作用，将产业转型升级作为经济社会发展的主要目标，强化政府支持产业转型升级的目标约束机制。

（二）持之以恒强化产业升级政策引导和要素保障

产业升级离不开产业政策和要素禀赋的强力支撑。一是发挥"引"的作用。在高新技术及新兴产业发展上具有前瞻性，从战略上引导本地相关主体关注全球和全国核心技术研发、关键环节突破，对于部分"瓶颈"环节，加大政策倾斜和资源投入，实现生产要素集聚，加强人才、金融、科技、土地等要素保障，快速突破核心技术和关键产业，真正补齐产业结构短板。二是发挥"调"的作用。要树立"上下一盘棋"意识，跳出河南看河南，立足全国看河南，积极调整主导产业与配套产业的协调发展和综合规划，充分发挥资源优势，调整产业布局，避免盲目投资和重复建设，从根源上避免各省辖市（示范区）产业结构的雷同，促进资源向相应的优势地区、优势行业集中，推动产业集群的发展。三是发挥"简"的作用。加快构建更加包容、竞争的产业政策，从市场监管、政策引导、法律监督等方面进行改革，以服务企业为先导，持续优化营商和投资环境。四是发挥"重"的作用。强化产业转型发展的基础性支撑，引导、支持企业加大研发投入，将技术创新和技术进步置于产业政策的核心，对投资实行财政补贴、制造业设备研发和税收优惠，全力打造产业创新新高地。

（三）持之以恒推动营商环境优化升级

优化营商环境是实施"两个确保"的先手棋，是谱写新时代中原更加出彩绚丽篇章的关键仗。要发挥企业和企业家能动性，营造好的政策和制度环境，让国企敢干、民企敢闯、外企敢投。一是深化"一件事"改革，推进集成服务。依托"豫事办"等政务服务平台，通过"一网通办、一窗受理、一表申请、一次办结"，打造企业从设立开办、准入准营、注销退出全生命周期的一站式集成服务体系，实现准入准营"一次跑"、联审联办"一趟清"。二是正确处理好有效市场和有为政府的关系。充分发挥市场在资源配置中的决定性作用，在更深层次上持续推进市场化改革，推动资源要素自由流动，建立公平公正高效的市场竞争秩序。三是细化服务举措，提升服务质效。建立常态化帮办代办服务机制，通过延时服务、预约服务、上门服务等便利化举措，满足企业群众差异化办事需求。四是构建亲清统一的新型政商关系。经济社会的持续健康发展，离不开良好的政治生态作保障，而亲清统一政商关系，是清朗政治生态的题中应有之义。要始终坚持"两个毫不动摇""三个没有变"，敢于为企业当好"店小二"、做好"贴心人"，及时了解企业具体诉求，加大力度纾困解难，搬开"绊脚石"、铺就"快速路"，增强企业发展的信心和底气，着力营造尊商敬商、亲商安商的良好环境。

（四）持之以恒推进产业数字化

数字经济是新兴技术和先进生产力的代表，已成为重组全球要素资源、重塑全球经济结构、改变全球竞争格局的关键变量。一是要紧紧抓住以数字技术为核心的新一轮科技和产业变革历史机遇，以数字经济赋能传统产业转型升级、提升高效能治理、创造高品质生活、催生新产业新业态新模式，全方位打造"数字河南"。二是要立足不同产业特点和差异化需求，以"5G+工业互联网"的集成创新和融合应用为突破口，把握数字化、网络化、智能化方向，利用数字技术对传统产业进行全方位、全角度、全链条改造。三是要聚焦数字产业化战略前沿，加快建立数据资源产权、交易流通市场机

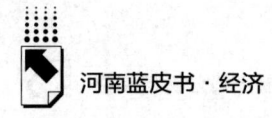

制。大力发展数字核心产业，培育壮大人工智能、车联网、大数据、区块链等新兴数字产业，提升通信设备、核心电子元器件、关键软件等高端制造业产业层级，加快建成以"能级高、结构优、创新强、融合深、韧性好"为鲜明标识的先进制造业强省。

参考文献

唐晓旺：《"双循环"下推进区域产业高质量发展的实践与探索——基于河南2021~2022年产业发展态势的考察》，《黄河科技学院学报》2022年第12期。

薛丰：《建设现代化产业体系》，《经济日报》2022年11月3日。

曹雷、童叶萍、李莹莹：《新发展理念下提升河南综合竞争力的路径研究》，《统计理论与实践》2023年第2期。

刘九如：《加快数字化转型 应对"乌卡"时代》，《中国信息化》2023年第1期。

《坚定推进高质量发展的信心决心——深入贯彻落实省委十一届五次全会精神之一》，《河南日报》2023年7月30日。

B.6 2023~2024年河南省固定资产投资形势分析与展望

李 斌[*]

摘 要： 2023年1~8月，河南省有效投资持续复苏，重大投资项目不断涌现，工业投资增长势头强劲，社会民生投资稳步提升，区域投资成效显著，投资增速呈现前高后低的态势，预计第四季度全省固定资产投资增速将稳步增长，但增幅相对较低。2024年，随着投资环境进一步优化、投资政策持续落地、市场主体信心逐步企稳，河南省固定资产投资形势有望持续改善，未来需要坚持项目为王强化投资拉动，扩大有效投资，提升投资效率，优化投资环境，激发投资活力，提振信心，释放民间投资潜力，持续推动河南固定资产投资健康稳定发展。

关键词： 固定资产投资 民间投资 投资效率

2023年，河南省全力以赴拼经济，深入实施投资拉动战略，持续践行"项目为王"理念，接力推进"三个一批"项目活动，全省上下掀起了抓项目、强投资、增动能的热潮，全省投资环境持续改善，有效投资平稳增长，重点领域投资亮点突出，市场主体投资信心逐步企稳，全省投资总体呈现稳中向好态势，为实现"十四五"预计投资目标奠定了坚实的基础。

---

[*] 李斌，管理学博士，河南省社会科学院经济研究所副研究员，主要研究方向为区域经济。

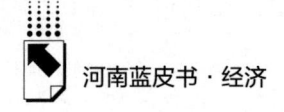

一 2023年1~8月河南省固定资产投资总体态势

（一）重大投资项目压舱石作用凸显

2023年以来，河南省始终将重大项目投资作为拉动全省投资增长的主抓手，深入推进投资拉动战略，持续深化"三个一批"重大行动。2023年1~4月，全省重大投资项目开局走势向好，实现投资增长开门红，反映重大投资的亿元及以上在建项目增速显著，完成投资与2022年同期相比增长8.9%，在重大投资项目带动下，拉动全省固定资产投资总体增长4.8个百分点。2023年1~5月，全省固定资产投资继续保持稳增长的良好势头，随着系列稳投资政策持续落地发力，全省10亿元及以上在建项目完成投资与2022年同期相比增长22.6%，对全省投资的总体拉动作用进一步释放，拉动全省总投资增长4.8个百分点。2023年上半年，全省亿元及以上项目完成投资同比增长8.0%，虽然增幅较1~4月减少0.9个百分点，但仍拉动全部投资增长4.5个百分点。2023年1~7月，全省固定资产投资增速较1~6月有所改善，全省亿元及以上项目完成投资同比增长9.9%，比1~4月加快1个百分点，比上半年加快1.9个百分点，其中10亿元及以上项目完成投资增长27.9%，比1~5月加快5.3个百分点。2023年1~8月，在抓项目、促投资的良好态势下，全省固定资产投资持续向好，大项目"压舱石"作用凸显，全省亿元及以上项目完成投资与2022年同期相比增长10.6%，比1~7月加快0.7个百分点，比上半年加快2.6个百分点，其中10亿元及以上项目完成投资增长26.9%。

（二）工业投资增速加快支撑力增强

2023年以来，河南省将工业投资特别是制造业投资作为稳投资的重点领域，结合工业领域"三个一批"重大项目投资活动，工业投资增速加快，支撑力增强，投资结构优化带动产业结构升级效应显著。2023年1~3月，全省工业投资同比增长14.5%，其中制造业投资增长16.4%。1~4月，全省工业投资保持较快增长态势，与2022年同期相比增长13.4%，由于一大批先进制造及工业技术改造项目相继落地，高技术制造业投资、工业技术改造投资增长表现突出，分别增长52.7%、28.8%，五大主导产业投资增长29.9%；电气机械和器材制造业、汽车制造业、食品制造业、医药制造业投资分别增长138.3%、106.9%、35.9%、34.3%。1~6月，随着上半年各类稳投资拼经济举措的持续发力，全省工业投资同比实现增长5.1%，拉动全省投资增长1.4个百分点，由于新能源汽车、装备制造等产业持续复苏的积极影响，全省汽车、装备、建材、能源等产业投资增长强劲，分别增长57.1%、23.7%、14.9%、13.5%。此外，全省工业投资结构持续改善，2023年上半年，全省高技术制造业投资占工业投资的比重持续提高，达到了17.0%，比2022年同期提高了2.5个百分点，为制造业强省建设注入了强劲动力；同时，随着制造业技术改造持续推进，2023年上半年，全省工业技改投资占工业投资的比重保持提升势头，达到20.0%，比2022年同期提高0.4个百分点，进一步为全省制造业未来发展注入了动力。1~7月，全省工业投资增长6.7%，比上半年加快1.6个百分点；全省工业技改投资占工业投资的比重为24.8%，比上年同期提高0.7个百分点，工业技改投资增长9.9%，比上半年加快1.4个百分点。1~8月，全省工业投资增长7.0%，比1~7月加快0.3个百分点，其中高技术制造业投资增长23.7%，比1~7月加快1.4个百分点；工业技改投资增长12.4%，比1~7月加快2.5个百分点。

（三）基础设施投资稳增长成效显著

近年来，随着河南省优势再造、数字化转型等战略深入推进，交通运输、新基建等基础设施领域投资增长潜力持续释放。2023年，河南省基础设施领域投资呈现良好的发展态势，1~2月，全省基础设施投资平稳增长，部分领域亮点突出，如水利、环境和公共设施管理业（不含土地管理业）投资同比增长3.7%，在优势重塑战略及数字化转型战略驱动下，交通运输和邮政业投资同比增长13.5%，信息传输业投资同比增长58.0%。1~3月，基础设施投资（不含电力、热力、燃气及水生产和供应业）增长3.3%。1~4月，部分重点基础设施领域投资增长较快，其中水利、环境和公共设施管理业，信息传输业，交通运输和邮政业投资分别增长19.0%、17.4%、15.8%。1~5月，交通运输和邮政业、互联网和相关服务业投资分别增长18.6%、12.8%。1~7月，基础设施投资保持平稳增长势头，随着一大批基础设施重点项目建设加速提质增效，全省基础设施投资与2022年同期相比增长3.7%，其中，全省道路运输业投资同比增长28.4%。1~8月，全省基础设施投资有所加快，全省基础设施投资增长5.8%，比1~7月加快2.1个百分点，部分领域基础设施投资保持较快增长，其中，由于物流拉动战略的持续推进，全省道路运输业投资增长34.9%，比1~7月加快6.5个百分点。

（四）社会民生投资补短板效应显著

随着河南省社会领域补短板进程深入推进，医疗、养老、教育、文化、体育等社会领域投资潜力和活力持续释放，2023年以来，一大批社会领域投资重大项目相继落地，带动社会领域投资持续平稳增长，卫生、教育等社会领域投资亮点频现。2023年1~2月，全省社会领域投资中卫生、教育投资分别增长56.2%、14.1%，呈现开门红的良好态势；1~3月，全省卫生、教育投资分别同比增长56.3%、24.5%，比1~2月份分别加快0.1个百分点、10.4个百分点；1~4月，全省社会领域投资增长13.5%，其中卫生、教育投资分别增长56.6%、10.4%；1~5月，全省社会领域投资继续保持平稳增长态势，增长4.6%，其中卫生、教育投资分别增长21.0%、18.0%；1~6月，全省社会领域投资增长9.0%，比1~5月加快4.4个百分点，其中卫生、教育投资分别增长23.5%、17.1%；1~7月，全省社会领域投资增长6.7%，其中卫生、教育投资分别增长16.9%、18.1%；1~8月，全省社会领域投资加速增长，增速同比达到9.2%，比1~7月加快2.5个百分点，比上半年加快0.2个百分点，其中卫生、教育投资分别增长13.0%、25.0%。

（五）区域投资亮点频现，投资活力足

2023年以来，河南各地全力以赴拼经济，坚持项目为王理念，以"三个一批"重大项目建设为抓手，深入推进投资拉动战略，各省辖市重点领域投资不断发力，投资结构持续优化，区域投资亮点频现，其中，郑州市和洛阳市固定资产投资表现尤为突出。2023年上半年，在比亚迪整车及动力电池项目、一汽解放新能源商用车郑州基地项目等一大批重点项目带动下，郑州市亿元及以上项目完成投资同比增长16.5%，拉动投资增速7.1个百分点，第二产业投资同比增长38.9%，全市工业投资同比增长39.1%，拉动投资增速6.2个百分点，占全市固定资产投资比重为22.2%，比上年同期提高6.2个百分点。2023年1~7月，郑州市工业投资继续保持高速增长，同比增长34.4%，其中汽车制造业、专用设备制造业投资分别同比增长128.2%、79.8%；工业技改投资同比增长13.0%，比上半年加快2.5个百分点，占固定资产投资比重达到22.1%，比上年同期提高5.6个百分点。2023年上半年，洛阳市在中州时代新能源生产基地、中国石化洛阳百万吨乙烯、华夏历史文明传承创新示范园、洛阳海澜集团服装产业基地等重大项目带动下，全市新开工项目达到518个，数量同比增加70个，投资额同比增长35.8%，拉动全市固定资产投资强劲增长，同比增长7.6%，其中，工业技改投资增长37.3%，拉动工业投资增长3.9个百分点，为全市经济发展注入了强劲动力。

二 2023~2024年河南省固定资产投资趋势展望

（一）"三个一批"项目深入推进，拉动投资持续回升

近年来，河南省深入实施扩大内需战略，持续强化项目为王鲜明导向，扎实开展促投资专项行动，滚动实施"三个一批"项目，全力抓项目强保障、促开工、快建设，掀起了抓项目、强投资、增动能热潮，在"三个一

批"项目深入推进背景下,将进一步拉动全省投资持续回升。一方面,全省开工建设及投产项目存量持续释放,截至2023年7月,前八期"三个一批"项目累计开工建设6101个、总投资约4.85万亿元,"投产一批"项目累计3324个、总投资约1.64万亿元,在存量项目陆续落地的带动下,产业链相关配套投资项目、相关基础设施投资项目也将持续释放投资潜力,为未来河南固定资产投资增长带来巨大空间。另一方面,全省重大投资项目增量显著,签约项目数量持续增长,前八期"三个一批"项目中"签约一批"项目累计3258个、总投资约2.71万亿元,截至2023年8月全省集中签约项目共655个,总投资约5954亿元,随着已签约项目持续开工和投产,河南储备的重大项目将持续化为有效投资落地生根,进而带动全省投资数量和增速稳步回升。

(二)有效投资持续改善,推动投资效率提升

2023年以来,河南以扩大有效投资为导向,聚焦新型基础设施、新型城镇化、重大基础设施、产业结构优化升级、创新驱动、生态环保、社会民生等重点领域,以战略性、引领性、标志性重大项目为牵引,以高端化、智能化、绿色化、服务化为方向,以"三个一批"项目建设活动为抓手,先进制造业、战略性新兴产业、现代服务业、数字经济、新型基础设施、创新驱动"六新"项目占比稳步提高,投资拉动效应持续释放,有效投资效率持续提升,在郑州比亚迪新能源产业园、洛阳国宏新能源电池产业基地、中国石化洛阳百万吨乙烯等重大项目带动下,全省在新装备、新材料、新能源、新技术等领域,进一步形成更多新生产力,产业链供应链稳定性和竞争力不断提高,高质量投资后劲持续释放,为全省高质量发展提供了强劲动能。展望2024年,在技改投资需求持续释放、高技术制造业投资维持强势、金融支持力度加码、利好政策推动民间投资改善等因素影响下,全省有效投资将稳中有进,投资效率将进一步提升,固定资产投资将延续持续回升的势头。

（三）系列政策相继落地，加速民间投资回暖

大力发展民营经济是推动民间投资健康发展，促进固定资产投资稳步恢复的重要举措。2023年，国家层面围绕减税降费、金融扶持、支持创新、促进市场开放、深化"放管服"改革、优化营商环境等重点领域，出台系列政策举措，鼓励民营经济发展，特别是7月份出台的《关于促进民营经济发展壮大的意见》，更是为民间投资持续回暖注入了强劲的动能。随着各级层面对民间投资的政策支持力度不断加大，民间投资环境将持续改善，就河南民间投资相关政策环境而言，河南省委、省政府高度重视民营经济的发展，先后出台了"六稳""六保"、促进民营经济高质量发展"32条"等政策措施。2022年12月，河南省出台了《关于新时代促进全省民营经济高质量发展的意见》；2023年上半年，《河南省优质中小企业梯度培育管理实施细则（暂行）》《支持"专精特新"中小企业高质量发展的政策措施》《关于推广河南省民营经济示范城市试点典型做法的通知》《关于进一步优化政策环境加大力度支持民间投资发展的若干政策措施》等鼓励民营经济发展、激发民间投资活力的相关政策陆续出台，为民营经济的良好发展，民间投资持续恢复提供了有力支撑。

（四）政策深度调整加快，房地产投资触底反弹

房地产投资是区域固定资产投资的重要领域，在目前经济发展阶段，房地产投资的规模和增速在一定程度上是区域固定资产投资规模和增速的重要影响因素。近年来，由于内外部因素的叠加影响，房地产市场出现较为低迷的运行状态，受市场影响，房地产投资也出现大幅下滑的趋势。为促进房地产市场平稳健康运行，2023年以来，国家层面出台了降低首付比例、降低首套房贷利率、换购住房税费减免、"认房不认贷"、下调存量房贷利率等举措，力促房地产市场健康发展，同时，国家根据房地产市场发展的新趋势和新问题，鼓励各地根据不同需求、不同城市推出有利于房地产市场平稳健康发展的政策举措。在此政策引导下，河南各地市陆续出台相关政策支持房

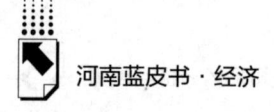

地产市场发展。2023年8月，郑州发布支持房地产市场平稳健康发展的15条具体措施，9月郑州全面取消限购、限售政策；新乡出台19条措施、洛阳明确3个方面20条举措支持房地产市场平稳健康发展，在此背景下，房地产市场下滑趋势大概率将终止，进而加快房地产投资触底反弹。

（五）投资生态不断优化，激发投资活力动力

良好的营商环境和投资生态是激发投资活力的关键。近年来，河南不断加大改革力度，优化营商环境，推进金融体系改革，加大金融支持实体经济的力度，推进贸易便利化，整体投资生态不断优化。着力落实税收减免政策，简化办理程序，进一步取消税务审批和前置性审核事项，企业税收成本降幅明显，出台企业减负降费举措，切实减轻企业经营负担，改善企业融资服务，降低企业融资成本，加快实施"引金入豫"和"金融豫军"两大工程，不断发展壮大金融服务业，采取各种措施积极降低企业贷款利率和融资附加费用，提高信贷服务便利度，增加小微企业贷款户数，继续放宽民间投资准入门槛，全面实施市场准入的负面清单制度，激发了投资活力动力。着力全面实施外商投资准入前"国民待遇+负面清单"管理模式，简化外商投资项目管理程序和外资企业设立、变更程序，涉外经济发展迈上新台阶。以高效便捷为导向，着力聚焦基础设施建设、企业获得审批、创新创业、干部服务企业等投资环境重点领域，加强系统设计，统筹推进制度创新、政策集成、资源整合、流程再造，有利于市场主体活力竞相迸发的制度环境和政策体系进一步优化，投资服务效能不断改善，为2024年全省进一步激发投资活力动力奠定了坚实的基础。

三 2023~2024年河南省固定资产投资对策建议

（一）着力坚持项目为王，强化投资拉动

坚持把抓项目作为抓投资促增长的根本性抓手，持续深化落实项目为

王理念，着眼全省经济社会发展关键环节，高站位统筹谋划重大项目布局，以"三个一批"项目和"万人助万企"活动为支撑，深入实施投资拉动战略，促进全省固定资产投资健康平稳增长。一方面，立足全局，统筹谋划，有序推进项目建设。在以抓项目促投资方面，坚持龙头引领项目和专精特新项目一起抓，着力激发新活力新动能；坚持招商引资项目和增资扩产项目一起抓，着力处理好存量项目和增量项目的关系，形成项目梯队合力；坚持技改升级项目和抢滩占先项目一起抓，着力激发现有产业项目竞争力的同时，进一步在新赛道上培育新项目，积蓄新动能；坚持传统基建项目和新型基建项目一起抓，着力做到新旧基建项目合理配置，有机衔接，有力有序推进各类项目统筹协调建设。另一方面，以"三个一批"项目和"万人助万企"活动为支撑，释放重大项目对投资增长的拉动作用。将"万人助万企"活动做深、做细、做实，以解决企业投融资领域堵点、痛点、难点为突破口，全力服务各类投资项目建设，围绕制造业转型升级、战略性新兴产业培育、未来产业布局、新型基础设施建设、创新驱动发展、社会民生保障等重点领域，按照"签约一批、开工一批、投产一批"的原则，着力谋划储备、开工、投产一批辐射带动能力强的项目，进一步释放重大项目对全省投资增长的拉动作用。

（二）着力扩大有效投资，提升投资效率

坚持以扩大有效投资为导向，聚焦社会经济发展的关键领域和核心环节，以高质量高效率投资，促进形成更多新质生产力，为全省经济高质量发展助力赋能。一是聚焦现代产业体系建设，围绕产业基础再造和产业链现代化提升工程、未来产业前瞻布局工程、战略性新兴产业跨越发展工程、数字河南建设工程、综合交通枢纽和现代流通体系建设行动、现代服务业强省建设行动、高能级产业载体打造行动等现代产业体系建设的关键环节，着力扩大河南7大产业集群、28条产业链有效投资，促进产业领域投资效率持续提升，为河南高质量发展提供强劲动力。二是聚焦创新驱动领域，围绕郑洛新国家自创区、郑开科创走廊等创新载体建设，河南省科学院重建重振、中

原科技城、中原农谷、河南医学科学院等创新平台打造，以及一流大学郑州研究院、国家重大创新平台和科技基础设施布局，新型研发机构及创新型企业打造等高端创新要素汇聚中的重大投资需求，着力做好投资项目储备和落地实施，以高效率科创投资引领河南创新驱动发展。三是聚焦基础能力和社会民生领域，围绕5G网络、大数据中心、高铁网等新基建，外电外气入豫通道、现代水网、城镇老旧小区改造等基础能力提升行动，黄河流域生态保护和高质量发展战略落实中的生态治理和生态廊道建设提质行动，就业、教育、医疗、养老、托幼等民生实事，着力谋划推动一批标志性引领性投资项目落地，推动全省固定资产投资形成更多实物工作量，形成更多新质生产力，为全省高质量发展注入强劲新动能。

（三）着力优化投资环境，激发投资活力

良好的投资环境是激发市场主体投资信心、释放社会投资潜力的重要保障，应以改善政策环境、狠抓政策落实、打好系列稳投资政策"组合拳"为抓手，着力优化全省投资环境，激发投资活力，促进河南固定资产投资健康发展。一方面，着力落实相关投资政策，推动投资政策红利加速释放，锚定持续扩大有效投资的总体目标，持续深化落实国家及河南省在促进投资领域出台的存量政策，力争现有政策落地坐实，推动投资主体获得感持续提升，充分释放现有投资政策的潜力空间，同时针对全省固定资产投资面临的新形势，研究出台新的促进投资平稳健康发展的系列政策举措，强化增量政策的储备和补充，坚持结果导向，狠抓政策落实，调动各部门抓项目促投资的积极性，营造良好的投资氛围。另一方面，着力优化营商环境，持续降低市场主体投资活动成本，围绕市场主体投资活动中的痛点、难点问题，以"万人助万企"活动为抓手，坚持精准施策，落实"免申即享"政策清单，坚持靶向发力，推动减税降费等助企政策直达快享，切实降低企业投资负担，同时着力落实投资项目"不见面"在线审批，做好简政放权的"减法"，全面推行备案类企业投资项目承诺制改革，做强优化服务的"乘法"，持续提升市场主体投资活动便利化水平。

（四）着力提振信心，释放民间投资潜力

民间投资是固定资产投资的重要组成部分，针对当前民间投资信心不足、预期不强的现状，亟须多措并举，提振信心，释放民间投资潜力。一是加大政策引导，提振民间投资信心。以稳预期、提信心为目标，强化民间投资相关政策供给，深化落实市场准入负面清单制度、民间资本公平参与公共资源交易、合理降低企业税费负担、惠企政策免申即享模式等关键举措，着力提升民间投资信心，激发民间投资活力。二是强化项目保障，确保民间投资项目加快实施。以推动民间投资项目健康持续落地为目标，通过支持民间资本参与重大项目建设、常态化向民间资本推介重点领域项目、协调加快民间投资项目前期工作、引导民间投资参与存量资产盘活等举措，鼓励引导民间资本参与社会经济发展，同时做好存量项目服务保障，加快增量项目谋划布局，促进民间投资项目健康发展。三是聚焦重点领域，引导民间投资高质量发展。围绕河南"两个确保""十大战略"，聚焦重点领域，引导民间投资持续发力，聚焦7大产业集群及28条重点产业链，鼓励民间资本投资先进制造业，聚焦粮食安全主战场，引导民间投资参与乡村振兴，聚焦创新驱动发展和国家创新高地打造，支持民间投资参与创新平台建设，聚焦数字强省建设，引导民间投资参与数字经济发展。四是营造良好氛围，进一步优化民营企业发展环境。持续推动营商环境整改提升，形成政策延续效应，推动民间投资项目加快实施。加强涉企信用信息共享应用，加大涉企政务数据归集力度，引导金融机构对民营企业精准信用画像，提高银企对接效率，降低民企融资成本。强化政企守信践诺机制建设，完善失信惩戒运行和反馈机制，持续推动征信系统信息提质扩面，为民间投资进入提供参考。

参考文献

易信：《我国中长期固定资产投资变动趋势、问题及建议》，《经济纵横》2022年第7期。

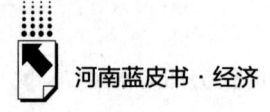

杨一茗、董雯琳、马霁：《河南省固定资产投资与经济增长的回归分析》，《上海商业》2023年第4期。

中国宏观经济研究院固定资产投资形势课题组：《2023年上半年固定资产投资形势分析与展望》，《中国物价》2023年第7期。

《1~8月份全省经济运行情况》，河南省统计局网站，2023年9月20日，https：//tjj. henan. gov. cn/2023/09-20/2818759. html。

B.7
2023~2024年河南省消费品市场形势分析与展望

石 涛*

摘　要： 2023年，河南省消费品市场呈现了稳中向好的发展态势，消费规模持续扩容，消费增速明显加快。区域上，中部六省消费规模持续扩大，河南省保持在中部六省中的消费规模优势。结构上，河南省限上商品零售收入明显快于餐饮收入，石油及制品类、汽车类等出行消费快速增长，城乡消费收入变中趋稳。在全球经济发展持续承压的客观现实下，随着国家消费刺激政策加大，2024年河南省消费品市场发展将持续面临机遇和挑战，预计全年全省消费品市场规模将持续扩大，增速明显加快，增速保持在6.0%左右。

关键词： 消费品市场　消费规模　消费环境

2023年，在全球经济复苏进程减缓、国内经济持续承压的背景下，河南省锚定"两个确保"，全力拼经济、促发展，大力促消费、扩内需，全省消费品市场持续向好。2024年，面对更为严峻的国内外经济形势和更为积极的扩内需促消费举措，河南省消费品市场发展机遇与挑战并存。因此，客观分析2023年河南省消费品市场发展现状，科学展望2024年河南省消费品市场发展趋势，具有重要的现实意义。

---

* 石涛，管理学博士，河南省社会科学院副研究员，主要研究方向为数量经济与区域金融。

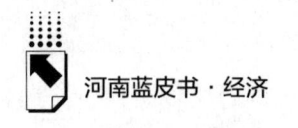

一　2023年河南省消费品市场运行特点分析

2023年，河南省消费品市场保持了趋稳向好的发展，1~8月实现全省社会消费品零售总额16507.01亿元，同比名义增长5.0%，低于全国同期平均水平2.0个百分点。中部六省消费品市场发展差异依旧明显，河南省规模优势明显，持续处于较好位次，且河南省消费品市场特点明显。

（一）河南省社会消费品零售规模及总体状况

图1显示了2023年1~8月全国和河南社会消费品零售逐月累计总额及增速趋势。从规模角度来看，2023年1~8月，河南省和全国社会消费品零售总额分别达到16507.01亿元、302281.0亿元，分别较2022年同期增加790.83亿元、19721亿元，河南省和全国社会消费品零售总额规模持续扩大。值得注意的是，2023年1~8月，河南省社会消费品零售总额占全国的比重为5.46%，较2022年同期减少0.1个百分点，河南省社会消费品零售规模在全国的比重略有下降。从增速角度来看，2023年1~8月，河南省和全国社会消费品零售总额增速分别为5.0%、7.0%，分别较2022年同期扩大4.5个百分点、6.5个百分点，增速扩大比例较上年略有收窄，河南省社会消费品零售总额增速明显低于全国水平。总体上，2023年河南省消费品市场保持了增速收窄、整体趋稳的发展态势，仍然有较大的提升空间。

（二）中部六省消费品市场发展速度对比分析

表1显示了2023年1~6月中部六省社会消费品零售总额及增速对比情况。一是中部六省消费品市场规模持续扩大。2023年1~6月中部六省社会消费品零售总额达到54396.4亿元，较上年同期增加3506.8亿元，规模明显扩大；增速为6.9%，较上年同期提高5.1个百分点，增速明显提高。二是在消费品市场规模上，河南省持续保持中部六省第一的规模优势。2023年1~6月，河南省、安徽省、湖北省、湖南省、江西省、山西省的社会消费品零售总额

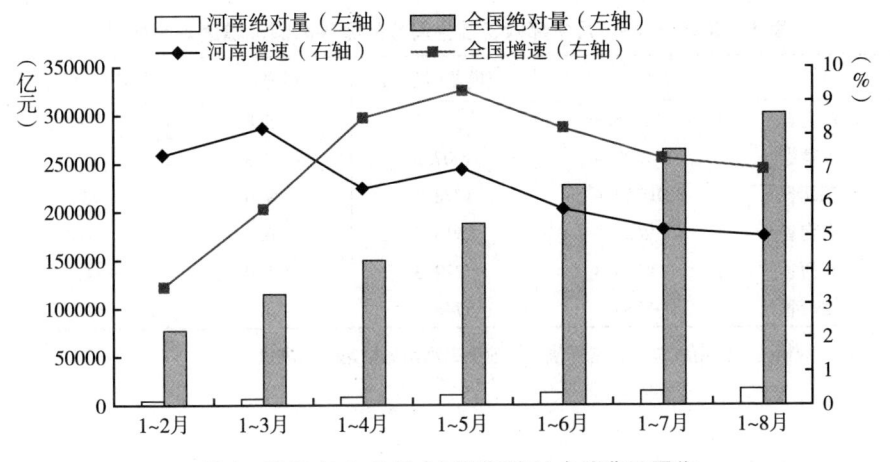

图1 2023年1~8月全国和河南社会消费品零售逐月累计总额及增速趋势

数据来源：作者根据国家统计局、河南省统计局网站数据整理所得。

分别达到12535.6亿元、11528.4亿元、10757.4亿元、9622.2亿元、6163.3亿元、3789.5亿元，分别较上年同期增加687.2亿元、786.0亿元、891.2亿元、592.9亿元、345.8亿元、203.7亿元，湖北增加值最大，其次是安徽和河南。河南省社会消费品零售总额分别高出安徽省、湖北省、湖南省、江西省、山西省1007.2亿元、1778.2亿元、2913.4亿元、6372.3亿元、8746.1亿元，较上年同期差距分别扩大-98.8亿元、-204.0亿元、94.3亿元、341.4亿元、483.5亿元，这表明河南与安徽、湖北的优势逐渐缩小，与湖南、江西、山西的优势继续扩大。三是在消费品市场增速上，河南省位次略有后移。2023年1~6月，河南省、安徽省、湖北省、湖南省、江西省、山西省的社会消费品零售总额增速分别为5.8%、7.3%、9.0%、6.6%、5.9%、5.7%，河南省分别低于安徽省、湖北省、湖南省、江西省同期1.5个百分点、3.2个百分点、0.8个百分点、0.1个百分点，高出山西省0.1个百分点。由此可见，2023年1~6月，中部六省社会消费品零售总额保持了稳中有进的发展态势，消费规模稳步扩大，尤其是河南省消费品市场在中部六省中持续保持规模优势，增长速度较上年同期有所收窄。

105

表1　2023年1~6月中部六省社会消费品零售总额及增速对比情况

地区	总额（亿元）	规模差（亿元）	增速（%）	增速差（百分点）
河南省	12535.6	—	5.8	—
安徽省	11528.4	1007.2	7.3	-1.5
湖北省	10757.4	1778.2	9.0	-3.2
湖南省	9622.2	2913.4	6.6	-0.8
江西省	6163.3	6372.3	5.9	-0.1
山西省	3789.5	8746.1	5.7	0.1

注：规模差以河南省总额为基准值，增速差以河南省增速为基准值。

（三）商品零售收入快于餐饮收入

图2显示了2023年1~8月河南商品零售收入与餐饮收入的规模及增速趋势。总体上，河南省限额以上单位餐饮收入持续低于商品零售收入，商品零售收入持续保持领跑态势。2023年1~8月，河南省限额以上单位餐饮收入、商品零售收入分别为255.8亿元、4574.0亿元，较2022年同期分别增加12.1亿元、272.9亿元，增加值较2022年同期略有减少，但总体保持了较好的发展态势。增速上，2023年1~8月，限额以上单位商品零售收入、餐饮收入增速分别为6.3%、4.9%，商品零售收入增速明显快于餐饮收入增速，其中，商品零售收入恢复向好，餐饮收入有所收窄。结构上，限额以上单位商品零售收入、餐饮收入占限额以上单位消费品零售总额的比重分别为94.7%、5.3%，餐饮收入占比持续收窄，商品零售收入占比明显提高。

（四）出行类消费快速增长

图3显示了2023年1~8月河南省主要出行类消费品零售逐月累计总额及增速趋势。2023年1~8月，限额以上单位石油及制品类、汽车类商品零售额分别达到742.0亿元、1656.8亿元，分别较上年同期增加了158.8亿元、141.5亿元，增长规模较大。同时，1~8月限额以上单位石油及制品类、汽车类商品零售额同比分别增长27.2%、9.3%，同比增速始终在20%、

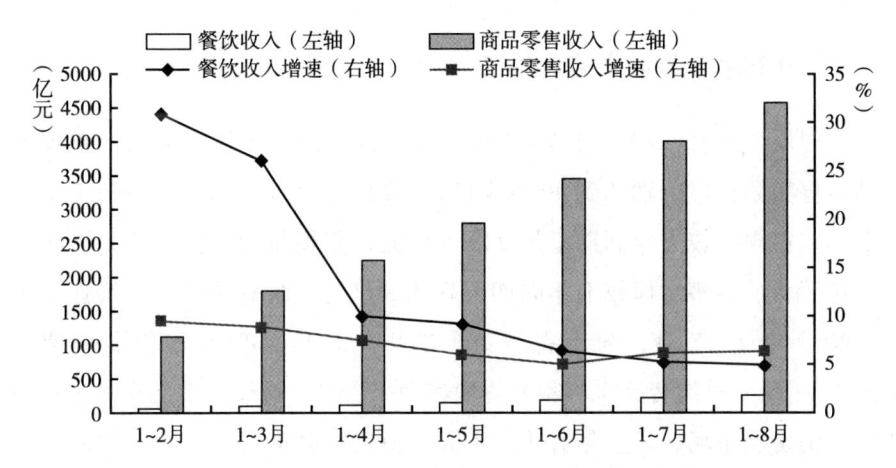

2023~2024年河南省消费品市场形势分析与展望

图2 2023年1~8月河南限额以上单位餐饮及商品零售收入累计总额及增速趋势

数据来源：作者根据河南省统计局网站数据整理所得。

10%左右，持续保持较快增长态势。此外，值得注意的是，随着国家新能源政策的持续发力，以及国产新能源汽车供给质量的提高，2023年8月河南省新能源汽车零售额同比增长71.1%，快于7月10.8个百分点，持续保持较快增长速度。

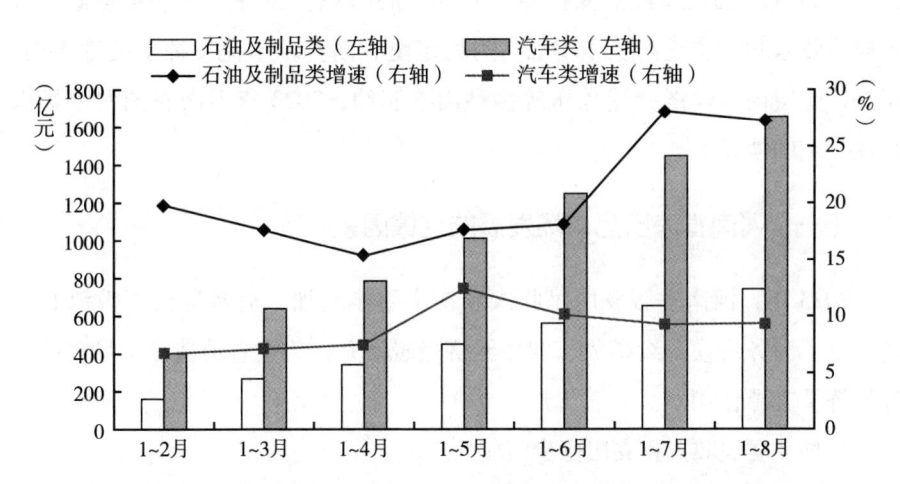

图3 2023年1~8月河南省主要出行类消费品零售逐月累计总额及增速趋势

数据来源：作者根据河南省统计局网站数据整理所得。

107

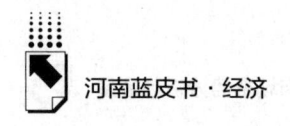

（五）城乡消费收入变中趋稳

从规模上来看，2023年1~7月，河南省城镇、乡村限额以上单位消费品零售额累计值分别达到4001.9亿元、221.3亿元，城镇限额以上单位消费品零售规模较上年同期增加243.5亿元，规模持续扩大，农村限额以上单位消费品零售规模较上年同期下降3.3亿元，略有波动。从增速上来看，2023年1~7月，河南省城镇限额以上单位消费品零售额增速为6.5%，同期乡村消费品零售额月均增速为-1.5%，城镇消费品市场增速快于农村消费品市场，较上年有明显不同。值得注意的是，农村消费品市场增速持续上升，由负变正的趋势明显。此外，2023年1~7月，河南省城镇和农村限额以上单位消费品零售额比值为18.1，较2022年同期有所扩大，表明城乡消费品市场规模差距出现扩大迹象。

二 2023年河南省消费品市场的重要影响因素

2023年，河南省经济保持稳中向好发展态势，经济发展基础稳固，城乡居民收入和消费支出稳步增加，为稳定全省消费基本盘发挥了关键作用。但是，受国内外经济持续承压等多种因素制约，2023年河南省消费市场也存在一定的波动。

（一）河南省消费品市场发展的支撑因素

2023年，河南省城乡居民收入和支出稳步增加，消费价格指数温和波动，电子商务规模持续扩大，实体经济趋暖回升，为全省消费品市场稳中向好发挥了支撑作用。

1. 城乡居民收入和支出稳步增加

2023年上半年，河南省城乡居民人均可支配收入和人均消费支出分别为14156元、10275元，较2022年同期分别增加了834元、863元，城乡居民收入和支出稳步增加；全省城乡居民人均可支配收入和人均消费支出增速分别为6.3%、9.2%，较上年同期明显提高，保持良好的上升态势，为全省消费品市场发展提供了有力支撑。

2. 消费价格指数温和波动

2022年1~8月，河南省居民消费价格指数同比上涨0.1%，与全国平均水平持平。分城乡看，2023年1~8月，城市、农村居民消费价格指数分别下降0.1%、上涨0.5%，较全国平均水平分别收窄0.6个百分点、扩大0.2个百分点，城市居民消费价格指数保持相对稳定的态势。分类型看，2023年1~8月，食品烟酒、衣着、居住、生活用品及服务、交通通信、教育文化娱乐、医疗保健、其他用品及服务类消费价格指数同比涨跌幅分别为0.8%、-0.4%、-0.5%、-0.1%、-2.4%、1.4%、0.9%、3%，整体处于相对温和的波动状态，与全国平均水平基本一致。可见，全省居民消费价格指数继续保持温和波动态势，稳住了全省消费趋势。

3. 电子商务规模持续扩大

2023年上半年，河南省服务类、商品类电子商务交易额为6467.8亿元，较上年同期增加745亿元，增速为12.4%，居全国第10位，规模持续扩大，保持较好发展态势。其中，商品类交易额达到4880.6亿元，同比增长7.0%，较上年同期快3.8个百分点。网上零售快速增长，2023年上半年，全省网上零售额为2109.7亿元，同比增长20.3%。其中，实物商品网上零售额为1785.1亿元，同比增长20.0%。

4. 实体经济趋暖回升，消费根基更为扎实

一是工业生产逐步趋暖。2023年1~8月，河南省规模以上工业企业增加值同比增长5.5%，高于全国平均水平1.0个百分点。同时，汽车及零部件产业、电子信息产业增加值分别增长34.1%、14.9%，分别拉动全省规上工业增加值增长1.0个百分点、1.5个百分点，为全省消费品市场发展打下了坚实基础。二是社会资产投资持续上升。2023年1~8月，全省固定资产投资同比增长9.8%，高于全国4.0个百分点，持续保持增长态势。其中，高技术制造业投资、工业技改投资、基础设施投资、社会领域投资的增速分别为23.7%、12.4%、5.8%、9.2%，重大项目、重点领域持续恢复，激发

了经济恢复向好的活力。三是农业生产稳定增长。2023年1~6月，受极端异常天气影响，河南省夏粮产量为710.0亿斤，稳居全国第1位。同时，畜牧业生产保持平稳，上半年全省生猪出栏3240.95万头，同比增长0.6%；猪牛羊禽肉产量为345.18万吨，增长0.9%。蔬菜瓜果等经济作物生产形势较好，均保持稳定增长，其中蔬菜及食用菌产量为3274.35万吨，增长2.7%；瓜果产量为378.21万吨，增长1.4%，为稳定全省消费市场提供了有效的物质保障。

（二）河南省消费品市场发展的制约因素

2023年，国内经济发展持续承压，地区发展差异较大，制约了河南省消费品市场健康发展，全省消费品市场发展有所减缓。

1. 经济发展压力持续加大

2023年上半年，河南省GDP为31226亿元，同比增长3.8%，较2022年同期上升0.6个百分点，低于全国平均水平1.7个百分点。同时，2023年1~8月，河南省社会消费品零售总额增速为5.0%，低于全国同期平均水平2个百分点，较上年同期有所收窄。此外，2023年1~8月，全省财政收入、对外贸易等指标同比持续收窄。经济持续承压，在一定程度上对2023年河南省消费品市场的发展起到了制约作用。

2. 居民消费意愿有所减缓

2023年以来，受国内外宏观经济形势的影响，河南省居民消费意愿有所减弱，突出表现为储蓄存款规模持续上升，影响了全省消费市场的空间挖掘。中国人民银行发布的《2023年第二季度城镇储户问卷调查报告》显示，2023年第二季度，倾向于"更多消费"的居民占24.5%，比第一季度增加1.2个百分点；倾向于"更多储蓄"的居民占58.0%，比第一季度增加0.1个百分点；倾向于"更多投资"的居民占17.5%，比第一季度减少1.3个百分点。同时，来自中国人民银行郑州中心支行的数据显示，2023年上半年，河南全省的本外币存款余额为10.04万亿元，同比增长10.3%，增长较快。而居民储蓄意愿的提升，也在一定程度上限制了2023年河南省消费市场的潜力。

3. 建材类、日用类等商品消费活力不足

2023年1~8月，河南省餐饮和商品零售收入增速较上年同期持续收窄。同时，在河南省多项消费政策的刺激下，全省消费品市场出现强劲反弹趋势，石油及制品类、汽车消费类、可穿戴智能设备类、照相器材类、智能手机类商品增长迅猛，但建筑建材类、日用类等消费同比收窄，一定程度上制约了2023年部分商品销售热度。

三 2024年河南省消费品市场运行态势分析

2024年，是锚定"两个确保"，持续推进"十大战略"的重要年份，扩内需增潜力是夯实河南省高质量发展基础的关键举措。在全球经济发展预期走低、国家大力刺激消费扩内需的客观趋势下，河南省消费品市场将呈现持续走好的发展态势，预计2024年全省消费品零售总额增速将保持在6.0%左右，高于2023年。

（一）2024年河南省消费品市场发展的支撑条件

1. 消费环境持续优化

为更好地促消费稳经济，2023年以来，国家先后出台了《商务部等13部门关于促进家居消费若干措施的通知》（商消费发〔2023〕146号）、《国家发展改革委等部门印发〈关于促进汽车消费的若干措施〉的通知》（发改就业〔2023〕1017号）、《国家发展改革委等部门印发〈关于促进电子产品消费的若干措施〉的通知》（发改就业〔2023〕1019号）、《关于恢复和扩大消费的措施》（国办函〔2023〕70号）等支持举措，明确了家居消费、汽车消费、电子产品消费等消费品类具体的刺激举措，政策更为聚焦，消费环境持续优化，为2024年河南省消费市场环境建设提供了有利条件。

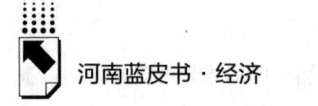

2. 消费引导更具引力

2023年,河南省加强对消费潜力的挖掘力度,先后出台了《河南省人民政府关于印发进一步促进消费若干政策措施的通知》(豫政〔2023〕15号)、《河南省人民政府办公厅关于印发进一步促进文化和旅游消费若干政策措施的通知》(豫政办〔2023〕20号)、《持续扩大消费若干政策措施》(豫政办〔2023〕39号),持续出台促进汽车消费的惠民政策、支持二手车企业发展、开展房产推介会、优化住房公积金贷款制度、鼓励电子消费、延长旅游景区贴息、强化黄河文化宣传、鼓励发放零售消费券、支持商贸流通、发展夜间经济和直播电商等,为引导2024年河南省消费建立了良好的政策体系。

3. 消费举措更加精准

2023年,河南省持续挖掘消费潜力,政策出台更为及时精准。河南先后举办2023年全省文旅文创发展大会、"行走河南·读懂中国"文化旅游季暨第五届全球文旅创作者大会、文旅行业"拼经济促消费"等消费活动。此外,为充分挖掘中秋、国庆"双节"消费潜力,谋划了一系列促消费活动,为2024年河南省消费稳中向好提供了有力的政策支撑。

(二)2024年河南省消费品市场发展的制约因素

1. 全球经济发展持续承压

2024年,随着全球主要经济体经济复苏进程减缓,美国打破债务上限僵局,以及俄乌冲突持续,全球经济发展将持续承压。2023年7月,世界货币基金组织的报告《世界经济展望》显示,2023年全球经济增速的估计值将由3.5%降至3.0%,2024年发达经济体的经济增速预计为1.4%,新兴市场和发展中经济体的经济增速预计为4.1%。同时,世界货币基金组织预计2023年和2024年中国经济增速分别为5.2%、4.5%,经济增速有所减缓。全球经济发展持续承压,也将会通过消费品价格机制等传导,给2024年河南省消费品市场发展带来一定影响。

2. 房地产市场发展持续低迷

2023年以来，国家相继出台多种举措强化对房地产市场的调控力度，房地产持续发展未有较大起色。来自克而瑞河南的监测数据显示，2023年上半年，河南省住宅累计供应量为2853万平方米，同比降低18%；住宅累计成交量为4412万平方米，较2021年同期成交量仍然有较大距离。在国内房地产市场预期持续走低的情况下，2024年河南省房地产市场发展将持续面临困难，对家具、建材等房地产消费品的消费潜力挖掘产生一定的阻力。

3. 消费环境仍有提升空间

2023年以来，河南省持续加强消费环境建设力度，消费环境得到有效改善，伴随消费趋势的变化，消费环境仍有优化的空间。2023年上半年，全省消费投诉种类中电信服务、销售服务和互联网服务投诉量较多，主要表现为餐饮服务、移动电话服务、住宿服务以及美容美发服务等方面。具体来看，消费投诉热点、难点问题主要体现在三个方面：一是新能源汽车消费问题，随着新能源汽车消费增加，消费服务种类和质量不容忽视，厂家虚标续航里程、虚假宣传智能功能、刹车失灵等问题突出；二是儿童电话手表问题，儿童电话手表在诱导儿童消费、获得未成年人的位置和对话信息等方面存在一定隐患；三是民宿问题，随着旅游行业升温，民宿成为旅游热点，民宿消费安全、卫生检查等仍然不够规范，维权有一定难度。良好的消费环境是消费市场扩容的关键，消费环境难点仍然制约着2024年河南省消费潜力释放。

参考文献

国际货币基金组织：《世界经济展望》，2023年8月。
河南省市场监督管理局：《2023年上半年河南省12315消费维权数据分析报告》，2023年7月。
中国人民银行：《2023年第二季度城镇储户问卷调查报告》，2023年6月。

B.8 2023~2024年河南对外贸易形势分析与展望

陈 萍*

摘　要： 2023年1~8月，河南外贸进出口总额在全国的位次下滑，同比增速大幅波动，传统的进出口商品结构持续优化，民营企业进出口成为绝对主力，外商投资企业进出口大幅下滑，传统贸易市场增速下降，新兴市场发展保持稳定，加工贸易进出口总额所占比重进一步下降。展望2024年，在全球主要经济体发展的大环境下，中国经济持续恢复向好提供了良好支撑，在各项稳外贸政策措施落地见效的过程中，河南外贸进出口将以新的商品结构为带动，改变对外贸易下降的现状，重新恢复增长。为此，要积极培育贸易主体，推动对外经贸稳规模优结构，深化与《区域全面经济伙伴关系协定》（RCEP）成员国经贸合作，推动制度型开放提速度上水平，高标准建设中国（河南）自由贸易试验区2.0版。

关键词： 河南省　对外贸易　制度型开放

　　2023年是贯彻落实党的二十大精神的开局之年，是落实河南省第十一次党代会部署的攻坚之年，立足新发展阶段，服务和融入新发展格局，深入实施制度型开放战略，把恢复和扩大消费摆在优先位置，扎实做好稳外贸工作，更大力度吸引和利用外资，奋力实现商务高质量发展，助力现代化河南建设。从2023年1~8月的数据看，河南对外贸易在波动中前行，依然保持

---

*　陈萍，河南省社会科学院副研究员，主要研究方向为国际贸易。

充足韧性。然而，面对复杂严峻的国际环境和艰巨繁重的改革发展稳定任务，外贸压力依然存在。

一 2023年1~8月河南对外贸易形势分析

（一）进出口总额位次下滑，同比增速大幅波动

据郑州海关公布的数据[①]，2023年1~8月，河南外贸进出口总额4931.9亿元，比上年同期（下同）下降3.9%。其中，出口3219.2亿元，增长1.9%；进口1712.7亿元，下降13.1%；贸易顺差1506.5亿元，扩大27%。其中，进出口总额在全国居第12位，增速居全国第23位，多年稳居中部六省第1，2023年被安徽反超；出口居全国第10位、中部六省第2位。

从月度变化来看，进出口总额与出口总额的变化情况相似，2023年1~7月同比增速起伏较大，环比逐月微小上升，但8月同比增速大幅下降。由于手机等加工贸易进出口的出色表现，1月进出口总额快速增长，同比增速达25.2%，出口总额的表现更加抢眼，同比增速高达47.5%；2月开始，进出口总额同比大幅下滑，但降幅逐月收窄，7月进出口总额小幅回升；随着中外合资企业、外商独资企业和外商投资企业的出口大幅下降，8月结束了4月以来连续4个月的环比增长趋势，外贸进出口总额创4月以来新低。进口总额的增速在1~2月小幅回落，3~4月大幅下降，之后开始小幅上升，8月又大幅下降（见图1）。

（二）出口"新三样"走俏海外，外贸商品结构优化升级

从主要出口商品看，2023年1~8月，河南主要出口产品手机、劳动密集型产品、纺织品、服装均出现不同程度的增速下降。手机出口量仅为1351.5亿元，继2022年第一次出现同比下降5.9%之后，再下降6.7%，占

---

① http://zhengzhou.customs.gov.cn/。

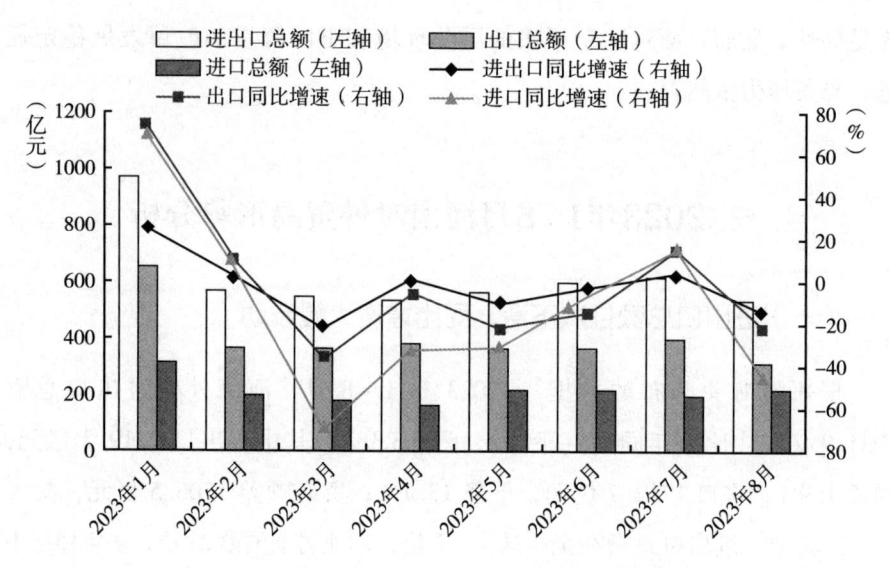

图1　2023年1~8月河南进出口规模及增速变化情况

数据来源：中华人民共和国郑州海关。

全省出口总额的比重也下降为42%。出口劳动密集型产品215.8亿元，同比下降2.1%，占全省出口总额的比重为6.7%；纺织品出口总额为54.4亿元，下降11.8%；服装出口总额为43.7亿元，下降11.1%。汽车、农产品和人发制品出口快速增长。2023年1~8月汽车出口总额为166.1亿元，增长269.4%，占全省出口总额的比重为5.2%，其中电动载人汽车出口28.3亿元，增长107%。以电动载人汽车（电）、锂电池（锂）、太阳能光伏产品（光）为代表的"新三样"走俏海外，成为河南外贸出口的最大"黑马"，高技术、高附加值、引领绿色转型的中国制造成为出口新增长极，展现河南省外贸结构优化升级、经济发展方式加速转变的新趋势。

从主要进口商品看，2023年1~8月，进口音视频设备的零件、集成电路、平板显示模组共计792.5亿元，三项合计占全省进口总额的46.27%。金属矿砂、农产品进口增速较快，进口金属矿砂354.9亿元，增长18.2%，占全省进口总额的20.7%；进口农产品83.7亿元，增长29.3%，占全省进口总额的4.9%。从出口产品结构来看，机电产品占比相对比较高，尤其是手机产业,对产业链上下游的带动较强,而其他机电产品均属于加工贸易,仍以初级产品为主,产品加工过程较短,加工深度不高,组装环节的加工增值率不高,对中上游的带动作用小。

(三)民营企业进出口成绝对主力,外商投资企业进出口大幅下滑

2023年1~8月,在不同性质的进出口企业中,民营企业进出口占比最大,进出口总额达2818亿元,同比增长10.9%,占同期河南省外贸进出口总额的约60%;有进出口实绩的民营外贸企业数量达10472家,同比增加8.6%,净增加825家。从企业外贸规模看,进出口总额在5000万元以上的重点企业有710家,进出口总额占全省的88.7%,与上年同期相比增加了21家。与民营企业进出口总额增长不同,外商投资企业进出口总额则同比下降达24.9%,占河南省进出口总额的比重也只有约三成(见表1)。

表1 2023年1~8月河南省不同性质企业进出口情况

单位:万元,%

企业性质	进出口 1~8月 金额	进出口 1~8月 同比	出口 1~8月 金额	出口 1~8月 同比	进口 1~8月 金额	进口 1~8月 同比
总额	49319037.2	-3.9	32191611.4	1.9	17127425.7	-13.1
国有企业	4723216.1	7.8	2032736.2	12.3	2690479.9	4.6
外商投资企业	15925210.2	-24.9	11065131.1	-29.3	4860079.1	-12.3
民营企业	28179872.8	10.9	18617830.4	34.6	9562042.5	-17.4
报关单位	84766.6	-40.9	84765.8	-40.9	0.8	—
其他	405971.4	151.3	391148.0	180.9	14823.4	-33.5

数据来源:中华人民共和国郑州海关发布的《2023年8月河南进出口商品企业性质总值表》。

(四)传统贸易市场增速下滑,新兴市场发展保持稳定

2023年1~8月,河南进出口贸易的前十大贸易伙伴包括美国、东盟(10国)、欧盟(27国,不含英国)、韩国、越南、中国台湾、日本、中国

香港、墨西哥和澳大利亚。除了日本、墨西哥和澳大利亚，其他国家和地区增速都有不同程度的下降，尤其是中国台湾，同比下降40.9%。美国依然是河南省的第一大贸易伙伴，2023年1~8月河南对美国进出口总额为924亿元，同比下降10.8%。主要贸易伙伴经济增速下降，导致河南2023年上半年增速整体下降。对RCEP和共建"一带一路"国家的进出口增速较快。2022年RCEP成立后，河南对RCEP东盟十国的进出口总额高速增长，2023年出现小幅下降，但在河南总体贸易中所占比重基本保持在13%左右，成为河南对外贸易中较稳定的部分（见表2）。

表2　2023年1~8月河南省对不同国家和地区进出口情况

单位：万元，%

国别/地区	进出口总额	同比增速	在进出口总额中所占比重
美国	9239829.6	-10.8	18.73
东盟（10国）	6725625.7	-2.8	13.64
欧盟（27国，不含英国）	5484262.1	-5.2	11.12
韩国	4305322.5	-2.3	8.73
越南	3082358.1	-13.2	6.25
中国台湾	2977420.1	-40.9	6.04
日本	1988620.1	2.2	4.03
中国香港	1721980.6	-0.4	3.49
墨西哥	1625122.2	23.1	3.30
澳大利亚	1558068.4	1.5	3.16

数据来源：中华人民共和国郑州海关发布的《2023年8月河南进出口商品国别（地区）总值表》。

（五）加工贸易进出口所占比重进一步下降

一般贸易和加工贸易是两种主要的贸易方式，2023年1~8月，一般贸易进出口总额为2063亿元，同比增长6.4%，占河南外贸进出口总额的41.8%，依然保持适度增长。其中，进口贸易为581.8亿元，同比增长

10.9%，出口贸易为1481.3亿元，同比增长4.7%。2023年1~8月，加工贸易在波动中前行。1~2月，加工贸易进出口总额为1005.7亿元，增长22.1%，占河南外贸进出口总额的65.3%，同比增加3.7个百分点；但3~8月加工贸易表现低迷，1~8月加工贸易进出口总额为2297.5亿元，同比下降21%，占河南省外贸进出口总额的比重为46.6%，占比进一步下降。一般贸易相比加工贸易的产业链更长、附加值更高，所以一般贸易占比提升，对河南优化贸易方式和商品结构具有重要意义（见表3）。

表3 2023年1~8月河南省不同贸易方式进出口情况

单位：万元，%

贸易方式	进出口合计 1~8月 金额	同比	出口 1~8月 金额	同比	进口 1~8月 金额	同比
总值	49319037.2	-3.9	32191611.4	1.9	17127425.7	-13.1
一般贸易	20630354.4	6.4	14812604.9	4.7	5817749.6	10.9
国家间、国际组织间无偿援助和赠送的物资	0.0	-100.0	0.0	-100.0	0.0	—
加工贸易	22975416.8	-21.0	12941360.7	-22.1	10034056.2	-19.7
寄售代销贸易	0.0	-100.0	0.0	—	0.0	-100.0
加工贸易进口设备	162.6	-84.6	0.0	—	162.6	-84.6
对外承包工程出口货物	84320.9	15.0	84,320.9	15.0	0.0	—
租赁贸易	452.2	228.4	452.2	228.4	0.0	—
外商投资企业作为投资进口的设备、物品	10.4	-87.0	0.0	—	10.4	-87.0
出料加工贸易	32801.1	450.4	12901.7	314.3	19899.4	599.4
保税物流	5319196.0	117.0	4090565.8	717.1	1228630.2	-37.0
海关特殊监管区域进口设备	11978.9	-29.8	0.0	—	11978.9	-29.8
其他贸易	264343.8	2.8	249405.3	0.8	14938.5	55.7

数据来源：中华人民共和国郑州海关发布的《2023年8月河南省进出口商品贸易方式总值表》。

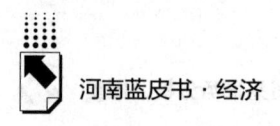

二 河南对外贸易发展面临的国内外环境分析

（一）主要经济体表现好于预期，外贸发展的国际环境持续向好

2023年上半年，全球经济表现好于预期，国际货币基金组织（IMF）预计2023年全球经济增长3.0%。主要经济体也表现出韧性。美国在2023年取得了强劲的经济增长，得益于消费者支出的增加和企业投资的回暖，2023年9月20日，美联储将2023年美国经济增长预期上调至2.1%，将失业率预期下调至3.8%。然而，通货膨胀问题仍然存在，成为美国经济复苏的一大挑战。欧元区经济继续增长，但增长势头有所减弱。2023年春季，欧委会预测2023年欧盟经济增长1%，但由于经济消费结构疲软，大多数商品和服务的消费价格居高不下且仍在上涨；9月11日欧委会将2023年欧盟经济增长预期下调至0.8%，将2024年经济增长预期从1.7%下调至1.4%。此外，地缘政治紧张局势继续构成风险，经济发展存在不确定性。整体来看，随着发达经济体通胀持续缓和、劳动力市场依然强劲、实际收入逐渐恢复，预计2024年经济增长将温和反弹。消费与投资稳步复苏带动日本经济超预期增长。2023年8月15日，日本内阁公布的2023年日本第二季度国民生产总值增长率为1.4%，达到560.7万亿日元（约28万亿元人民币），创下历史最高纪录。东盟各国经济表现分化较大。当前美欧经济复苏更多依赖内需，东盟各国经济对外需依赖较大，外需疲软导致2023年上半年东盟国家经济增长整体放缓。据瑞士信贷分析师预计，2023年东盟6国（印度尼西亚、马来西亚、菲律宾、新加坡、泰国和越南）的经济增长为4.4%，相较于2022年的5.6%有所放缓。2023年第一季度，菲律宾、马来西亚和印度尼西亚的经济与2022年同期相比分别增长6.6%、5.6%和5%；越南和新加坡对外需依赖较高，越南经济增速由5.9%放缓至3.3%，新加坡由2.1%放缓至0.4%。

展望2024年，三大经济体以较强的经济韧性实现持续复苏。如果海外通胀继续延续放缓态势，俄乌冲突影响逐步消退，预计主要经济体将继续增长，这为对外贸易发展创造了条件，但是由于主要经济体的增长以内需拉动为主，选择与发达经济体需求互补的产品结构，比如新能源汽车、锂电池等产品，将会带来新的发展机遇。

（二）国内经济发展韧性较强，外贸发展的国内环境持续恢复向好

从国内来看，一是经济总体持续恢复向好。2023年8月规上工业增加值同比增长4.5%，工业生产边际加快较多，支撑中上游生产明显加快。1~8月，社会消费品零售总额同比增长7%，保持较快增长。服务业消费明显扩大，为消费增长提供了有力支撑，服务业生产指数同比增长8.1%，继续快于工业。二是发展新动能继续成长。我国产业正在向数字化、网络化、智能化转型，新产业、新产品增长较快，对经济发展的带动作用增强。2023年1~8月，高技术产业投资同比增长11.3%；规模以上装备制造业增加值同比增长6%，快于规模以上工业增长；实物商品网上零售额增长9.5%，新能源汽车、光伏产业都保持了较快增长。

但国内需求不足问题突出，经济恢复基础尚需进一步巩固，出口延续负增长，民间投资、房地产投资降幅扩大。消费潜能释放仍面临"就业—收入—消费"循环恢复偏慢的制约，但服务消费和政策加码支撑作用较强，叠加低基数效应，预计未来社会零售增速稳中有升。总体来看，稳增长和地产政策"组合拳"效果仍待进一步显现，在积极稳外资稳外贸方面，经济工作会议专门强调要以更大力度吸引和利用外资。要推进高水平对外开放，提升贸易投资合作质量和水平。要更大力度推动外贸稳规模、优结构，更大力度促进外资稳存量、扩增量，培育国际经贸合作新增长点，对外贸易形势有望继续恢复向好。

（三）河南全省经济运行向好

河南省委、省政府带领全省上下，深入贯彻落实党的二十大精神和中央经济工作会议精神，坚持把制造业高质量发展作为主攻方向，积极培育重点

产业链，持续推动工业经济稳定恢复。全省经济总体呈现良好态势。工业生产持续恢复，重点产业支撑有力，2023年1~8月，全省规上工业增加值增长3.6%，比1~7月加快0.3个百分点。服务业发展态势较好，接触型行业快速复苏。2023年1~7月，全省规模以上服务业企业实现营业收入4214.16亿元，同比增长6.0%，有八成的行业实现增长。在对外开放方面，2022年制度型开放战略全面实施，138项制度型开放任务加快推进，16个开放专案深入实施。中国（河南）自贸试验区2.0版建设启动，"四条丝路"协同并进取得新进展，营商环境持续优化。省委经济工作会议强调全力做好"两稳一扩"，加快开放强省建设的总体部署，并印发了《大力提振市场信心促进经济稳定向好政策措施》，全力稳住外贸基本盘、推动外资扩量提质。

展望2024年，在全球主要经济体发展的大环境下，中国经济持续恢复向好，各项稳外贸政策措施落地见效，河南外贸进出口将以新的产品结构为带动，改变对外贸易下降的现状，重新恢复增长。

三 加快河南对外贸易发展的对策建议

2023年是全面贯彻落实党的二十大精神的开局之年，必须坚持稳字当头、稳中求进，注重内外融合、双向发力，坚持系统观念、底线思维，奋发有为做好重点工作。

（一）积极培育贸易主体

尽快出台外贸主体培育政策，建立外贸主体培育政策与产业政策、金融政策、财政政策的协调机制，统筹用好各级专项资金，加大对新外贸主体培育的支持力度，为外贸小微企业提供融资增信支持，优化通关流程，稳固整体通关时间压缩成效在合理区间。推进外贸主体培育平台建设，利用创业孵化基地、众创空间、小微企业创业创新基地、行业协会、跨境电商平台等各类资源，加强外贸主体培育平台建设。

（二）推动对外经贸稳规模优结构

外贸出口仍以传统的商品为主，从2023年1~8月的进出口、进口和出口总额来看，这些产品的需求大幅波动，有些月份下降非常明显，稳定外贸规模、优化外贸结构成为重要目标。河南省要以富士康这个"压舱石"为基础，稳定机电产品出口形势，千方百计保外贸规模。同时培育壮大新能源汽车、锂电池、环保等出口新增长点，并培育出有竞争力的市场主体。支持航空港区进口贸易促进创新示范区建设，并实施一些前沿的投资政策，比如并购境外优质能源资源、高端装备、关键零部件和尖端技术，打造品牌境外经贸合作区，在加工贸易提质、一般贸易提升、新业态扩容上下足功夫。

（三）深化与RCEP成员国经贸合作

第一，根据RCEP各成员国特性，深化合作。在RCEP成员国中，缅甸、柬埔寨都是欠发达国家，这些国家的工业处于工业化初级阶段，可将河南产业链较长的具有外部竞争力的企业的装配环节转移到这些国家，在产业链可控的前提下，降低成本。而越南、印尼、泰国等新兴市场国家，工业化具有一定的基础，可与河南已经成熟的专业性产业园区进行转移对接，以便利用这些国家较低的劳动力成本，构建生产网络体系。针对日本和韩国，可尝试在人工智能、5G技术、新能源等领域开展合作。第二，以跨境电商综试区为依托，加强与RCEP成员国的合作。要以跨境电商综试区为依托，围绕数字经济的发展新特点，在河南建设RCEP大数据中心，并利用RCEP成员国丰富的旅游文化资源，探索成立"中国（河南）—RCEP文旅产业数字化合作发展高级别委员会"，推动文旅产业数字化发展。第三，建设RCEP企业服务中心。可在河南建设一批RCEP企业服务中心，吸引RCEP国际组织、商协会分支机构落地，让更多的RCEP企业了解河南的优势企业，关注河南，投资河南。同时，利用宇通汽车的技术优势和在全球的影响力，在RCEP成员国建设"河南—RCEP汽车制造示范园区"，拓展河南汽车产业在RCEP成员国的市场。同时，

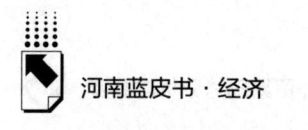

通过探索开展融资租赁公司外债便利化试点，引导融资租赁公司集聚发展，服务企业间的跨国合作。

（四）高标准建设中国（河南）自由贸易试验区2.0版

推进贸易投资便利化。在现有试点目录的基础上，向国家提出申请放宽限定政策，并争取新的发展模式。推动形成自贸试验区区域开放型经济发展联合体。按照国家重大发展战略和对各自贸区的定位要求，探索扩大河南与其他自贸试验区的合作。在实施黄河流域生态保护和高质量发展战略的过程中，通过建立黄河流域自贸试验区联盟，扩大黄河流域自贸试验区交流合作。依托河南省行动方案，通过豫桂东盟物流大通道建设，推动河南与中国（广西）自贸试验区钦州港片区联动发展。

参考文献

付朝欢：《国民经济延续恢复态势　发展质量稳步提高》，《中国经济导报》2023年9月16日。

王振利：《为商务高质量发展贡献更多河南力量》，《国际商报》2023年2月23日。

曹雅丽：《工业生产企稳　高端制造业保持较快增长》，《中国工业报》2023年9月19日。

王俊岭：《国民经济运行积极因素累积增多》，《人民日报》（海外版）2023年9月16日。

李萧伶：《前8个月我省外贸进出口总值超4900亿元》，《河南工人日报》2023年9月15日。

杜元钊、杨晓卉：《商务高质量发展"豫"发出彩》，《国际商报》2023年1月30日。

孙静、宋敏：《主体壮大　市场拓展》，《河南日报》2023年9月18日。

徐贝贝：《我国经济延续恢复发展态势》，《金融时报》2023年9月18日。

孙静：《前7个月全省外贸进出口超4500亿元》，《河南日报》2022年8月13日。

B.9
2023~2024年河南省财政形势分析与展望

郭宏震 赵艳青 司银哲*

摘　要： 2023年是全面贯彻党的二十大精神的开局之年，是实施"十四五"规划承上启下的关键之年，也是落实河南省第十一次党代会部署的攻坚之年。着力发挥财政职能作用，推动积极的财政政策加力提效、加速显效，为中国式现代化建设的河南实践做出更大财政贡献。2023年1~8月，河南财政收入质量稳步回升，支出进度持续加快，全省财政运行总体保持平稳态势，但财政收支平衡压力仍然较大，完成全年目标需要付出艰苦努力。

关键词： 河南省　财政收支　财政运行

2023年以来，面对复杂严峻的国际环境和艰巨繁重的国内改革发展稳定任务，河南省各级财政部门坚持以习近平新时代中国特色社会主义思想为指导，按照党中央、国务院决策部署，在省委、省政府的坚强领导下，加力提效实施积极的财政政策，完善税费支持政策，切实提高精准性和有效性，依法加强和改进财政预算管理，财政运行稳中向好，大事要事保障有力，民生保障持续加强，财金联动全面起势，各项工作取得阶段性成效。但也要看到，河南省财政收支矛盾依然比较突出，财政工作面临不少困难挑战，必须

---

* 郭宏震，河南省财政厅社会保险基金管理中心主任，主要研究方向为财政学；赵艳青，河南省财政厅社会保险基金管理中心一级主任科员，主要研究方向为财政学；司银哲，河南省财政厅社会保险基金管理中心四级主任科员，主要研究方向为财政学。

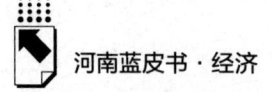

坚定信心、乘势而上，毫不动摇落实"紧日子保基本、调结构保战略"，推动积极的财政政策加力提效、加速显效，推动宝贵的财政资金握指成拳、集中发力，奋力完成全年财政收支目标，为中国式现代化建设的河南实践做出更大财政贡献。

一 2023年河南省财政运行情况分析

2023年1~8月，河南省各级财政部门发力提效落实积极的财政政策，多措并举推动经济回升向好，全省财政运行在多重压力下保持总体平稳，收入质量稳步回升，支出进度持续加快。1~8月，全省一般公共预算收入增长9.5%，支出增长2.2%，重点支出保障较好，民生支出占比较高。全省财政运行情况主要有以下特点。

（一）财政运行总体平稳

进入2023年，疫情影响逐步消退，经济呈现恢复性增长，财政运行总体回升向好。1~8月河南省财政总收入为5033.5亿元，增长18%。一般公共预算收入（以下简称"财政收入"）为3272.2亿元，为年初预算4748.1亿元的68.9%，增长9.5%，表现出了稳定增长态势。分类别看，地方税收收入为2054亿元，增长14.3%，地方税收收入占一般公共预算收入的比重为62.8%；非税收入增长2.3%，同比回落12.6个百分点。分级次看，省级收入为91.2亿元，增长178.8%；市级及以下收入为3181亿元，增长2.5%。分区域看，17个省辖市及济源示范区中有14个省辖市实现正增长，其中周口、鹤壁、南阳分别增长11.1%、10.6%、10.5%。

（二）工业和服务业税收平稳较快增长

河南省经济持续恢复增长，叠加上年同期持续落实增值税留抵退税政策造成的低基数，带动全省工业、服务业增值税保持平稳较快增长。2023年1~8月，全省工业税收增长23.9%，同比提高29.1个百分点，其中工业增值税增长85.7%，同比提高119个百分点，主要是上年同期制造业增值税留抵退税集中退付较多使得基数较低（-33.3%）。分行业看，传统产业税收增长26.8%，其中轻纺、建材、能源、化工、冶金分别增长79.7%、45.8%、26.5%、13.3%、9.8%。主导产业中装备制造业、汽车信息行业税收分别增长108.9%、88.1%，食品、电子信息行业税收分别下降0.8%、2.4%。

（三）重点领域保障有力

财政支出继续保持平稳增长，民生重点支出保障较好。2023年1~8月，全省一般公共预算支出7464.7亿元，增长2.2%，同比提高3.4个百分点，为调整预算11636亿元的64.2%。其中，教育、文化旅游体育与传媒、社会保障和就业、卫生健康、节能环保、城乡社区、农林水、交通运输、住房保障等民生支出合计5311.3亿元，占一般公共预算支出的比重为71.15%。分级次看，省级支出1175.8亿元，增长8.4%；市级及以下支出6288.9亿元，增长1.1%。分科目看，科技、就业补助、农村综合改革等重点支出分别增长13%、10.9%、22.5%；金融支出增长219.5%，主要是省本级和信阳市金融发展支出增加51.3亿元带动。2023年1~8月，全省教育支出1269.4亿元，增长6.2%，科技支出259.2亿元，增长13%，全面推进创新驱动、科教兴省、人才强省战略实施。

（四）财政改革持续深化

围绕省直管县财政改革、地方债务管理和平台公司转型改革、国资国企系统性重塑性改革等，积极推进重点改革任务落地见效。一是纵深推进省直管县财政改革。持续强化财力支持，着力提升县（市）财政保障能力。截至2023年6月底，下达102个县中央直达资金共1090.8亿元，占下达市县总量1942亿元的56.2%，102个县支出558.6亿元，占市县总支出995.7亿元的56.1%。截至2023年6月底，省财政直接调拨102个县（市）国库现金1264.3亿元，占调拨市县总量的62.7%，极大缓解了县（市）的资金保障压力。二是持续推进地方政府债务管理和平台公司转型改革。印发《融资平台公司债务风险和市场化转型情况统计监测工作方案》，稳步推进融资平台公司市场化转型。三是加快推进国资国企系统性重塑性改革。研究起草《省管金融企业重塑性改革实施方案》，提出推进省管金融企业国资国企改革的总体思路、实施路径，促进省管金融企业高质量发展，为全省经济社会发展提供更加坚实的支撑。

（五）发展根基不断筑牢

强化财税政策供给，延续和优化部分税费政策。2023年1~8月累计"退减免缓"税费343.5亿元，有力支持经营主体特别是小微企业和个体工商户纾困发展；发行政府专项债券1714.7亿元，22只省级政府投资基金累计到位规模873.8亿元、实现7大产业集群28条重大产业链全覆盖，省管金融企业投放资金5453.9亿元，有力支持了"三个一批"等重大项目投产达效；"万人助万企"活动扎实推进，232项企业诉求和13批40个问题均得到妥善解决；延续实施财政奖励政策，探索财政资金直达企业运行机制，将第一季度满负荷生产财政奖励资金3.65亿元全部直接拨付至企业，2263户规模以上工业企业达到满负荷生产，同比增长26.1%。

（六）科技投入强势增长

在科技创新资金支持上持续发力，为创新驱动、科教兴省、人才强省"首位战略"的深入实施提供坚实有力的支撑保障。近两年，河南省财政加大财政资金统筹力度，科技支出增长势头强劲，全省科技支出在2021年和2022年先后跨越300亿元、400亿元关口，2023年1~8月，全省科技支出259.2亿元，增长了13%，高于一般公共预算支出增幅11.8个百分点，继续保持高速增长。同时，注重科技创新和现代化产业体系建设融合发展，一方面，强化科技攻关，积极推动支持科技创新的一系列财政政策落实落地，保持财政科技投入强度，夯实科技创新的物质基础；另一方面，推动产业发展，积极谋划财政支持政策，通过省管金融企业、政府投资基金等，引导更多金融和社会资本投向科技创新，为推动产业链链条延伸、聚链成群提供了有力支撑，为河南省构建一流创新生态、打造国家创新高地和重要人才中心提供了有力支撑。

二 2024年财政形势展望

当前，国内外经济形势依然严峻复杂，不确定因素依然较多，经济持续稳定恢复增长仍面临较大困难和挑战，河南省自身长期结构性矛盾依然存在，加之房地产市场恢复不及预期，财政收入保持稳定增长难度较大。而科技、教育、乡村振兴、"三保"等领域刚性支出仍然较大，预计2024年，财政收支矛盾将更加凸显，财政收支紧平衡进一步加剧。

从全国情况看，2023年以来，随着一系列稳增长、提信心、防风险的政策"组合拳"效应逐步显现，2023年8月多项指标边际好转，积极因素不断积蓄，经济运行延续恢复态势。具体来看，生产供给稳中有升，规模以上工业增加值增速相比7月提高了0.8个百分点，服务业生产指数增速相比7月提高了1.1个百分点，制造业增速明显加快，旅游出行、文化娱乐等服务业也呈现良好增长态势。国内需求持续恢复，社会消费品零售总额增速相比7月提高了2.1个百分点，投资规模持续扩大，随着多地出台落实降首付、降利率、"认房不认贷"等一系列利好政策，房地产市场出现回暖迹象。结构调整稳步推进，2023年1~8月，制造业投资增速比总体水平高2.7个百分点，基础设施投资增速比总体水平高3.2个百分点，尤其是高技术产业投资比整体水平高8.1个百分点，在推动供给结构优化方面起到了至关重要的作用。但同时我们也要认识到，受疫情以及内外部不确定不稳定因素的影响，我国经济恢复必然是一个波浪式发展、曲折式前进的过程，当前，我国经济运行还面临一系列困难挑战，预计2023年全国GDP增长目标在4.5%左右。

从河南省情况看，2023年8月，全省主要经济指标持续回升，经济运行稳中向好、稳中有进、稳中提质、稳中蓄势的良好态势不断巩固，工业生产持续恢复，全省规上工业增加值同比增长5.5%，比上月加快1.4个百分点，高于全国1.0个百分点，增速连续4个月回升，其中有六成的行业保持增长。重大项目和社会领域投资加快，2023年1~8月，全省亿元及以上项目完成投资同比增长10.6%，其中10亿元及以上项目完成投资增长26.9%；全省社会领域投资增长9.2%，比1~7月加快2.5个百分点，其中教育、卫生投资分别增长25.0%、13.0%；市场销售加快恢复，全省社会消费品零售总额同比增长5.0%，比1~7月加快2.9个百分点，其中限额以上单位消费品零售额同比增长5.0%，比1~7月加快3.6个百分点。从8月主要经济指标情况看，河南省经济运行回升态势明显，积极因素累积增多，但市场需求仍显不足，经济恢复向好基础仍需巩固，前期制约全省经济运行的一些不利因素依然存在，特别是房地产业持续下行、市场预期疲弱、个别省辖市恢复缓慢等问题需要高度关注，预计2024年河南省GDP增长目标在5%左右。

从财政自身看，今年以来财政运行总体呈现平稳态势，2023年1~8月的累计数据显示，全国一般公共预算收入15.18万亿元，相比上年同期增长了10%；在支出方面，全国一般公共预算支出17.14万亿元，相比上年同期增长了3.8%。总体来看，2023年1~8月预算执行情况较好，为贯彻落实党中央、国务院重大决策部署提供了有力保障。特别是专项债券发行使用提速，对重大项目建设形成有力支撑，带动扩大了有效投资。2023年1~8月，各地发行用于项目建设等的专项债券2.95万亿元，完成全年新增专项债券限额的77.5%，超序时进度10.8个百分点，债券资金累计支持项目约2万个，切实发挥了政府投资的示范作用和"四两拨千斤"的撬动作用。但是我们也要看到，目前河南省一些地方经济发展后劲不足，财政收入存在较大不确定性，继续实施减税降费政策也使财政收入下降，而重点支出刚性增长，基本民生短板需要继续加强保障，财政工作仍面临诸多问题和挑战。预计2024年财政运行依然处于紧平衡状态，全省一般公共预算收入增长目标在4.5%左右。

三 2024年财政政策建议

2024年，我们将坚持以习近平新时代中国特色社会主义思想为指导，全面贯彻党的二十大和中央经济工作会议精神，深入贯彻习近平总书记视察河南重要讲话重要指示，锚定"两个确保"、深入实施"十大战略"，突出做好稳增长、稳就业、稳物价工作，大力提振市场信心，持续改善民生。坚持"紧日子保基本、调结构保战略"，健全现代预算制度，完善转移支付体系，继续加力提效落实积极的财政政策，加大资源整合，优化支出结构，保证支出强度，加快支出进度，强化法治理念，严肃财经纪律，兜牢基层"三保"底线，保障财政可持续和地方政府债务风险可控，为推动全省经济社会持续健康发展贡献坚实力量。

（一）加强财源建设，增强财政实力

一是助企纾困促发展。加强重点行业、企业的财政支持力度，支持制定、实施一揽子企业纾困政策；发挥财政资金"四两拨千斤"效应，支持重点财源项目建设、培育新增税源、奖励纳税大户；综合运用贴息、政府性融资担保、降费奖补等措施，助力重点困难企业持续发展。二是激发县域经济活力。进一步推进省以下转移支付制度改革，理顺省以下政府间收入划分，确保共同财政事权履行到位；突出专项转移支付重大决策保障功能，强化对县域特定目标的政策引导，把培育主导产业作为提升县域经济竞争力的重要途径，构筑税源经济发展基石。三是全面推进综合治税。坚持高位推动，强化组织领导；建立跨部门工作机制，深入开展综合治税专项治理；牢牢把握财税信息化建设发展方向，从源头上解决"跑、冒、滴、漏"现象。

（二）强化财政支撑，激发产业活力

一是坚持"项目为王"，围绕支持"三个一批""四个拉动""十四五"重大项目等战略实施，继续保持适度支出强度，发挥好专项债券稳增长、稳投资作用，推动政府债券早发行、快使用，加快形成更多实物工作量。二是深化财政与金融的协同配合、同向发力，引导省管金融企业积极发挥功能作用、加大金融资源投放，吸引带动更多社会投资，进一步激发经济发展活力。三是继续保持财政科技投入高速增长，深入落实支持科技创新若干财政

政策，全力推动省科学院、省实验室、中原科技城、中原医学科学城等高标准建设、创新性发展，助力河南省打造全国创新高地取得新实效。四是加快建设现代产业体系，用足用好新兴产业投资引导基金、创业投资引导基金等22只政府投资基金，大力支持28个重点产业链发展，提升产业基础能力和产业链现代化水平。五是深入推进农业强省建设，坚持把农业农村作为财政保障优先领域，继续加大财政支农投入，切实促进农业高质量发展，支持扛稳粮食安全重任，巩固拓展脱贫攻坚成果，衔接推进乡村振兴，大力支持宜居宜业和美乡村建设。

（三）紧盯财政安全，严守风险底线

一是健全过紧日子常态化机制，立足"紧日子保基本、调结构保战略"，大力推进节约型机关建设，坚决惩治浪费、激励节约，强化预算安排同执行、评审、审计、绩效的挂钩机制，支持稳住经济大盘，确保财政资金用在刀刃上。二是抓实市县财政运行定期调度机制，及时处置苗头性问题，为财政安全运行提供有力支撑。持续推动财力下沉，保障"三保"预算编制审核机制、预算执行监督机制和风险防控机制能够落实到位，加强动态监控、精准调度，要求市县明确自身保障责任，深入推进责任落实全面化，助力基层"三保"朝着"零问题"方向发展。三是加强政府债券管控广度和力度，既瞄准"借、用、管、还"全链条，也提高管控穿透化程度，不断推进新增专项债券偿还常态化和制度化，以减少兑付风险发生的可能性。积极稳步做好化解存量隐性债务工作，加大针对违规举债行为的打击、严惩和治理力度，坚决遏制隐性债务存量的增加。着重对地方政府融资平台公司进行综合治理，鼓励融资平台公司按照不同的业务侧重点实现分类转型发展，并不断削弱政府融资功能。四是发挥债券资金效能，持续探索债券资金可应用领域，不断扩大债券资金可用于项目资本金的范围，积极完善专项债券项目的储备管理和投后管理，以此提高专项债券资金使用效益，挖掘其引导社会投资的带动辐射力。五是防范金融风险，构建政府、金融机构和企业三方联合处置机制，一方面，推行使用专项债券补充中小银行资本金，助力中小

银行防范化解金融风险，另一方面，稳步实施融资平台公司市场化转型改革，坚决阻断金融风险向财政领域传导路径，强化财经激励约束和财会监督制度，不断增强财政可持续性。

（四）兜牢民生保障，增进民生福祉

一是全面贯彻就业优先战略，不断完善财政政策鼓励就业措施，比如积极推行创业担保贷款、社会保险补贴、职业培训补贴等，既鼓励高校毕业生创业，优化其创业政策环境，也支持企业加大吸纳就业力度。二是支持教育高质量发展。按照"一个一般不低于，两个只增不减"要求，切实落实好生均拨款制度和义务教育经费保障机制，支持郑大、河大"双一流"建设和第二梯队培育，加快职业教育结构优化，推动义务教育优质均衡，促进学前教育、特殊教育普惠发展，加强农村学校教师条件保障，推动城乡义务教育一体化发展。三是促进提高医疗卫生服务能力。持续深化医药卫生体制改革，支持国家区域医疗中心和中医药强省建设。支持公立医院和紧密型医共体高质量发展，推动基本医疗保险省级统筹，推进基本公共卫生服务均等化。四是持续提升公共服务水平。针对民生短板弱项，加强重点民生实事资金保障，稳步提高公共服务均等化水平，增强人民群众获得感、幸福感、安全感。五是严格实施民生支出清单管理制度，健全民生政策和财政承受能力评估机制，切实保障民生支出的稳定性和可持续性。

（五）深化财政治理，巩固政策效能

一是加快推进省以下财政体制改革，持续推动省财政直管县行稳致远，充分释放改革红利，增强县域高质量发展动能。深入推进预算管理一体化改革，确保预算管理朝着规范化、标准化和自动化全面发展。二是健全地方税体系，按照中央税制改革的部署和要求，逐步健全以房产税和消费税为主的地方税体系，结合新经济、新业态发展动向，合理培育新税源，增厚地方财政收入。三是持续深化预算绩效管理，做好新出台重大政策、项目事前绩效评估工作，严格推进重点绩效评价，保证其全面落实和细化管理，有序推动

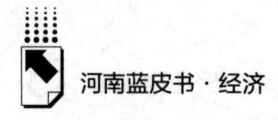

部门整体支出绩效管理，以实现预算绩效评价"三个全覆盖"提质增效、"四个挂钩"做深做实，坚决做到"花钱必问效、无效必问责"。四是建立健全支出标准体系，不断优化项目支出预算评审流程，提升标准体系建设整体系统化水平，更好实现规范支出和高效管理。五是提高财会监督力度，不断完善财会监督体系，持续健全相关工作机制，锚定监督重点难点，提升监督效能。健全内控内审制度，努力构建上下联动"一盘棋"的财政内控体系。六是持续优化财政支出结构，着重加强针对重点领域的投入，包括科学技术、生态环境、社会民生、区域发展等方面，支持补短板、强弱项、固底板、扬优势，更直接、更有效地发挥积极财政政策作用。

参考文献

《2023年8月份全省经济运行情况》，河南省统计局网站，2023年9月20日，https：//tjj. henan. gov. cn/2023/09-20/2818759. html。

《河南省财政厅2022年政府信息公开工作年度报告》，河南省财政厅网站，2023年1月14日，https：//czt. henan. gov. cn/2023/01-14/2673487. html。

B.10
2023~2024年河南物流业运行分析及展望

毕国海 李 鹏 秦华侨[*]

摘 要： 2023年以来，河南物流行业整体呈企稳趋好的发展态势，其中社会物流需求规模持续扩张、物流运行质效持续提升、物流市场主体不断壮大、货运需求快速增长、中欧班列扩容增线、航空货运降幅收窄、港口吞吐量加快增长、电商快递物流快速增长等特征显著。预计2024年，河南物流行业将延续稳中向好态势，呈现以下八个特点：政策引领持续显效、需求规模持续扩张、运行质效持续提升、市场主体加速壮大、基础设施加快完善、枢纽经济加快培育、人才短板加快补齐、冷链物流升级提质。

关键词： 物流业 物流市场 河南省

一 2023年以来河南省物流业总体运行态势

2023年以来，河南省持续贯彻落实"物流强省"和"十四五"物流相关规划措施，加快完善现代物流运行体系，培育壮大现代市场主体，加强重大项目支撑带动，加快补齐发展短板，强化优势领域发展引领，全省物流行业活力不断增强，发展质效持续提升。

---

[*] 毕国海，中国物流学会兼职副会长、河南省物流与采购联合会执行副会长，郑州大学、郑州轻工业学院硕士研究生导师，河南省"十四五"规划专家咨询委员会成员。李鹏，河南省物流与采购联合会秘书长、高级物流师。秦华侨，河南省物流与采购联合会现代物流信息中心副主任。

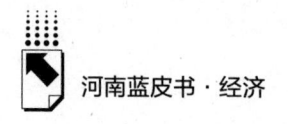

（一）社会物流需求规模持续扩张

2023年上半年，供应链上下游回归常态化运行，物流运行整体呈企稳趋好的发展态势，全省社会物流总额为89136.2亿元，按可比价格计算，增长4.9%，增速高于上年同期0.6个百分点、高于全国平均水平0.1个百分点（见图1）。由表1可知，2023年上半年河南省物流业有以下趋势。

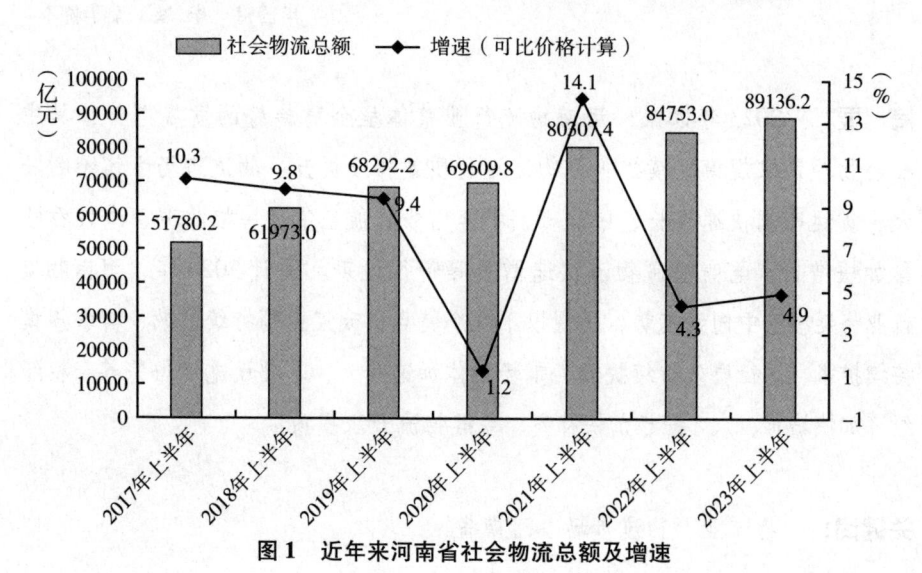

图1　近年来河南省社会物流总额及增速

资料来源：河南省物流与采购联合会。

表1　2023年上半年河南省社会物流总额及构成情况

单位：亿元，%

指标名称	物流总额	增长	占比
社会物流总额	89136.2	4.9	100
其中:农产品物流总额	5195.4	4.1	5.8
工业品物流总额	74988.6	5.1	84.1
进口货物物流总额	1293.7	-13.4	1.5
再生资源物流总额	65.7	9.2	0.1
单位与居民物品物流总额	623.0	17.1	0.7
外省流入物品总额	6969.8	6.9	7.8

资料来源：河南省物流与采购联合会。

1. 工业物流拉动作用明显

2023年上半年，工业战略性新兴产业、高技术制造业等有力拉动工业物流稳定增长，尤其是汽车制造物流增长33.0%，电子信息制造物流增长11.7%。2023年上半年全省工业品物流总额为74988.6亿元，同比增长5.1%，增速高于上年同期0.6个百分点，占社会物流总额的比重达84.1%，较上年同期上升0.3个百分点，带动物流需求增长的引擎作用继续显现。

2. 农业物流需求平稳增长

2023年上半年，河南省农业生产总体稳定，蔬菜瓜果等经济作物生产形势较好，畜牧业平稳增长，推动全省农产品物流需求平稳增长。2023年上半年全省农产品物流总额为5195.4亿元，增长4.1%，增速低于上年同期1个百分点，占社会物流总额的5.8%，占比较上年同期下降0.1个百分点。

3. 民生消费物流恢复较快

2023年上半年，随着经济恢复运行，多领域消费物流需求均实现较快增长，电商物流、即时配送等新业态新模式加快发展，全省单位与居民物品物流总额为623.0亿元，同比增长17.1%，增速高于上年同期6.8个百分点，占社会物流总额的比重为0.7%，较上年同期提升0.1个百分点。

（二）物流运行质效持续提升

2023年上半年，多部门出台降成本、促发展相关政策的效果逐步显现，经济循环畅通有所改善，物流运行效率不断提升，物流运行成本整体有所回落。河南省社会物流总费用为4393.2亿元，增长5.4%，增速低于上年同期0.9个百分点，低于第一季度1.2个百分点，社会物流总费用与GDP的比为14.0%，低于上年同期0.2个百分点、低于全国平均0.5个百分点（见图2）。

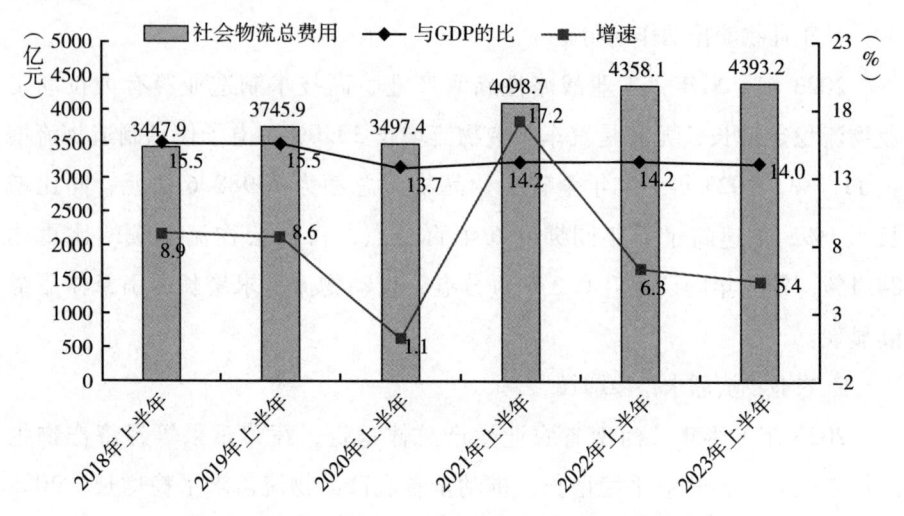

图2 近年来河南省社会物流总费用及与GDP的比①

资料来源：河南省物流与采购联合会。

1. 物流费用结构不断优化

从物流各环节的费用看，运输费用为2495.0亿元，增长5.6%，占总费用的56.8%，占比较上年同期上升0.2个百分点；保管费用为1360.2亿元，增长5.3%，占总费用的31.0%，占比较上年同期下降0.1个百分点；管理费用为538.0亿元，增长5.2%，占总费用的12.2%，占比较上年同期下降0.1个百分点（见表2）。

2. 新能源货运车辆快速增加

2023年上半年，根据上险数据，在城市配送领域，河南省新增新能源货运车辆4363台，同比增长52.1%。其中，厢式货车2913台，同比增长38.3%，占总量的66.8%，占比较上年同期下降6.7个百分点；卡车1450台，同比增长90.3%，占总量的33.2%，占比较上年同期上升6.7个百分点。

---

① 图2和图3的河南省社会物流总费用与社会物流总收入核算以货运量和周转量为基础，其中公路货物运输量和公路货物运输周转量分别占河南省总货运量和总周转量的88.9%、67.7%，均占主导地位，两项数据均由国家交通运输部采集反馈。自2019年底起，国家交通运输部持续调整公路货运量和周转量的统计口径、计算方法，导致近年来河南省货运量和周转量总量及增速持续调整，呈现非线性增长状态，进而导致物流总费用和总收入增速不可直接与上年同期数据进行对比。

表2 2023年上半年河南省社会物流总费用及构成

单位：亿元，%

指标名称	费用总额	增速	占比
社会物流总费用	4393.2	5.4	100
其中:运输费用	2495.0	5.6	56.8
保管费用	1360.2	5.3	31.0
管理费用	538.0	5.2	12.2

资料来源：河南省物流与采购联合会。

（三）物流市场主体不断壮大

2023年上半年，随着"万人助万企"活动不断深入，推动更多助企纾困政策直达快享，物流行业加快恢复发展，市场主体不断壮大。河南省物流业总收入为3954.1亿元，增长5.9%（见图3），其中运输收入2625.2亿元，增长6.7%；保管收入1328.9亿元，增长4.3%。全省A级以上物流企业数量首次突破300家，达到301家，较上年底新增37家（见图4），占全国总量的3.1%，其中3A级以上物流企业278家，占总量的92.4%；5A级企业14家，占总量的4.7%。双汇物流、华鼎供应链等12家企业入选全国

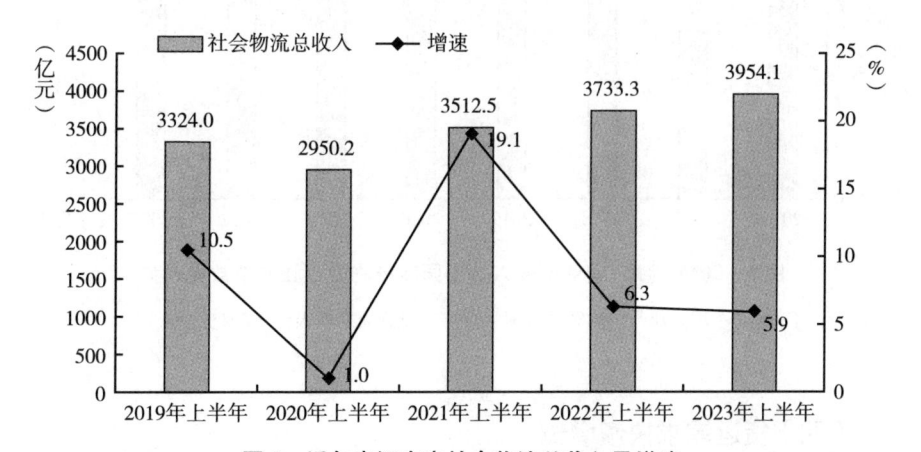

图3 近年来河南省社会物流总收入及增速

资料来源：河南省物流与采购联合会。

冷链物流百强名单、数量创历史新高，较上年增加3家，总量位居全国前三（见图5）。

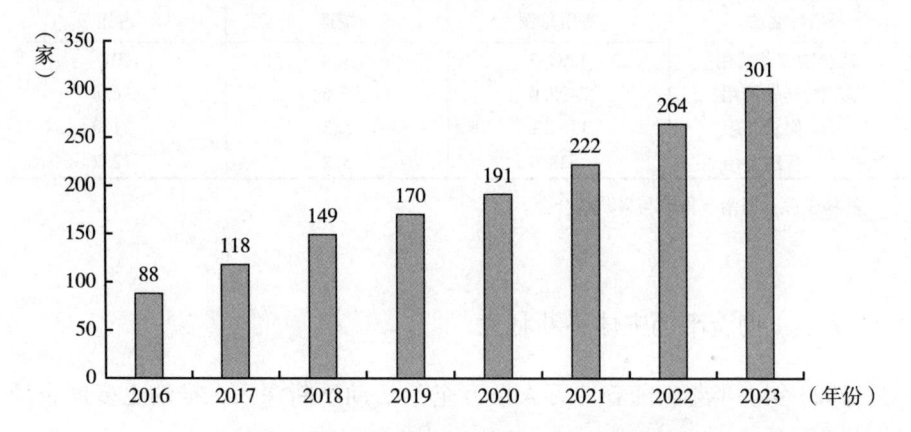

图4 2016~2023年河南省A级以上物流企业数量趋势

资料来源：《关于发布第三十六批A级物流企业名单的通告》（物联评估字〔2023〕113号）。

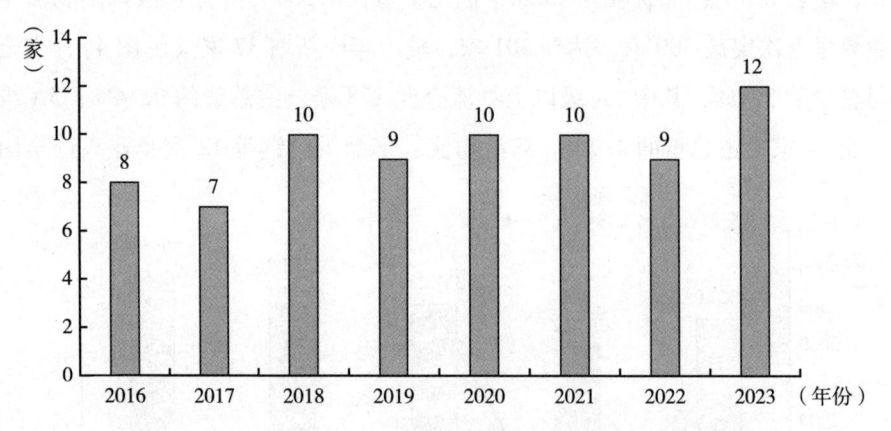

图5 2016~2023年河南省入选全国冷链物流百强名单数量趋势

资料来源：中国物流与采购联合会编《中国冷链物流发展报告（2023）》。

（四）货运需求快速增长

1. 货运量恢复较快

2023年上半年，河南省货物运输量为13.6901亿吨，增长11.8%，增速高于上年同期12个百分点。其中，铁路货运量下降4.1%，低于上年同期6.5个百分点；公路货运量增长13.5%，高于上年同期14.1个百分点；水路货运量增长1.2%，低于上年同期4.8个百分点；航空货运量下降16.2%，降幅较第一季度收窄8.3个百分点（见表3）。

表3　2023年上半年河南省货运量情况

单位：亿吨，%

运输方式	货运量	增速	占比
铁　路	0.52	-4.1	3.8
公　路	12.27	13.5	89.6
水　路	0.90	1.2	6.6
航　空	0.0001	-16.2	0.0007
总　计	13.6901	11.8	100

资料来源：河南省统计局。

2. 周转量平稳增长

2023年上半年，河南省货物周转量为5714.76亿吨公里，增长4.4%。其中，铁路货物周转量下降2.4%，低于上年同期13.5个百分点；公路货物周转量增长7.3%，低于上年同期0.1个百分点；水路货物周转量增长0.5%，高于上年同期4个百分点；航空货物周转量下降12.9%，降幅较第一季度收窄8.6个百分点（见表4）。

表4　2023年上半年河南省货物周转量情况

单位：亿吨公里，%

运输方式	货物周转量	增速	占比
铁　路	1165.85	-2.4	20.4
公　路	3916.99	7.3	68.5
水　路	629.92	0.5	11.0
航　空	2.00	-12.9	0.03
总　计	5714.76	4.4	100

资料来源：河南省统计局。

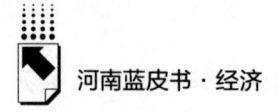

（五）中欧班列扩容增线

2023年上半年，中欧班列（"中豫"号）新增安阳—俄罗斯莫斯科、郑州—俄罗斯圣彼得堡等线路，全省开行班列城市达到9个（郑州、洛阳、商丘、许昌、新乡、漯河、南阳、信阳、安阳），打通了直达RCEP国家的水果进口冷链专列物流大通道，实现首次通过中老泰铁路从东南亚进口水果。中欧班列（"中豫"号）开行811列，下降7.3%（见图6），降幅较第一季度收窄10.2个百分点，占全国开行总量的9.4%。2013年7月18日至2023年6月30日，班列累计开行超8300列，已实现8个口岸出入境、21条线路直达的国际物流网络和"1+N"境内外物流枢纽体系，业务范围覆盖40多个国家的140多个城市，开行质量、市场化程度、创新能力、硬件设施、信息化程度和国内国际双物流枢纽网络布局均处于全国领先地位。

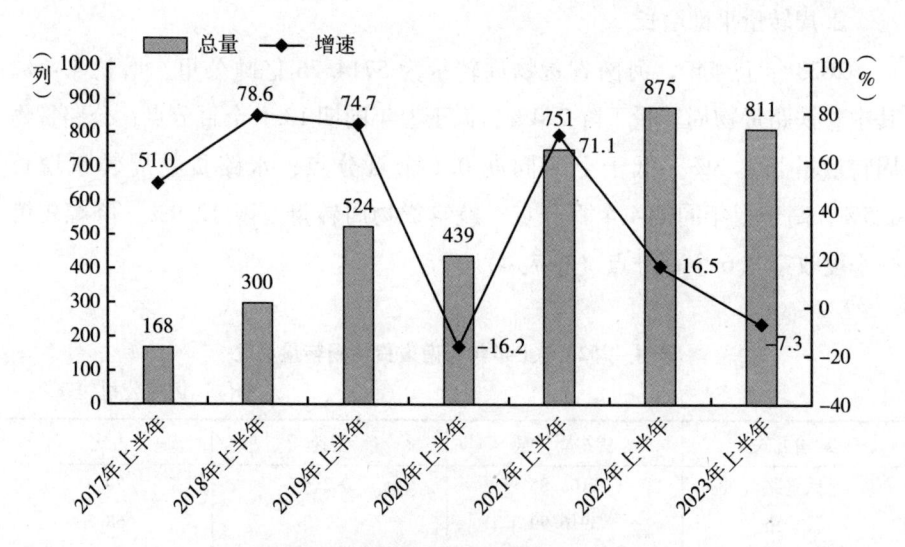

图6 近年来河南省中欧班列开行情况

资料来源：河南省物流与采购联合会。

（六）航空货运降幅收窄

郑州机场新开通至列日、布达佩斯、伊斯坦布尔、首尔等多条国际货运航线，全货机航线网络联通欧、美、亚三大经济区28个国家和地区的48个城市，货物集疏范围覆盖中国长三角等主要经济区的90余座大中城市，实现了"空中丝绸之路"由"串点连线"向"组网成面"转变。2023年上半年，河南省机场货邮吞吐量为27.3万吨，下降16.3%（见图7），降幅较第一季度收窄8.3个百分点。其中，郑州机场货邮吞吐量27.2万吨，下降16.3%，降幅较第一季度收窄8.3个百分点，货邮吞吐量继续保持中部地区第一位；南阳机场货邮吞吐量223.8吨，下降27.6%，降幅较第一季度收窄6个百分点；洛阳机场货邮吞吐量300.75吨，增长0.1%，较第一季度上升10.7个百分点。

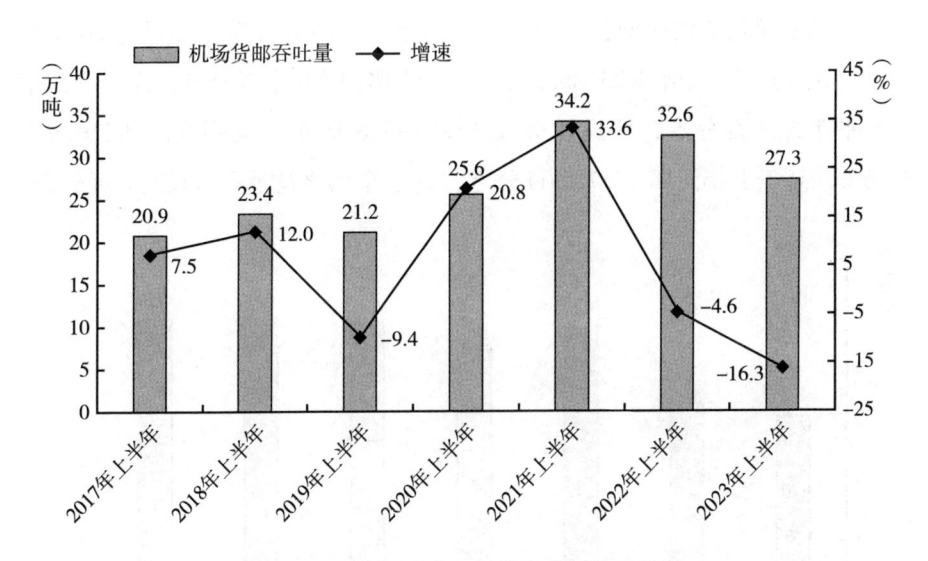

图7 近年来河南省机场货邮吞吐量及增速

资料来源：河南省统计局。

（七）港口吞吐量加快增长

2023年上半年，河南省主要港口不断融入"海上丝绸之路"，加强与长江经济带等的互联互通，西华逍遥港正式投入运营，淮滨港区再添重质纯碱、珍珠砂、海砂、再生服装四大新货种，推动全省港口货物吞吐量超过2500万吨，达到2512.9万吨。其中，周口全市港口货物吞吐量累计完成2157万吨，同比增长33.9%，占河南全省港口货物吞吐量的85.8%，集装箱吞吐量累计完成46173标箱，同比增长115.1%；淮滨中心港集装箱吞吐量突破10000标箱，相比2022年提前6个月取得破万成绩，同比增长达514%。

（八）电商快递物流快速增长

一是快递物流快速增长。2023年上半年，河南省快递业务量为26.1亿件（见图8），同比增长23.8%，高于上年同期17.0个百分点，高于全国平均水平7.5个百分点；快递业务收入为193.6亿元（见图9），同比增长22.6%，高于上年同期17.7个百分点，高于全国平均水平11.3个百分点。

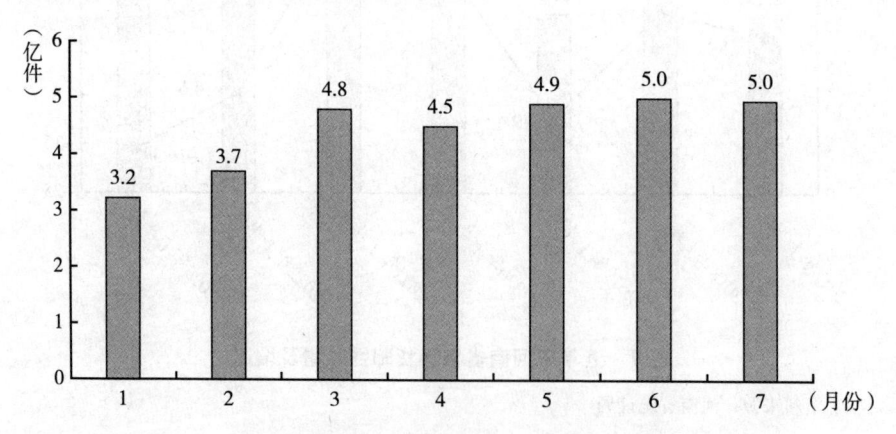

图8 1~7月河南省快递业务量变化情况

资料来源：河南省邮政管理局。

二是跨境电商物流较快增长。2023年1~6月河南省跨境电商进出口（含快递包裹）交易额为1224.7亿元（见图10），较上年同期增长10.1%。其中，出口947.3亿元，较上年同期增长13.2%；进口277.4亿元，较上年同期增长0.8%。

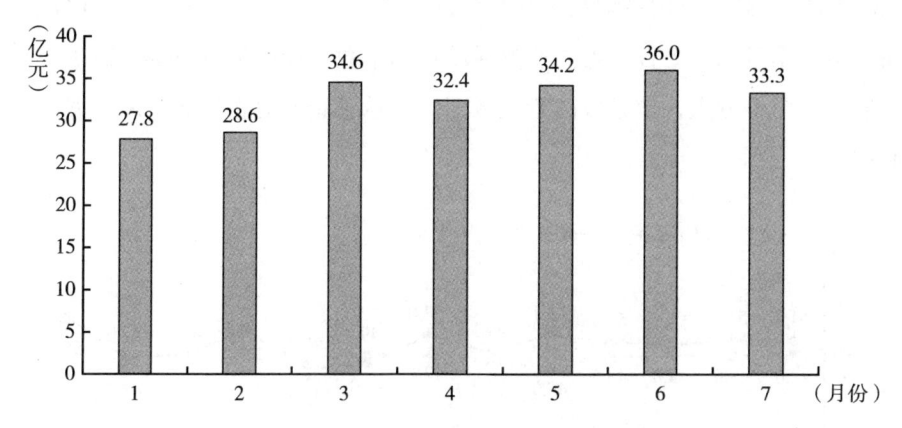

图9　1~7月河南省快递业务收入变化情况

资料来源：河南省邮政管理局。

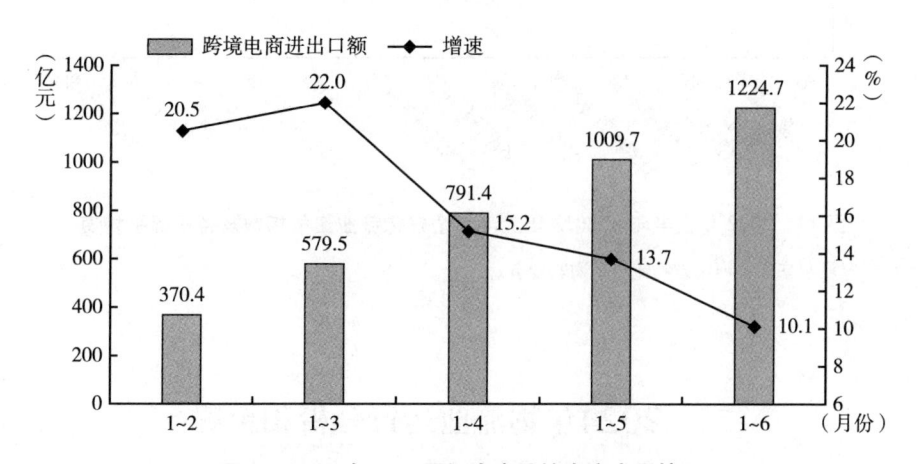

图10　2023年1~6月河南省跨境电商发展情况

资料来源：河南省商务厅。

（九）物流行业保持活跃

2023年上半年，随着河南省经济稳中向好和一系列助企纾困政策接续实施，物流业活力不断增强，全省物流业景气指数（LPI）平均值为51.7%（见图11），高于全国平均水平0.5个百分点，高于上年同期3.1个百分点，高于第一季度1.2个百分点。业务活动预期指数平均值为56.9%，高于上年同期1.7个百分点，位于较高景气区间，显示了企业对物流业未来发展的信心增强。

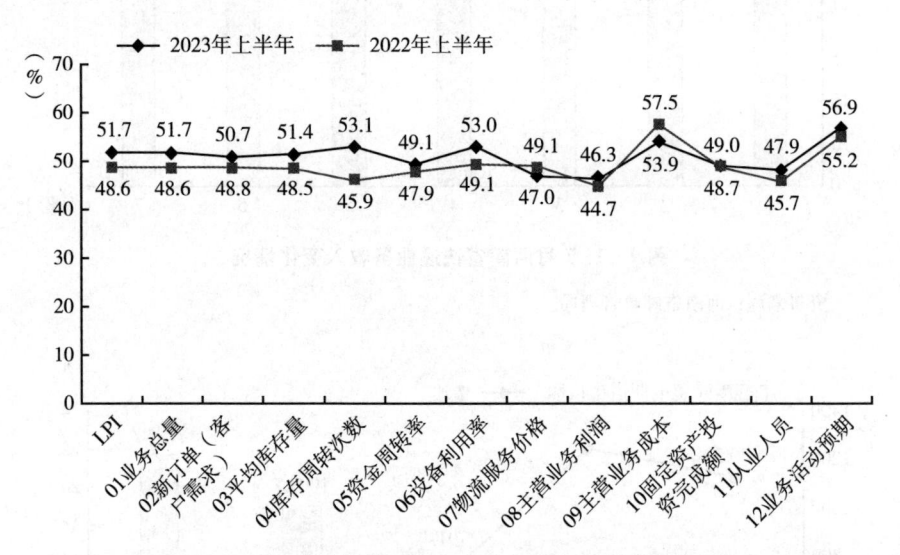

图11　2022年上半年和2023年上半年全省物流业景气指数及各指标平均值

资料来源：河南省物流与采购联合会。

二　2024年物流业运行分析和预测

2024年及今后一段时期，随着经济运行回归常态，供应链上下游保持稳定，物流支持政策持续发力，社会物流发展的积极因素不断增加，物流业高质量发展趋势不断增强，具体呈现以下几个方面的特点。

（一）政策引领持续显效

2023年以来，河南省积极落实"十四五"物流相关规划文件，先后印发了《中国（河南）自由贸易试验区2.0版建设实施方案》（豫政〔2023〕12号）、《河南省实施扩大内需战略三年行动方案（2023—2025年）》（豫政办〔2023〕30号）等配套政策文件，助推物流强省建设。郑州市印发《促进现代物流业高质量发展若干措施》（郑政办〔2023〕12号）、《郑州市促进现代物流业高质量发展扶持资金管理办法（试行）》（郑物口〔2023〕14号），加强对物流业资金扶持。周口市印发《周口市支持现代物流强市建设若干政策》（周政〔2023〕24号），充分发挥物流对经济发展的拉动作用，促进全市物流业高质量发展。南阳、漯河、驻马店等地市已经印发物流业发展支持政策；洛阳、焦作、商丘等地市正在研究制定相关扶持政策。未来，省市一系列政策措施协同发力，物流强省建设将持续加速。

（二）需求规模持续扩张

2023年以来，经济社会运行逐步恢复正常，供应链上下游协同性得到进一步改善，工业、流通等领域产销衔接水平有所提高，社会物流需求保持增长，物流供给充足，服务质量稳步提升。后期，随着进一步扩大内需，提振汽车、电子产品、家居等领域，整治乱收费，鼓励促进民营经济发展，建设现代化产业体系，加强民生保障等系列发展方向的明确定位，同时结合物流产业的巨大潜力和良好韧性，社会物流需求长期向好的趋势将更加明显。初步预计2023年河南省社会物流总额突破20万亿元，增长6%左右；2024年河南省社会物流总额将达到21万亿元，增长7%左右。

（三）运行质效持续提升

2023年上半年，宏观与物流政策协同发力，减税、降成本、助企纾困效果不断显现，在提振物流需求的同时改善物流企业营商环境，激发了市场主体活力。国家发展改革委等多部门联合发布《关于做好2023年降成本重点工作的通知》，提出了推进物流提质增效降本等8个方面22项重点任务以及系列相关政策，着力推动完善现代物流体系、落实物流多项税费减免延期、促进运输结构调整优化、助力打通"最后一公里"、实现交通物流提质增效。交通运输部持续大力推进"公转铁""公转水"，加快发展多式联运，着力推进运输结构调整优化。河南省深入开展"万人助万企"活动，成立了省活动专班、18个工作组、6个助企强链工作专班，围绕产业基金、金融生态、上市培育、人才引育、税务服务、平台企业问题等为企业有针对性地排忧解难。初步预计，2023年河南省社会物流总费用约8800亿元，增长7%左右，社会物流总费用与GDP的比低于13.4%；2024年河南省社会物流总费用约9500亿元，增长8%左右。

（四）市场主体加速壮大

为促进民营经济做大做优做强，《中共中央 国务院关于促进民营经济发展壮大的意见》出台，提出31条政策支持民营经济发展；国家发展改革委等部门印发《关于实施促进民营经济发展近期若干举措的通知》，推动破解民营经济发展面临的突出问题；国家发展改革委设立民营经济发展局，作为促进民营经济发展壮大的专门工作机构，加强相关领域政策统筹协调，推动各项重大举措早落地、见实效。河南省全面深化民营经济"两个行动"，实施民营企业家"百千万"培训计划和年轻一代民营企业家健康成长行动，打出了"万人助万企"活动、"三个一批"项目建设、"四个拉动"、营造"六最"营商环境等一套"组合拳"，促进民营企业培育数量和发展质量"双提升"。在物流领域，评选出首批全国领军型、特色标杆型、新兴成长型企业34家；中国物流集团子公司全国总部在郑州落地运营；谋划184个省级开发区，其中以物流为主导的占6个；国家级示范物流园区增至7个，总量居中西部省份第一位；国家物流枢纽获批6个，总量位居全国前列。后期，随着促进民营经济发展各项政策措施持续落实，全省物流行业市场主体竞争力、影响力、带动力将持续提升。

（五）基础设施加快完善

为加快完善现代物流运行体系，补齐物流业新型基础设施建设短板，河南省出台了《河南省重大新型基础设施建设提速行动方案（2023—2025年）》（豫政〔2023〕26号）、《河南省支持重大新型基础设施建设若干政策》（豫政办〔2023〕38号），推进智慧高速、智慧港航、智慧机场与轨道交通、多式联运、智能网联车路协同设施等建设，打造协同便捷的智慧交通基础设施；加快完善覆盖全省的智能充电服务网络，探索开展换电示范城市和综合充能试点示范。出台《河南省电动汽车充电基础设施建设三年行动方案（2023—2025年）》（豫政办〔2023〕40号），加快构建适度超前、布局均衡、智能高效的充电基础设施体系和城市面状、公路线状、乡村点状布局且覆盖全省的智能充电网络。此外，随着高速公路"13445"和智慧高速、内河航道提升、智慧物流枢纽、智慧机场、数字陆港、智慧能源等重大工程加快实施，全省物流服务支撑能力将大幅提升。

（六）枢纽经济加快培育

国家"十四五"现代物流发展规划明确提出，要发挥国家物流枢纽、国家骨干冷链物流基地辐射广、成本低、效率高等优势条件，推动现代物流和相关产业深度融合创新发展，促进区域产业空间布局优化，打造具有区域集聚辐射能力的产业集群，建设20个左右国家物流枢纽经济示范区。《2023年河南省服务业发展工作要点》提出，制定枢纽经济发展年度工作方案，支持建设省级枢纽经济示范区和争创国家级示范区。目前，省发展改革委联合多部门起草的《加快实施物流拉动　打造枢纽经济优势三年行动计划（2023—2025年）》已多次征求相关部门和行业专家意见，有望于近期印发，致力于打造产业联动融合更紧密、区域辐射带动能力更突出、发展特色更鲜明的枢纽经济和具有国际影响力的枢纽经济先行区，为加快现代化河南建设提供坚实支撑。

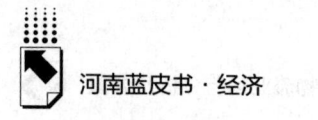

（七）人才短板加快补齐

国家2023年降成本重点工作中提出加强职业技能培训，继续实施技能提升补贴政策。河南省印发《关于优化调整稳就业政策措施的通知》（豫政办〔2023〕29号），要求加大技能培训支持力度，提升"人人持证、技能河南"建设质效，2023年完成各类职业技能培训300万人次以上，新增技能人才200万人以上、高技能人才80万人以上。"物流豫工"成为河南省重点建设的10个省级人力资源品牌之一，将重点培育道路货运汽车驾驶、货运调配、仓储管理、物流服务等职业群，到2025年底，将新增持证40万人，新增就业创业20万人。此外，河南省积极推动豫商豫才返乡创业就业，成功举办全省第一届职业技能大赛，持续开展现代服务业专项培训，全省物流行业人才供给结构不断优化，高素质紧缺人才短板加快补齐。下一步，随着物流服务师、供应链管理师等行业技能等级证书和专业赛项加快推广，产业学院、实训基地加快建设，校企协联合人才培养模式不断走深走实，河南省将为加快物流强省建设储备丰富的人才资源。

（八）冷链物流升级提质

2023年6月，国家发展改革委印发《关于做好2023年国家骨干冷链物流基地建设工作的通知》，发布新一批包括25个国家骨干冷链物流基地的建设名单，河南省新乡市、漯河市入选名单。截至目前，河南省共有4个承载城市入选，总量位居全国前列。同时，《河南省"十四五"现代物流业发展规划》提出，加快国家和省级骨干冷链物流基地建设，培育10个左右省级骨干冷链物流基地，加快整合冷链物流资源，优化冷链物流运行体系，促进冷链物流与相关产业融合发展。省发展改革委会同郑州商品交易所、省物流与采购联合会编制了全国首个省级冷链物流运价指数，并于2022年11月正式发布河南冷链物流运价指数（郑州—北京），填补了相关领域空白。下一步，随着省级骨干冷链物流基地加快布局建设、冷链物流运价指数扩容增线，全省冷链物流基础设施承载能力将进一步提升，流通网络将进一步完善，流通效率将进一步提升，推动冷链物流高质量发展的驱动作用将进一步增强。

（九）开放合作带动增强

2023年以来，河南省持续加强对外开放交流合作，出台了《2023年河南省对外开放工作要点》，加快推进中国（河南）自由贸易试验区2.0版建设，为实施制度型开放战略探索新路径、积累新经验。省党政代表团赴广东省、湖北省学习考察交流，深化合作共赢；赴香港特别行政区开展专题招商活动，豫港经贸合作再掀新篇章。举办河南省现代服务业合作推介会和河南与跨国公司合作交流会、河南—波兰经贸物流推介会等，打开了高水平对外开放的新窗口。郑州机场三期扩建工程加快推进，新开通至列日、布达佩斯、伊斯坦布尔、首尔等多条国际货运航线；中欧班列实现"五统一"常态化运行，郑州国际陆港航空港片区加快建设，豫桂东盟物流大通道、直达RCEP国家的水果进口冷链专列物流大通道等成熟运营。第十四届中国河南国际投资贸易洽谈会即将开幕，国家国际发展合作署组织驻华使节、国际组织驻华代表参访河南，国际影响力进一步提升。未来，随着制度型开放建设不断深化，河南省将加快融入双循环物流市场，更好地服务支撑现代化河南建设。

参考文献

《政府工作报告——二〇二三年一月十四日　在河南省第十四届人民代表大会第一次会议上　河南省人民政府省长王凯》，河南省人民政府网，2023年1月29日，https：//www.henan.gov.cn/2023/01-29/2680023.html？eqid=ed428b640019f4f7000000036486c7ca。

《河南省人民政府关于印发河南省2023年国民经济和社会发展计划的通知》（豫政〔2023〕11号），河南省人民政府网站，2023年3月2日，https：//www.henan.gov.cn/2023/03-02/2699692.html。

《2023年我国现代物流发展趋势与重点工作——在2022年中国物流学术年会跨年会

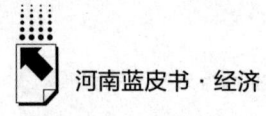

暨2023年（第十五届）物流领域产学研结合工作会上的讲话》，"中国物流与采购联合会"百家号，2023年2月27日，https：//baijiahao.baidu.com/s？id=1758945076195433926＆wfr=spider&for=pc。

《关于印发2023年河南省服务业发展工作要点的通知》，河南省发展和改革委员会网站，2023年4月25日，https：//fgw.henan.gov.cn/2023/04-25/2731958.html。

《国家发改委汪鸣：物流枢纽经济下的大交通、大枢纽、大产业》，"运联智库"百家号，2023年5月11日，https：//baijiahao.baidu.com/s？id=1765582654911911379&wfr=spider&for=pc。

《国家发展改革委等部门关于做好2023年降成本重点工作的通知》（发改运行〔2023〕645号），中国政府网，2023年5月31日，https：//www.gov.cn/zhengce/zhengceku/202306/content_6886123.htm？dzb=true。

《中共中央 国务院关于促进民营经济发展壮大的意见》，中国政府网，2023年7月19日，https：//www.gov.cn/zhengce/202307/content_6893056.htm。

《国家发展改革委等部门关于实施促进民营经济发展近期若干举措的通知》（发改体改〔2023〕1054号），中国政府网，2023年07月28日，https：//www.gov.cn/zhengce/zhengceku/202308/content_6895916.htm。

B.11
2023~2024年河南省居民消费价格走势分析

崔理想*

摘　要： 2023年1~8月，河南居民消费价格指数同比上涨0.1%，低于全国平均水平0.4个百分点；居民消费价格低位运行，进入"0时代"；从分类构成看，八大类商品及服务价格同比呈现"四降四升"态势。同中部六省、国内发达省份相比，河南居民消费价格指数同比涨跌幅呈现降幅最显著、涨幅最不显的特征。预计2023年全省居民消费价格温和上涨，大概率仍处于"0时代"。

关键词： 居民消费价格指数　河南　温和上涨

居民消费价格指数（CPI）是度量居民生活消费品和服务价格水平随着时间变动的相对数，综合反映居民购买的生活消费品和服务价格水平的变动情况，也是衡量目标地区一个时期通货膨胀或者通货紧缩程度的关键指标。2023年是河南锚定"两个确保"、深入实施"十大战略"的关键一年，深入分析河南当前及未来全省CPI走势变化，对河南优化调整政府货币财政政策和消费价格政策，更好稳物价、保民生、促进经济、高质量发展等具有重要意义。

---

* 崔理想，河南省社会科学院经济研究所助理研究员，主要研究方向为国民经济、区域经济。

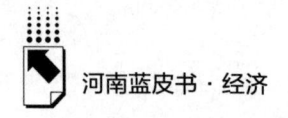

一 总体情况与比较分析

（一）总体情况

2023年1~8月，河南居民消费价格指数同比上涨0.1%。分月份看，1~8月全省居民消费价格指数低位运行，未如预期般上涨，已在较长一段时间内大幅偏离2%~3%的黄金区间。同比方面，4~8月全省居民消费价格指数"五连降"，1月居民消费价格指数涨幅最显著，7月居民消费价格指数降幅最显著。环比方面，2~7月全省居民消费价格指数"六连降"，1月居民消费价格指数涨幅最显著，2月、4月、5月居民消费价格指数降幅最显著，如图1所示。

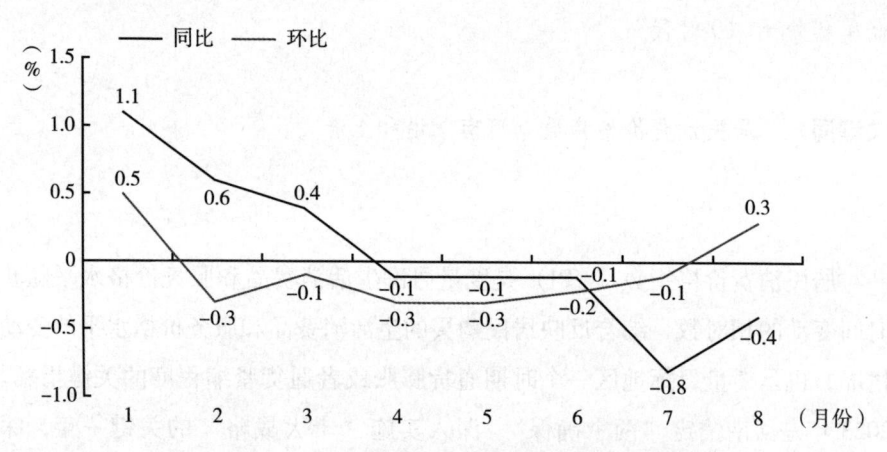

图1　2023年1~8月河南居民消费价格指数涨跌幅情况

数据来源：河南省统计局。

从分类构成看，2023年1~8月河南八大类商品及服务价格同比呈现"四降四升"态势，其中，食品烟酒同比上涨0.8%，衣着同比下降0.4%，居住同比下降0.5%，生活用品及服务同比下降0.1%，交通通信同比下降2.4%，教育文化娱乐同比上涨1.4%，医疗保健同比上涨0.9%，其他用品及服务同比上涨3.0%。

从月度累计走势看，2023年1~8月，河南居民消费价格指数同比涨跌幅呈现连续下降态势，进入"0时代"，如图2所示。

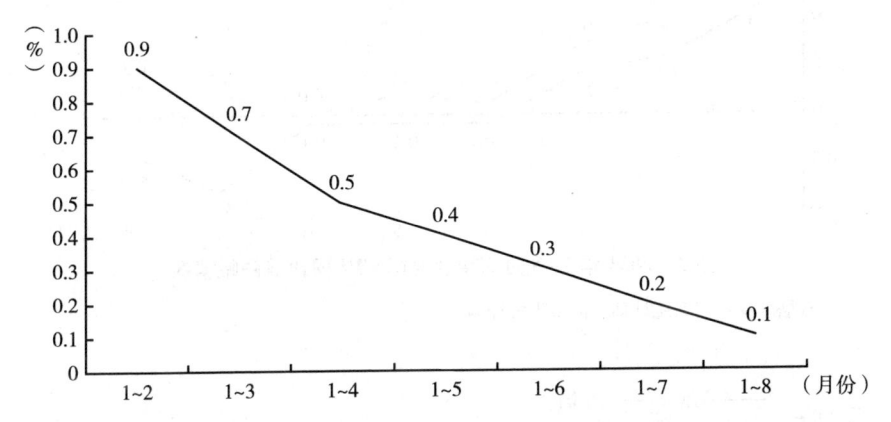

图2　2023年1~8月河南居民消费价格指数累计同比涨跌幅走势情况

数据来源：河南省统计局。

（二）比较分析

与全国平均水平相比较，2023年1~8月，河南CPI同比上涨0.1%，低于全国平均水平0.4个百分点。分月份看，同比方面，2023年1~8月，河南呈现涨少跌多的特征，其中4~8月CPI"五连降"，而同期全国平均水平则基本上呈现温和上涨态势（6月持平）；河南每月的CPI均低于全国平均水平，其中1月和7月，差距最为显著，均达到1.0个百分点；6月差距最小，为0.1个百分点（见图3）。环比方面，河南CPI的变化同全国平均水平的变化形势一致，2023年2~7月河南和全国居民消费价格均"六连降"，1月、8月均为温和上涨；不同的是，河南CPI的环比涨跌幅较之全国平均水平相对温和（见图4）。

从月度累计走势看，2023年1~8月河南CPI同比增速走势同全国平均水平一样，均大致呈现连续下降态势。不同的是，2023年1~8月河南均处

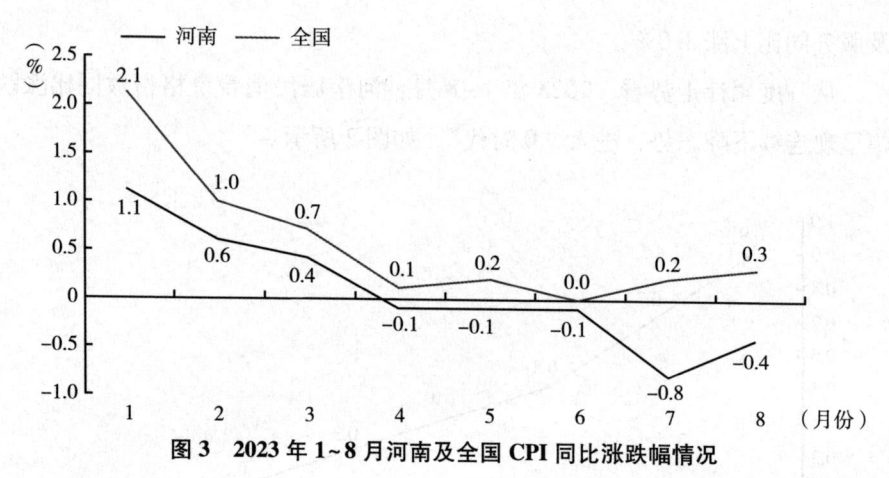

图3 2023年1~8月河南及全国CPI同比涨跌幅情况

数据来源：国家统计局、河南省统计局。

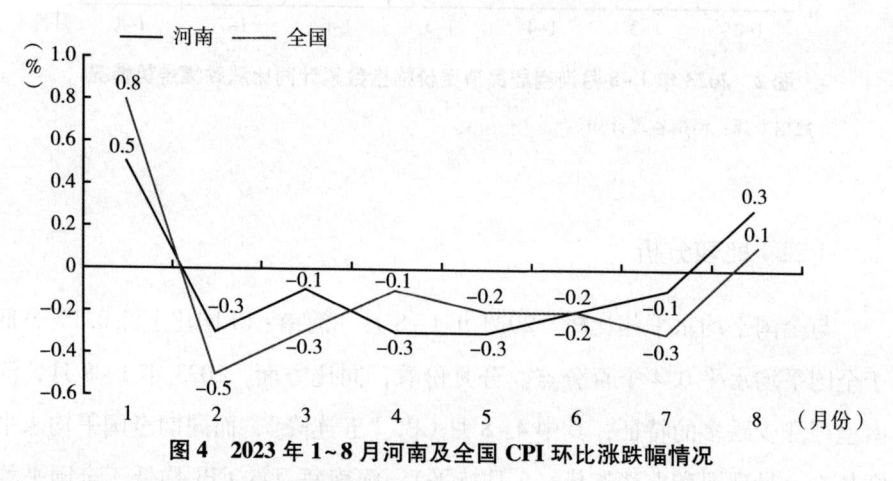

图4 2023年1~8月河南及全国CPI环比涨跌幅情况

数据来源：国家统计局、河南省统计局。

于"0时代"，全国平均水平则是在5月由"1时代"进入"0时代"；1~8月全国平均水平与1~7月同比涨幅持平、止跌，而河南仍处于下降态势，如图5所示。

与中部地区其他省份相比，同比方面，2023年1~8月河南CPI同比涨跌幅在中部六省中整体居倒数第一（个别月份除外，如4月略高于山西，与安徽并列倒数第二；6月略高于湖北、江西、山西，与湖南并列第二），

图 5　2023 年 1~8 月河南及全国 CPI 累计同比涨跌幅走势情况

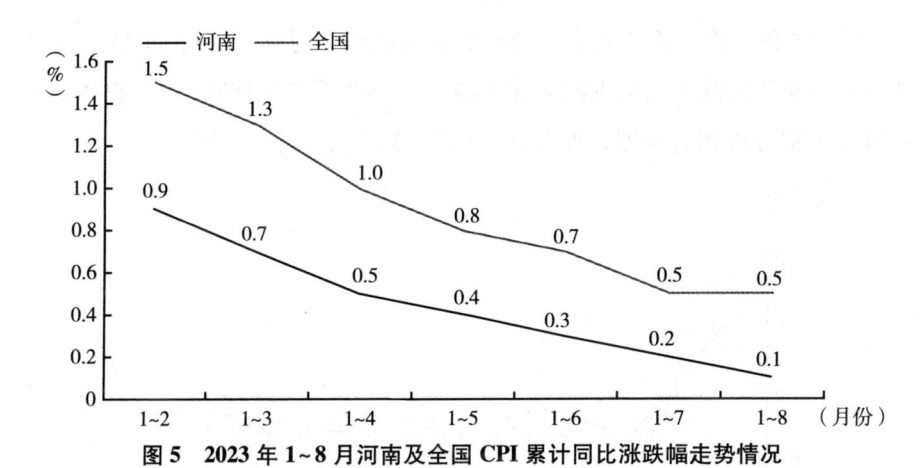

数据来源：国家统计局、河南省统计局。

呈现降幅最显著、涨幅最不显的特征。山西与河南最相似，4~8 月均出现"五连降"，如图 6 所示。

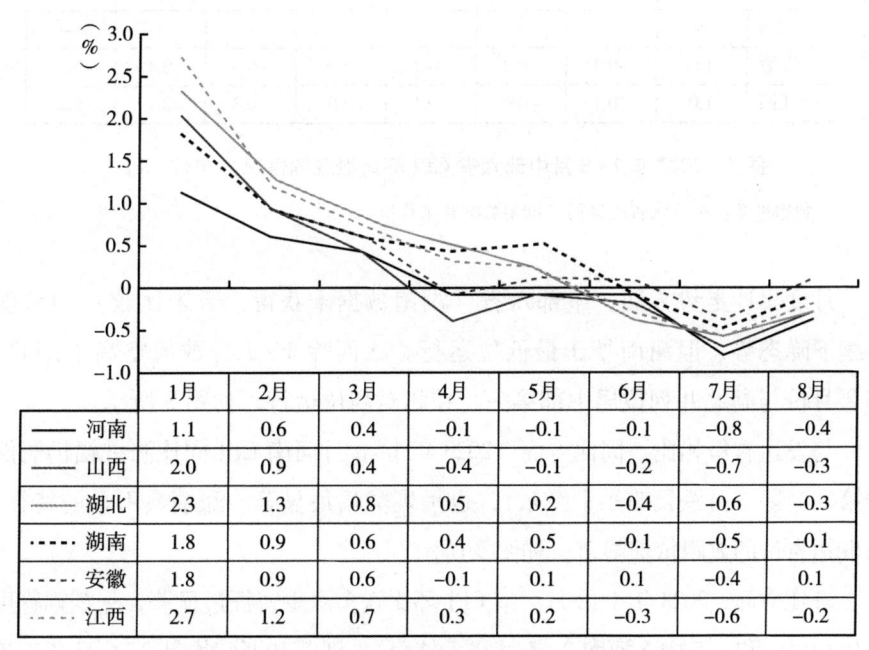

	1月	2月	3月	4月	5月	6月	7月	8月
河南	1.1	0.6	0.4	-0.1	-0.1	-0.1	-0.8	-0.4
山西	2.0	0.9	0.4	-0.4	-0.1	-0.2	-0.7	-0.3
湖北	2.3	1.3	0.8	0.5	0.2	-0.4	-0.6	-0.3
湖南	1.8	0.9	0.6	0.4	0.5	-0.1	-0.5	-0.1
安徽	1.8	0.9	0.6	-0.1	0.1	0.1	-0.4	0.1
江西	2.7	1.2	0.7	0.3	0.2	-0.3	-0.6	-0.2

图 6　2023 年 1~8 月中部六省 CPI 同比涨跌幅情况（单位:%）

数据来源：中部六省统计局。

157

环比方面，在中部六省中（湖南数据未获得，暂未比较），2023年1~8月河南CPI环比涨跌幅呈现跌多涨少特征（2~7月"六连降"），整体相对温和（个别月份相对剧烈，如2月、4月、5月），如图7所示。

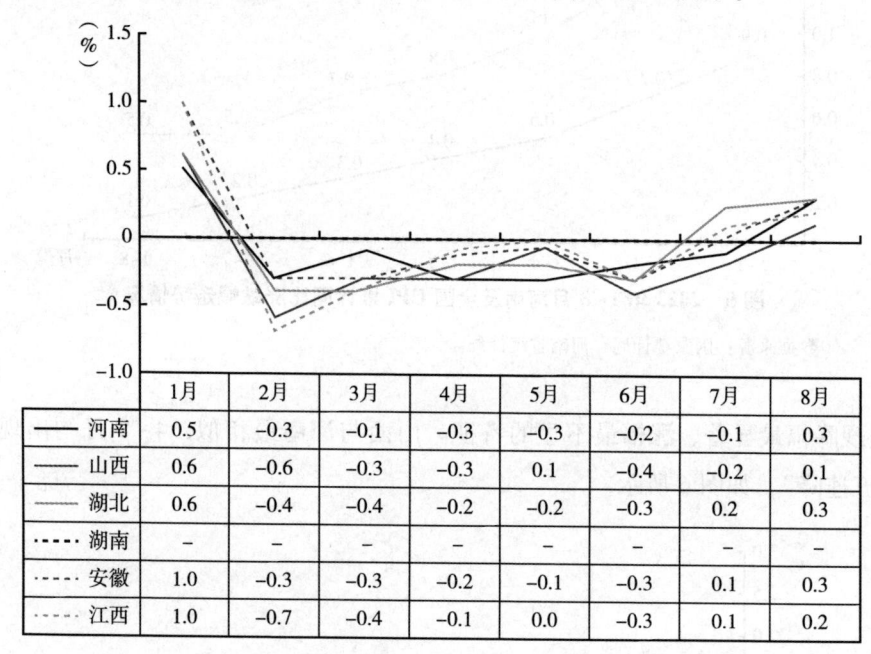

	1月	2月	3月	4月	5月	6月	7月	8月
河南	0.5	−0.3	−0.1	−0.3	−0.3	−0.2	−0.1	0.3
山西	0.6	−0.6	−0.3	−0.3	0.1	−0.4	−0.2	0.1
湖北	0.6	−0.4	−0.4	−0.2	−0.2	−0.3	0.2	0.3
湖南	−	−	−	−	−	−	−	−
安徽	1.0	−0.3	−0.3	−0.2	−0.1	−0.3	0.1	0.3
江西	1.0	−0.7	−0.4	−0.1	0.0	−0.3	0.1	0.2

图7　2023年1~8月中部六省CPI环比涨跌幅情况（单位：%）

数据来源：中部六省统计局（湖南数据暂未获得）。

月度累计走势方面，中部六省（湖南数据未获得，暂未比较）均呈现连续下降态势，但河南处于最低位运行。江西除1~2月数值略高于湖北，其余月份与湖北并列位居中部第一，在相对高位运行，如图8所示。

与发达省份相比，同比方面，2023年1~8月河南CPI同比涨跌幅仍居倒数第一（除6月跌幅略小于广东），也呈现降幅最显著、涨幅最不显的特征，与发达省份的差距依然显著，如图9所示。

环比方面，2023年1~8月河南CPI环比跌多涨少特征最显著，涨跌幅程度整体相对温和。其中，河南2~7月"六连降"、江苏和浙江均是2~6月"五连降"，山东是2~5月"四连降"，广东是1~8月"四涨四跌"。如图10所示。

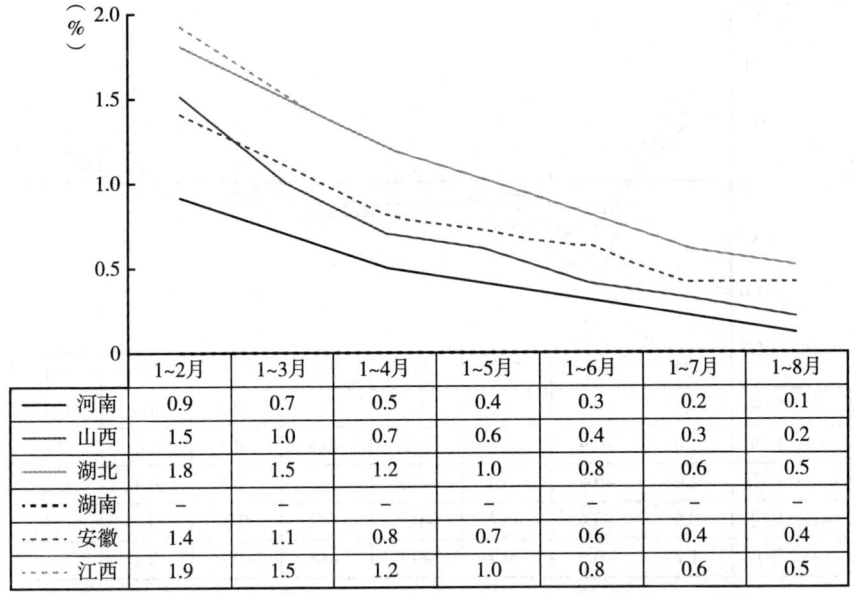

2023~2024年河南省居民消费价格走势分析

	1~2月	1~3月	1~4月	1~5月	1~6月	1~7月	1~8月
河南	0.9	0.7	0.5	0.4	0.3	0.2	0.1
山西	1.5	1.0	0.7	0.6	0.4	0.3	0.2
湖北	1.8	1.5	1.2	1.0	0.8	0.6	0.5
湖南	–	–	–	–	–	–	–
安徽	1.4	1.1	0.8	0.7	0.6	0.4	0.4
江西	1.9	1.5	1.2	1.0	0.8	0.6	0.5

图8　2023年1~8月中部六省CPI累计同比涨跌幅走势情况（单位：%）

数据来源：中部六省统计局（湖南数据暂未获得）。

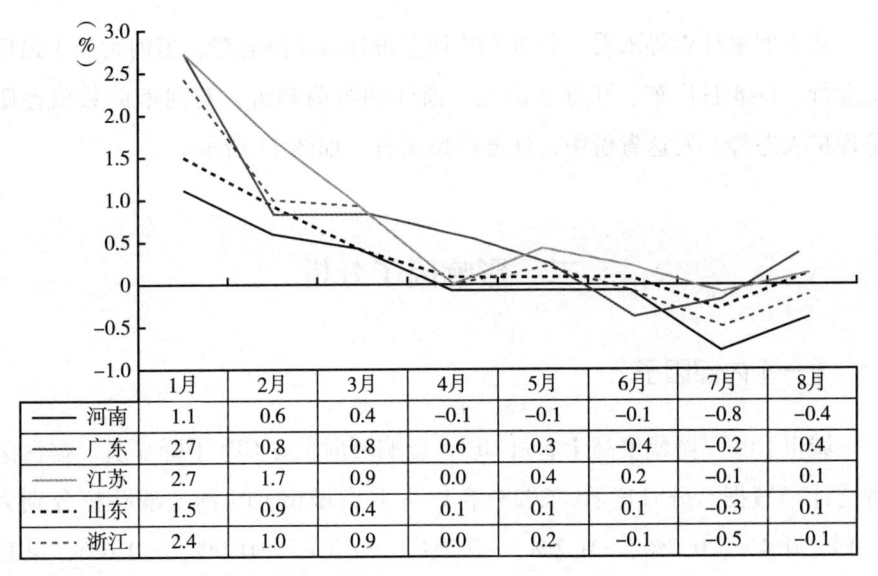

	1月	2月	3月	4月	5月	6月	7月	8月
河南	1.1	0.6	0.4	−0.1	−0.1	−0.1	−0.8	−0.4
广东	2.7	0.8	0.8	0.6	0.3	−0.4	−0.2	0.4
江苏	2.7	1.7	0.9	0.0	0.4	0.2	−0.1	0.1
山东	1.5	0.9	0.4	0.1	0.1	0.1	−0.3	0.1
浙江	2.4	1.0	0.9	0.0	0.2	−0.1	−0.5	−0.1

图9　2023年1~8月河南及部分发达省份CPI同比涨跌幅情况（单位：%）

数据来源：国家统计局及各省统计局。

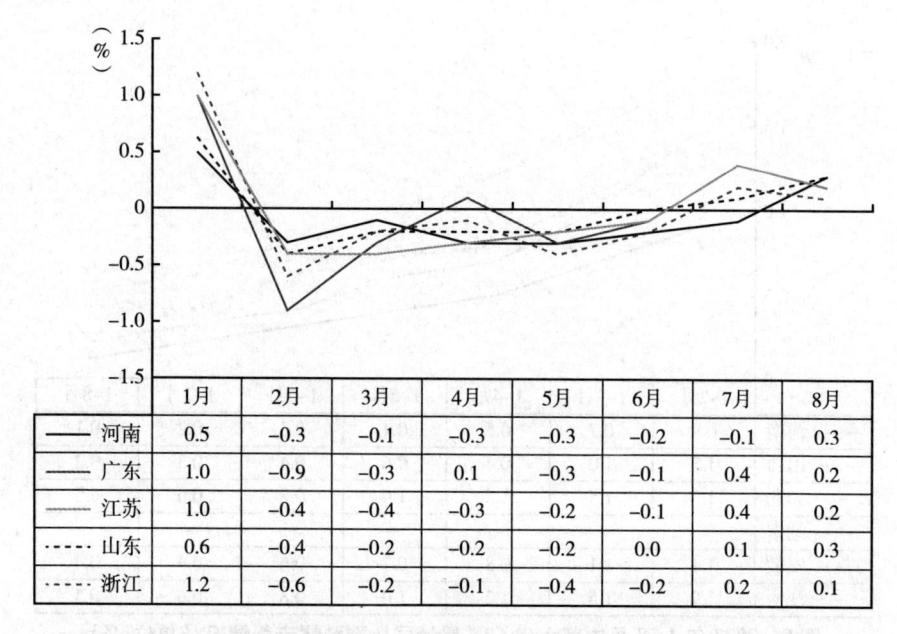

	1月	2月	3月	4月	5月	6月	7月	8月
河南	0.5	-0.3	-0.1	-0.3	-0.3	-0.2	-0.1	0.3
广东	1.0	-0.9	-0.3	0.1	-0.3	-0.1	0.4	0.2
江苏	1.0	-0.4	-0.4	-0.3	-0.2	-0.1	0.4	0.2
山东	0.6	-0.4	-0.2	-0.2	-0.2	0.0	0.1	0.3
浙江	1.2	-0.6	-0.2	-0.1	-0.4	-0.2	0.2	0.1

图10 2023年1~8月河南及部分发达省份CPI环比涨跌幅情况（单位：%）

数据来源：国家统计局及各省统计局。

从月度累计走势来看，各省CPI均呈现连续下降态势，但河南处于最低位运行。1~8月广东、江苏、山东、浙江的数值趋近，与河南的数值差距呈现扩大态势。发达省份中，江苏高位运行，如图11所示。

二 影响因子分析

（一）内部因子

城市CPI下降幅度高于农村CPI，影响河南全省CPI下降显著。据河南省统计局数据，分月度看，2023年1~8月，城市CPI同比涨跌幅分别为1.0%、0.4%、0.2%、-0.2%、-0.3%、-0.3%、-0.9%、-0.6%，呈现涨少跌多态势，1~8月同比下降0.1%；农村CPI同比涨跌幅分别为1.4%、1.0%、0.7%、0.2%、0.2%、0.4%、-0.3%、0.1%，呈现涨多跌少态势，

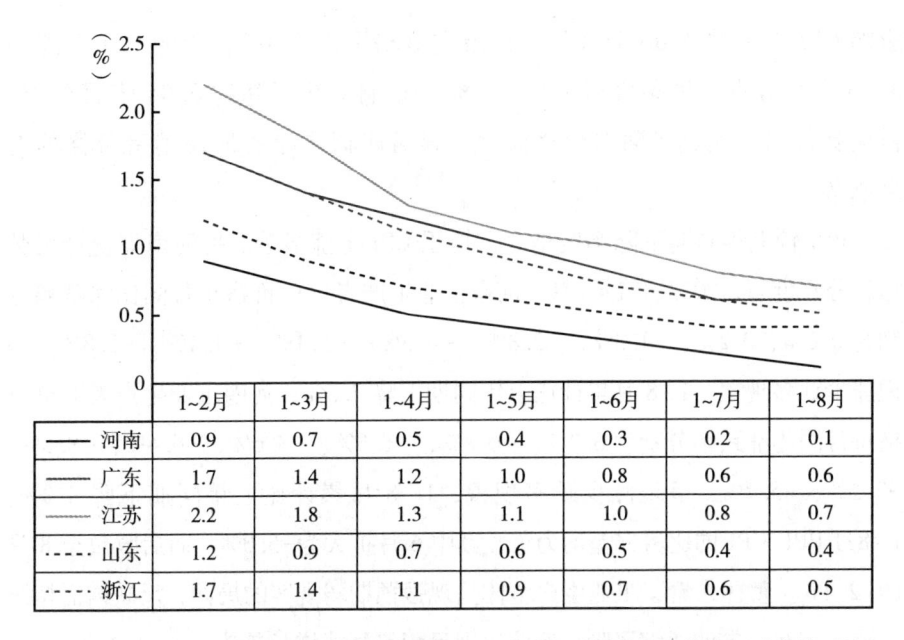

2023~2024年河南省居民消费价格走势分析

	1~2月	1~3月	1~4月	1~5月	1~6月	1~7月	1~8月
河南	0.9	0.7	0.5	0.4	0.3	0.2	0.1
广东	1.7	1.4	1.2	1.0	0.8	0.6	0.6
江苏	2.2	1.8	1.3	1.1	1.0	0.8	0.7
山东	1.2	0.9	0.7	0.6	0.5	0.4	0.4
浙江	1.7	1.4	1.1	0.9	0.7	0.6	0.5

图11　2023年1~8月河南及部分发达省份CPI累计同比涨跌幅走势情况（单位：%）

数据来源：各省统计局。

1~8月同比上涨0.5%。城市居民消费体量大、更集中，对商品及服务物价变化的反应更敏捷，城市居民消费价格指数的波动对全省居民消费价格指数的影响权重更高、效果更显著；而农村消费相对分散、平稳，农村居民消费价格指数同比上涨，有效减缓了全省居民消费价格指数的持续下降。

食品烟酒价格温和上涨，减缓CPI下降显著。据河南省统计局数据，分月度看，2023年1~8月，食品烟酒价格同比涨跌幅分别为2.4%、1.5%、1.8%、0.3%、0.7%、2.2%、-1.4%、-1.1%，1~8月同比上涨0.5%。其中，1~8月畜肉类价格同比下降4.5%（猪肉价格同比下降7.3%）、鲜菜价格同比下降6.1%、鲜果价格同比上涨8.1%。以8月为例，食品烟酒价格同比下降1.1%，影响CPI下降约0.31个百分点，其中畜肉类价格下降13.3%，影响CPI下降约0.46个百分点（猪肉价格下降20.3%，影响CPI下降约0.36个百分点）；鲜果价格上涨3.3%，影响CPI上涨约0.06个百分点；蛋类价格上涨2.1%，影响CPI上涨约0.03个百分点；鲜菜价格下降1.7%，影响CPI下降约0.04个百分点。畜肉类价格，尤其是猪肉价格波动，显著阻碍了全省居民消费价格的上涨态势。

PPI较上年同期下降幅度增大，拖累CPI上涨显著。据河南省统计局数据，分月度看，2023年1~8月，河南工业生产者出厂价格每月同比涨跌幅分别为0.6%、0.2%、-1.3%、-2.8%、-4.3%、-5.1%、-4.4%、-2.8%，呈现涨少跌多现象，1~8月累计比上年同期下降2.5%；河南工业生产者购进价格每月同比涨跌幅分别为0.3%、-0.8%、-1.6%、-3.6%、-6.4%、-8.3%、-7.5%、-5.7%，呈现涨少跌多现象，1~8月累计比上年同期下降4.2%。1~8月PPI-CPI同比剪刀差均为负，其中6月扩大为-5.0%，而后收敛至8月的-2.4%。整体来看，工业生产整体呈现强预期弱现实的局面，反映内需持续偏弱，存在一定的通缩风险，经济发展呈现修复式增长趋势。

（二）外部因子

第一，地区生产总值（GDP）同比增速由快转慢。根据地区生产总值统一核算结果，2023年第一季度河南GDP初步核算为14968.97亿元，按不变价格计算，同比增长5.0%，高于全国平均水平0.5个百分点；上半年河南GDP为31326亿元，按不变价格计算，同比增长3.8%，低于全国平均水平1.7个百分点。GDP同比增速由快转慢，同时CPI持续低迷，经济增长与通货膨胀的关系逐渐由高增长低通胀向低增长低通胀转变。总体来看，当前河南面临的国内外宏观经济环境依然严峻复杂，经济恢复基础尚不稳固，内生动力还不强，需求恢复放缓，企业经营效益有所下滑，这些因素综合影响，导致全省CPI持续低位运行。

第二，居民收入水平持续低于全国平均水平。根据国家统计局数据及测算，2023年第一季度河南居民人均可支配收入累计值为7804元（低于全国平均水平3066元），同比增长5.2%（高于全国平均水平0.1个百分点）；城镇居民人均可支配收入累计值为10833元（低于全国平均水平3555元），同比增长4.0%（与全国平均水平相当）；农村居民人均可支配收入累计值为5037元（低于全国平均水平1094元），同比增长5.8%（低于全国平均水平0.3个百分点）。2023年第二季度河南居民人均可支配收入累计值为14156元（低于全国平均水平5516元），同比增长6.3%（低于全国平均水平0.2个百分点）；城镇居民人均可支配收入累计值为20045元（低于全国平均水平6312元），同比增长4.8%（低于全国平均水平0.6个百分点）；农村居民人均可支配收入累计值为8692元（低于全国平均水平1859元），同比增长7.4%（低于全国平均水平0.4个百分点）。从上述数据看，河南居民收入持续低于全国平均水平，且与全国平均水平的差距有扩大态势，难以有效支撑居民消费需求，导致居民消费欲望持续降低，拖累全省CPI上涨。

第三，居民消费支出能力低于全国平均水平。根据国家统计局数据及测算，2023年第一季度河南居民人均消费支出累计值为5369元（低于全国平均水平1369元），同比增长7.6%（高于全国平均水平2.2个百分点）。城镇居民人均消费支出累计值为6509元（低于全国平均水平1794元），同比增长5.7%（高于全国平均水平4.8个百分点）；农村居民人均消费支出累计值为4328元（低于全国平均水平301元），同比增长9.4%（高于全国平均水平3.9个百分点）。2023年第二季度河南居民人均消费支出累计值为10275元（低于全国平均水平2464元），同比增长9.2%（高于全国平均水平0.8个百分点）。城镇居民人均消费支出累计值为12596元（低于全国平均水平3214元），同比增长8.0%（高于全国平均水平0.3个百分点）；农村居民人均消费支出累计值为8122元（低于全国平均水平428元），同比增长10.1%（高于全国平均水平1.6个百分点）。从上述数据看，河南居民消费支出规模低于全国平均水平，但同比增速高于全国平均水平。考虑到河南居民收入水平与全国平均水平的差距，可以预测当前的河南居民人均消费支出同比上涨态势并不持续，未来将大概率收敛，进而拖累全省CPI上涨。

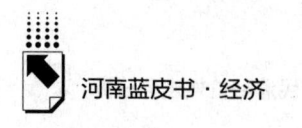

三 走势分析与对策建议

(一) 走势分析

2023年1~8月，河南CPI涨幅在低位徘徊，物价相对比较平稳。随着中秋、国庆等节日到来，预计CPI持续下降态势将大概率回升。展望2023年第四季度及未来一个时期，河南推动CPI上涨的因素和抑制CPI上涨的因素并存，预计推动作用整体大于抑制作用，全年CPI将保持温和上涨态势，大概率仍处于"0时代"。

推动CPI上涨的因素有以下三个。一是经济从修复式增长转向复苏式增长。随着河南全力以赴拼经济、促发展策略的持续推进，其经济运行稳中向好、稳中有进、稳中提质、稳中蓄势的良好态势将不断巩固，为物价温和上涨奠定良好基础。二是有效需求的持续释放。2023年，居民消费的恢复成为经济运行整体好转的关键，居民消费欲望及潜力的持续增强、居民消费结构优化升级、猪肉上行周期启动等因素都将有效刺激物价温和上涨。三是PPI拐点将至。PPI向CPI传导效应增强，将对CPI上涨形成较为显著的推动作用。

抑制CPI上涨因素有以下三个。一是商品和服务供给能力保持稳定，食品类价格大概率波动。畜肉类（尤其猪肉）、鲜菜等价格可能出现波动，进而影响全省CPI上涨。二是居民收入水平偏低。短期内，河南居民人均可支配收入仍将显著低于全国平均水平，难以有效支撑未来消费新需求，进而抑制相关产品及服务价格上涨，拖累全省CPI上涨。三是居民消费潜力释放不可持续，主要受限于当前河南居民人均可支配收入偏低，同时产能过剩、高库存等也抑制CPI上涨。

(二) 对策建议

一是着力推动河南经济高质量发展。继续抢抓经济恢复的重要窗口期，纲举目张抓工作、项目为王抓投资、全力以赴拼经济，重点实施抓助企纾困、抓投产达效、抓扩大消费、抓双招双引、抓延链成群、抓科技攻关、抓要素保障、抓营商环境等关键举措，巩固和提升全省经济运行稳中向好、稳中有进、稳中提质、稳中蓄势的良好发展态势，为全省物价温和上涨夯实基础。

二是着力提升居民收入和消费能力。聚焦增加居民收入关键点，通过扩大就业、分配制度改革、增加居民财产性收入、减轻居民支出负担等提高居民收入水平，为物价温和上涨奠定良好基础。聚焦当前河南居民消费能力及潜力，通过提振汽车、电子产品、家居等大宗消费，以及推动体育休闲、文化旅游等服务消费等，增加有效消费，以高质量消费带动物价温和上涨。

三是着力促进供需平衡和稳定物价。认真落实中央保供稳价的政策措施，抓好农副产品的生产和市场供应，引导农民有计划、有步骤地扩大粮食、油料，尤其是鲜菜、鲜果等作物的种植面积，发展畜肉类（猪羊牛）等，同时加强市场供应管理和价格监督，坚决打击哄抬价格、串通涨价等违法行为，保障和提升有效供给的能力及水平，为物价持续稳定运行奠定良好基础。

参考文献

袁金星：《2022~2023年河南省居民消费价格走势分析》，载王承哲、完世伟主编《河南经济发展报告（2023）》，社会科学文献出版社，2022。

高璇：《以扩内需促消费为经济蓄能加力》，《河南日报》2023年8月4日。

张培奇、范亚旭：《河南推十大举措促经济高质量发展》，《农民日报》2023年8月21日。

专题研究篇

B.12
中国式现代化河南实践的思路与对策研究

张相阁*

摘　要： 现代化建设是一个国家不断发展进步的重要标志，它涉及政治、经济、文化、生态等多个方面的高质量发展。探索中国式现代化建设的进展，梳理新中国成立以来河南省现代化建设的方针政策及建设成果，立足河南省当前实际情况来分析现代化建设中存在的重点难点，在人口高质量发展、农业农村现代化、发挥文化大省优势、绿色生态发展和开放带动等方面走好新路子，有利于走好接下来中国式现代化河南实践道路，确保高质量、可持续地推进河南省现代化建设，抓住河南省未来发展机遇，确保现代化河南建设加快推进。

关键词： 现代化建设　河南实践　五条新路子

---

* 张相阁，河南省社会科学院经济研究所科研人员，主要研究方向为区域经济。

自党的十八大以来，习近平总书记先后五次赴河南视察，寄语河南"奋勇争先，更加出彩"，为现代化河南建设提供了总纲领、总遵循、总指引。对河南省而言，推动现代化建设河南实践是落实习近平总书记嘱托、锚定"两个确保"、实施"十大战略"的关键举措。河南省一直致力于探索现代化建设的道路，省"十四五"规划更是将开启全面建设社会主义现代化放在开篇，体现了河南对现代化建设的重视和决心。在此背景下，探索中国式现代化河南建设道路，分析现代化河南建设的重点难点，有利于为河南省现代化建设提供战略指导和政策支持，推动中国式现代化河南实践走在全国前列。

一　中国式现代化河南实践的重大意义

党的二十大站在新的历史起点上，描绘了全面建设社会主义现代化国家，以中国式现代化推进中华民族伟大复兴的宏伟蓝图。河南省作为全国重要的人口、经济和农业大省，其现代化建设的探索在推动全国现代化建设中具有重要的意义。首先，推进现代化河南建设是实现中华民族伟大复兴的重要组成部分，也是落实习近平总书记对河南殷切嘱托的具体行动。河南省第十一次党代会更是明确了"两个确保"奋斗目标，擘画了新时代河南更加出彩的宏伟蓝图，将河南省现代化建设放在全国大局中进行谋划，不仅是为了推动河南省向着现代化强省迈进，也是为了落实"奋勇争先、更加出彩"的使命担当，为中国建设社会主义现代化强国注入新活力。其次，河南进入经济发展新常态阶段，从当前实际情况出发，河南正处在经济转型的关键时期，推进中国式现代化河南实践，加快河南省由经济大省向经济强省迈进，高质量发展是推动现代化河南建设的必然选择。它不仅要求河南省在规模总量上不断做大做强，更要求注重质的提升。这就要求河南转变经济发展理念，在推动传统产业转型升级的同时，谋划未来产业发展布局。进一步推动创新成为经济发展的新动力，通过实施创新驱动、科教兴省、绿色低碳转型等战略，为河南省现代化建设提质提效。再次，立足河南人口大省的实际，中国式现代化河南实践有利于协调公平与效率问题，是实现全体人民共同富裕的关键举措。河南省始终将人民的需求、权益和福祉作为发展的出发点和落脚点，确保人民在发展中的公平权益，聚焦人民对美好生活的向往，推动全体人民共同富裕。最后，作为全国重要的经济大省，河南省在推进现代化建设中肩负"勇挑大梁"的重大责任。对河南而言，探索现代化河南建设不仅是经济大省的责任担当，也是破除发展瓶颈，实现可持续发展的必由之路。在确保河南高质量发展现代化的前提下，锚定"两个确保"，实施"十大战略"，奋力谱写新时代中原更加出彩的绚丽篇章，为建设社会主义现代化强国交出河南答卷。

二 河南推进现代化建设的实践探索

河南省作为我国中部大省，从新中国成立起就积极探索现代化建设的进程，取得了显著的成效和进展，河南探索现代化的过程主要有以下三个阶段。

（一）新中国成立到改革开放（1949~1978年）

新中国刚成立时，河南省百废待兴，只能生产少量的纱布、火柴、原煤等产品，农业是河南省的主导产业，三次产业结构为67.6∶18.2∶14.1，城镇人口只占全省总人口的6.4%。在中国共产党的坚强领导下，河南开始推进社会主义建设。1949~1952年，基本完成土地改革和民主改革任务，国民经济逐步发展。1953年开始了第一个五年计划，在此期间基本完成了对农业、手工业和资本主义商业的改造，初步确立了社会主义制度，为现代化建设奠定了基础。1956~1966年，河南省积极投入社会主义建设，三次产业结构基本恢复正常，1965年工业总产值达到40.74亿元，形成了平顶山、焦作、鹤壁等煤炭工业体系；投入建成洛阳轴承厂、开封高压阀门厂等机械工业企业；公路铁路发展迅速，1965年河南省铁路通车里程达289公里，居全国首位；农田水利方面建成了白龟山水库、陆浑水库等工程；科教文方面也取得显著成果，青年文盲率由建国时期的80%下降到20%左右。1966~1976年，"文化大革命"期间河南省现代化建设进程出现波动，但河南省委带领全省人民做了纠正"左"倾错误的努力，国民经济得到恢复和发展，1975年全省工业总产值比1965年高了2倍，达到121.97亿元。

（二）改革开放至党的十八大（1978~2012年）

1978年，党的十一届三中全会召开，开启了以改革开放为特征的社会主义现代化建设新时期，经济建设成为党的工作重心。河南省委贯彻党的十一届三中全会精神，积极投入社会主义现代化建设。面对国民经济比例失调，河南省积极开展扩大企业自主权试点工作，经过长期努力，初步扭转了全省工业经济停滞、倒退的局面。1984年河南省第四次党代会召开，将工作重心转移到提升企业活力这一关键上，积极开展厂长负责制、各类经营承包等完善企业经营机制的探索，1985年全省工业总产值达321.69亿元。与此同时，不断深入农村改革，催生了一大批乡镇企业，科技教育体制改革也得到持续推进。1988年，为解决经济"过热"及通货膨胀等问题，党的十三届三中全会开始对经济环境和秩序进行治理整顿。1990年河南省第五次党代会召开，制定了"以农兴工、以工促农、农工互助、协调发展"的思路，做出了"大力发展食品工业，振兴河南经济"等一系列重大部署。河南省五届二次会议立足河南实际确定了"一高一低"战略目标，为河南省经济持续、健康、快速发展确立了行动纲领和战略方针。

1992年，邓小平南方谈话之后，社会主义现代化建设进入了新阶段。1995年，党的十四届五中全会提出了"两个根本性改变"，将宏观调控和深化改革有机结合，推动经济增长由粗放式向集约式转变。河南省委、省政府高瞻远瞩，制定了许多跨世纪发展战略。河南是最早提出科教兴省的省份，1995年正式做出《关于加速科技进步、实施科教兴豫战略的决定》，确立了科学技术是第一生产力的观念。1994年河南省五届九次全会把对外开放提高到振兴河南的战略高度，制定了包括加快豫港合作、加强对外合作、鼓励外商投资等的优惠政策。1995年河南省第六次党代会将可持续发展列为河南经济发展的基本思路，推行污染物排放总量控制。通过实施污染防治行动，工业污染防治能力显著提高。实施黄河古道防护林建设、荒山绿化、旱地农业，以及生态示范区、自然保护区等建设，生态环境得到保护。1999年，河南省委提出了"东引西进"发展战略，进一步加强与东部地区的合作并积极参与西部大开发建设，加快了对外开放的步伐。2003年，河南省七届六次全会进一步阐述中原崛起的内涵，指出了中原崛起总体目标。河南在"一高一低"战略目标基础上，提出"两个较高"的目标，将经济提升的质量和效益摆在突出位置。2006年提出了经济和文化由大省向强省跨越的"两大战略"。2011年提出了"两不三新、三化协调"的发展思路。

1978~2012年，河南省经济发展逐步向好，2012年地区生产总值比1978年高了180倍；三次产业结构逐步从农业占主导地位向工业和服务业占主导地位转变，2012年三次产业结构为12.4∶51.9∶35.7，城镇化率从1978年的13.6%上升至2012年的42.4%；人均收入逐步增加，城乡居民收入差距逐渐缩小；教育水平逐渐提升，2012年高等院校比1978年增加96所，高校毕业人数更是增加了44倍；大气污染物排放量逐年减少。在这个时期，河南省在经济发展、环境保护、教育事业发展等多个方面取得了显著进展。

（三）党的十八大之后（2012至今）

党的十八大提出了"五位一体"总体布局和"四个全面"战略部署，明确了现代化建设的目标和方向。河南省召开九届五次会议，结合河南实际提出打造"四个河南"和推进"两项建设"。2014年习近平总书记先后两次来河南调研，提出坚持"四个着力"、打好"四张牌"、推动县域治理"三起来"以及做好乡镇工作"三结合"的要求，为河南省现代化建设指明了方向。2016年河南第十次党代会提出"三个高低、三大提升"发展目标。2018年党的十届六次全会提出"两个高质量"战略目标，要求以党建高质量推动经济高质量发展。2021年河南省第十一次党代会确立了锚定"两个确保"、实施"十大战略"和建设"十个河南"的奋斗目标。自此，河南省现代化建设进入了提质提效阶段，通过优化发展方式、调整产业结构、提升创新能力等方式，推动现代化河南建设健康持续发展。

自党的十八大以来，河南省现代化建设取得了显著进展。经济总量在2013年、2016年、2019年以及2022年相继突破了3万亿元、4万亿元、5万亿元和6万亿元，经济总量稳居全国第五；三次产业结构为9.5∶41.5∶49，实现了产业结构从"一二三"到"二一三"再到"三二一"的转变；人均可支配收入比2012年提升了121%，与全国平均水平的差距逐渐缩小；城镇化率提升15.08%，达到57.07%；科技实力不断增强，2022年R&D经费投入强度为1.86%，高新技术企业数量突破1万家，科技型中小企业达2.2万家，嵩山实验室、黄河实验室、神农种业实验室等挂牌运行；教育水平不断提升，2022年高校毕业生达77.8万人；大气环境逐渐向好，城市环境优良天数比例为66.4%；水环境持续向好，地表水水质优良比例为81.9%。交通优势逐步体现，以郑州为中心的"米"字形高铁和"米+井"综合运输通道基本形成。总之，河南省在现代化建设方面取得较大进步，为经济社会可持续发展奠定了基础。

三 中国式现代化河南实践面临的主要问题

在河南省委、省政府的领导下，河南省现代化建设已经取得了一定成效，但是探索中国式现代化河南实践是一个漫长的过程，在立足当前发展的同时，正视发展过程中存在的问题有利于补足发展中的短板以及挖掘内在潜力，加快河南省现代化建设的进程。

（一）区域发展不均衡

河南省辖内共有18个市级单位以及159个县级单位，是行政区域分布较广泛的省份，但各地之间的经济发展却呈现不均衡的现状。从经济总量来看，2022年河南省GDP破万亿元的城市只有郑州市，超过5000亿元的地市只有洛阳，剩余地市GDP总量都在5000亿元以下，其中济源市经济总量只有806.2亿元。同为中部省份，湖北省GDP超过5000亿元的城市有3个，其中武汉市GDP更是接近1.9万亿元；沿海省份以江苏为例，GDP破万亿元的共有4个地市，其中苏州市GDP接近2.4万亿元，破5000亿元的有10个，其余地市的GDP也都在4000亿元以上。从县域城市来看，河南省有4个百强县，占全省县级城市的2.5%；湖北省有8个百强县，占全省县级城市的7.8%；江苏省有23个百强县，占全省县级城市的24.2%。区域发展不均衡容易导致贫富差距扩大，引起社会不公平和社会矛盾，不利于推进现代化河南建设。

（二）人均发展水平低

截至2022年末，河南省常住人口有9872万人，是我国的人口大省，但是从人均水平来看，河南省一直处在全国靠后位置。2022年人均GDP为62106元，在中部六省排第5位，全国排第22位，尚未达到全国平均水平。人均可支配收入为28222元，在中部六省排第6位，全国排第23位，人均可支配收入约为全国人均可支配收入的76.5%。人均发展水平低意味着居民收入有限，造成消费需求不足；同时还意味着河南省对于高级人才的吸引力较弱，导致河南省创新能力不足，还意味着教育资源有限，制约河南省的人力资源优势和竞争力，影响经济结构转型和高质量发展的实现。

（三）创新发展能力弱

创新是推动经济高质量发展的重要动力，是推动现代化河南建设的重要手段之一。河南省在推动创新发展方面也做出了许多努力，不断加大R&D投入，成立各种实验室以及中试基地等，如今已经取得了一定成效。但从河南省目前的科技创新能力来看，整体的科技创新能力不强，引领创新成为经济增长新动力的方式还有待发展。2022年，河南省R&D投入约1100亿元，R&D经费投入强度为1.86%，比全国水平低了0.7个百分点，科技创新投入还有待加强。企业是创新的主体，是推动创新创造的主力军，2022年河南省高新技术企业1.08万家，相比于湖北省的2万家以及江苏省的4.4万家，创新主体还有进一步发展的空间。高校是科研的主战场，承担着科技创新和人才培养的双重使命，但是河南省目前只有郑大、河大两所双一流建设高校，建设一流高校、培养更多的科技人才是河南省未来很长一段时间要走的道路。

（四）结构调整任务重

河南省作为我国的人口大省、农业大省和经济大省，发展不平衡不充分的问题更加凸显。截至目前，河南省仍有4239万乡村常住人口，全省的城镇化率为57.07%，比全国低了8.15个百分点，城乡居民人均可支配收入比值为2.06，低于全国城乡居民人均可支配收入比值。河南省虽拥有完整的产业体系，但背后却是产业结构的不平衡，2022年河南规上工业增加值中，传统产业占比49.5%，工业战略性新兴产业占比38.6%；高技术制造业占规上工业的12.9%，高耗能行业占规上工业的38.6%。传统及高耗能行业仍是规上工业增加值的主要来源，高技术制造业和战略性新兴产业支持力度不足说明发展新经济模式还有待加强。产业结构不平衡会导致经济过度依赖某种传统低附加值产业或资源密集型产业，缺乏多元化和韧性，进而影响河南省探索中国式现代化的道路。

（五）环境治理压力大

经济发展和生态环境保护是相互依存、相辅相成的关系，推动经济高质量发展、积极践行绿色低碳的发展方式，必须把环境治理放在重要位置。黄河流域关乎河南省人民生活用水、农业灌溉以及工业用水等多个方面，加强黄河流域生态保护、推进沿黄生态廊道建设是河南省政府高度重视的工作，黄河流域生态环境保护直接影响区域可持续发展和人民生活水平。水土流失、"四乱"以及污染物排放一直以来都是黄河流域治理的重点问题。此外，大气污染一直是民众关注的重点问题，河南省过去一年$PM_{2.5}$平均浓度为47.4微克/米^3，高于全国平均水平；湖北省是43微克/米^3，江苏省是31.5微克/米^3，说明河南省在降排减污方面还有待进一步优化。环境问题

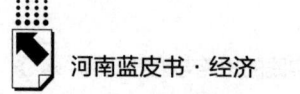

若得不到有效解决，不利于经济的可持续发展，还会增加环境治理的成本以及损害地方生态环境形象，进而影响河南省推进现代化的进程。

（六）文化体制不健全

河南省具有悠久的历史文化，文化底蕴丰富，文化资源可挖掘空间很大。近些年河南省文化产业发展也取得了一定的成就，过去一年河南省文化产业营业收入为4865.1亿元，比往年有所下降，但人均营业收入和人均利润总额均呈现上涨趋势。然而，河南省虽然拥有丰富的文化资源，却没有很好地开发利用，2021年河南省文化及相关产业增加值占全省GDP的4.46%，低于全国水平。此外，文化产业在发展过程中和其他产业之间的融合度还不够，推动文化产业与旅游、科技、教育等其他产业的融合有待加强。从文化产业机构来看，当前河南省缺乏多元化的创新文化产业项目，缺乏原创性文化产品会导致竞争力不足，难以在市场上占据有利地位。文化建设是现代化建设的重要内容，也是推进现代化建设的强大动力支撑。

四　中国式现代化河南实践的对策建议

河南现代化建设要走符合本省特色的发展道路，要坚定扛稳现代化河南建设的历史重任，推动经济高质量发展，实现供给侧结构性改革，锚定"两个确保"，深入实施"十大战略"，建设"十个河南"，更加奋发有为地推进中国式现代化河南实践。

（一）走出人口大省高质量发展的新路子

习近平总书记指出，中国式现代化是人口规模巨大的现代化，作为全国重要的人口大省，河南省在现代化建设的过程中需要发挥自身的比较优势，探索人口高质量发展的路子，推动河南由人口大省向人才强省转变，具体建议有以下几点。第一，推动教育资源优化配置。加大教育事业的投入力度，提高教育质量。培养更多高素质人才。坚持教育公益性，促进基本教育事业高水平发展，缩小城乡间教育差距。第二，推动高等教育水平发展。加快推进郑州大学、河南大学双一流高校学科建设，推动高校学科建设，通过调整专业结构、开展交叉学科办学、加强国际交流的方式，提高高校的教育质量，培育更多的优秀人才。第三，加强就业创新服务。全面推进"人人持证、技能河南"建设，为求职者提供更多的就业培训机会，提高求职者的专业职能。此外，还需要鼓励人们创新创业，为创业人才提供更方便的服务，解除创业者后顾之忧。第四，完善人才引进政策。要树立积极引进人才、培养人才、留住人才的战略思想，积极调整人才引进政策，建立科学的人才评价机制，确立用人导向，并完善相应的人才支持政策，提供全面、公平、可持续的社会保障服务。

（二）走出农业大省统筹城乡的新路子

在推进河南省现代化建设的道路中，乡村发挥着不可替代的作用，河南省在推进农业大省向农业强省转变的过程中，需将城乡统筹放在突出位置，聚焦实现农业农村现代化这一要求，全面推进乡村振兴，具体建议有以下几点。第一，统筹城乡土地利用。完善农村土地产权制度，持续推进"三权分置"的实施，提高农民土地流转和经营的灵活性。第二，统筹现代化农村产业发展。积极调整农村产业机构，发展高附加值的农产品加工产业，加大农业科技的研发投入，提高农业生产效率和产品品质，打造地方特色农业品牌，提高农业生产效益和抗风险能力，实现农业现代化。第三，统筹城乡公共服务建设及资源互通。加强农村基础设施建设，推动公共服务向农村倾斜，进一步优化农村教育和医疗资源等民生相关方面的建设，畅通城乡之间的资源要素流动。第四，统筹乡村多元化发展。通过发展乡村旅游、文化创意产业等，促进农村经济多元化发展。提高乡村环境质量，提升农村生活品质，吸引人才回流和外部投资。第五，统筹城镇化建设。加快农业农村人口向城镇转移，完善与农村人口转移相关的子女教育、就业帮扶、住房保障等相关问题。

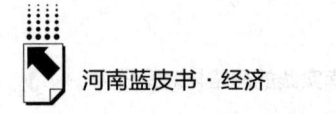

（三）走出文化大省以文兴业的新路子

河南是华夏文明的发源地之一，先后有20多个朝代建都于此，过去很长时间内都是全国政治、经济和文化中心，拥有优秀且悠久的历史文化底蕴。积极发挥河南省的文化优势，推动河南省由文化大省向文化强省转变，走出以文兴业的新路子，为建设现代化文化强国贡献河南力量，具体建议有以下几点。第一，深入挖掘文化优势，建设文化创新新高地。依托当前考古科研力量，梳理河南历史文化脉络，讲好河南文化故事。推动文化与科技创新相结合，创作新型沉浸式文化体验项目，建设文化创新新高地。第二，探索文旅新发展模式，提升文旅供给品质。推动文旅发展模式与数字化相结合，建设综合性数字化平台，实现传统文旅产业数字化运营。依托现有文化遗产、古镇等，结合当地文化推出一系列文化节目，丰富文旅供给模式，提高文旅品质。第三，打造地方特色品牌，塑造河南品牌形象。"老家河南"是河南长期宣传、重点突出的主体形象。结合河南实际特征积极创新，塑造"行走河南、读懂中国"品牌，推广"奇妙中原"主题游品牌，提升河南文旅全球标识度。第四，推进传统文化保护、传承和创新。深入挖掘黄河文化精神和内核，打造黄河历史文化地标。加强对河南省优秀传统文化的保护和传承工作，培养文化产业储备人才，推动传统文化的创新与发展。

（四）走出生态大省绿色发展的新路子

走绿色发展的道路，促进人与自然和谐共生是落实党的二十大精神、推进生态文明建设及促进生产生活方式绿色转型的必由之路。积极探索河南绿色发展道路，推进碳达峰碳中和目标早日实现，具体建议有以下几点。第一，提升黄河流域治理水平。坚持"四水四定"原则，全面推进黄河流域生态保护修复，提升恢复区域水源涵养功能。对沿黄流域企业严格把控，强化污染物排放监管。加强滩区堤岸防风固沙生态景观建设，稳定和扩大湿地保护面积，探索泥沙资源利用新模式。第二，壮大绿色低碳新兴产业。着力发展绿色新能源、节能环保以及资源可循环利用等新兴产业发展。加大对绿色低碳新兴产业的投入力度，建设绿色低碳产业创新平台。第三，持续改善生态环境质量。制订城市空气质量改善计划，对重点区域和行业治理加强检测和评估。统筹做好水环境保护、恢复和节约工作，加强饮用水规范化建设和生活污水处理设备改造升级。实施区域再生水循环利用试点，推进区域再生水循环利用。完善土壤环境质量评价，开展土壤污染成因分析，采取土壤修复措施。第四，强化生态空间一体化保护。优化区域生态空间格局，注重产业开发与生态保护建设同步进行，严格管控环境破坏及污染现象。设立生态保护红线，制定生态空间保护政策与规划，推动生态保护和经济运行协调发展，树立绿色低碳发展理念。

（五）走出内陆大省开放带动的新路子

对外开放一直是我国推动经济高质量发展的重要法宝，面对新发展格局，河南省作为内陆大省，立足省情实际与新形势融合，走出内陆大省开放带动的新路子，为建设现代化强国贡献河南力量，具体建议有以下几点。第一，以制度开放作为引领。积极主动对标高标准国际规则，加强市场间连接，适应国际间竞争与合作，进一步放宽市场准入限制，增加国际间合作机会，加强人才之间的沟通与交流。第二，建设一流营商环境。加快放管服改革，简化行政审批流程，提供优质公共服务，降低企业办事成本和时间。保障市场主体的合法权益，促进市场公平竞争。第三，加快培育开放型市场主体。通过建立健全市场准入制度，消除壁垒和限制，为各类市场主体提供公平竞争的机会，确保市场的竞争秩序和有序运营。发挥企业市场主体的作用，通过营造更加开放、公平的市场环境，激发企业活力，培育敢闯敢拼的开放型市场主体。第四，加快拓展国际经贸合作圈。积极参与区域贸易协定的谈判，建设更加开放包容的自贸区，促进贸易自由化。积极拓展面向全球的开放型合作渠道，抓紧 RCEP 带来的发展机遇，积极开展对外合作。在深化郑州—卢森堡"双枢纽"合作、拓展中欧班列

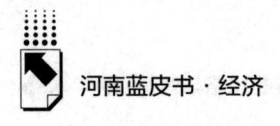

国际物流通道的同时，加快发展与东盟、中亚、日韩等的经贸合作，持续拓展开放合作空间。

参考文献

李庚香主编《中国式现代化的河南实践》，社会科学文献出版社，2023。

《2022年河南省国民经济和社会发展统计公报》，河南省人民政府网站，2023年3月23日，https：//www.henan.gov.cn/2023/03-23/2711897.html。

《河南省人民政府关于印发河南省国民经济和社会发展第十四个五年规划和二〇三五年远景目标纲要的通知》，河南省人民政府网站，2021年4月13日，https：//www.henan.gov.cn/2021/04-13/2124914.html。

B.13
河南以扩大消费稳经济的思路与路径研究

王摇橹[*]

摘　要： 消费不仅是驱动经济增长的重要引擎和畅通国内大循环的关键环节，也是更好满足人民日益增长的美好生活需要的有力之举。河南应坚持把恢复和扩大消费摆在优先位置，以稳定大宗消费、优化服务消费、培育新型消费、促进农村消费为主要着力点，聚焦制约消费潜力释放的主要问题，从促进收入增长、优化消费环境、完善体制机制、强化金融支撑、完善消费设施等方面，多措并举、精准施策，增强消费能力、提升消费意愿、提振消费信心，以扩大消费来稳定经济基本盘，增强高质量发展持久动力。

关键词： 扩大消费　稳经济　河南省

消费是驱动经济增长的重要引擎和畅通国内大循环的关键环节，近年来消费对经济发展的基础性作用持续强化，已经成为我国经济增长的主要拉动力。党的二十大报告指出了增强消费对经济发展的基础性作用，中央经济工作会议提出要着力扩大国内需求，把恢复和扩大消费摆在优先位置。2023年以来，河南出台一系列稳增长、促消费政策举措，消费市场持续走强，1~8月河南省社会消费品零售总额增速为5.0%，较疫情前的2019年同期下降了5.4个百分点，消费复苏仍不及预期，消费潜力有待进一步释放。当

---

[*] 王摇橹，河南省社会科学院经济研究所科研人员，主要研究方向为区域经济。

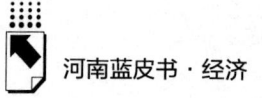

前，河南应以更加积极有效的政策措施扩大消费，巩固消费在稳经济中的"压舱石"作用，增强高质量发展持久动力。

一 河南省以扩大消费稳经济的重要意义

（一）扩大消费是当前恢复和扩大需求的关键所在

当前，总需求不足已经成为我国经济运行面临的突出问题，恢复和扩大需求是经济持续回升向好的关键所在。消费、投资和出口是拉动国民经济增长的"三驾马车"。在出口方面，受世界经济调整影响，外部需求扩张明显放缓，出口面临较大压力，且随着全球产业链供应链加速重构，出口也将受到更长期的结构性因素影响。在投资方面，当前我国基建投资空间逐渐缩窄，房地产行业在"房住不炒"大背景下进入相对平稳的发展阶段，很多产业处于深度转型期，盲目扩大投资可能引发进一步产能过剩，依靠投资稳增长的压力增大。在此背景下，消费就成为拉动经济增长的关键引擎。近年来，我国最终消费支出对国内生产总值增长贡献率稳步提升，成为需求侧的第一动力，但因疫情影响，消费场景受限，人们被动减少消费，随着扩大内需战略的实施，2023年上半年内需对我国经济增长的贡献率达110.8%，其中最终消费贡献率达77.2%，消费主动力作用日益增强。消费不仅是当期的需求，而且还能带动投资需求，优化投资结构，形成扩大内需的强劲合力，对稳定经济增长具有重要意义。在外需减弱、民间投资低迷和产能相对过剩的背景下，消费的重要性进一步凸显，扩大消费成为扩大需求、推动经济企稳回升的主要动力。

（二）扩大消费是畅通国民经济循环的重要引擎

生产、分配、流通以及消费是社会再生产的四大环节，再生产过程也是经济循环发展的过程。从生产连续性看，消费环节既是国民经济循环的终点，也是下一次循环的起始，消费带动生产，生产的价值通过消费才能实现。2020年，我国提出构建国内大循环为主体、国内国际双循环相互促进的新发展格局，其关键就在于打通经济循环各环节梗阻。在消费环节，从消费意愿看，居民收入增速放缓制约消费能力提高，就业压力加大导致收入预期不稳，叠加人口老龄化程度加深等因素，居民部门消费倾向整体偏弱，消费信心相对不足；从消费结构看，产品档次、质量尚不能完全适应消费升级的需要，消费层次有待进一步提升；从消费环境看，消费场景不够完善，特别是农村消费环境有待提升，居民消费潜力有待进一步释放，这些问题在一定程度上阻碍了国内经济循环的通畅平顺。河南是人口大省，户籍人口全国第一、常住人口全国第三，中等收入群体有2200多万人，拥有庞大的消费市场容量和潜力，积极扩大消费，将人口规模优势转化成规模市场优势，不断迭代出新生的、丰富的、高层次的消费需求，可以牵引带动其他环节，促进供需循环，形成更高水平的供需动态平衡，为河南人口大省高质量发展提供充分的发展机会与条件，也有利于化解外部冲击和外需下降带来的影响，实现国民经济良性循环。

（三）扩大消费是促进消费产业双升级的内在动力

居民消费需求引导生产发展方向，扩大消费是激活企业转型升级的内生动力和产业升级的强大驱动力，在市场供求关系影响下，企业生产最终由消费决定，消费需求总量不足，将导致企业利润降低，企业生产积极性下降，新产品技术研发和服务创新也相应减少；反之，扩大消费带来的市场需求规模变动将加速消费结构优化升级，围绕消费升级所释放出来的需求将引导或倒逼生产者加大研发投入和技术创新，改进管理模式和服务理念，加快产品升级换代，促进产业升级。而产业升级又为进一步扩大消费提供了物质基础，两者形成良性互动，促进消费和产业"双升级"。目前，河南省消费品仍然存在同质化、低端化问题，产业的发展没有跟上消费升级的步伐，高端产品和高端服务供给不足，全面促进消费、加快消费提质升级，有助于引导产业转型升级，实现消费扩张与产业提质互促共进，推动经济高质量发展。

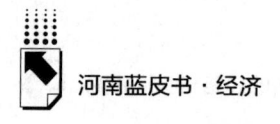

（四）扩大消费是满足人民对美好生活向往的现实需要

消费一头连着生产，是经济发展的基本动力，另一头关系民生福祉，是满足人民日益增长的美好生活需要的必然途径。只有消费提升，城乡居民的获得感和幸福感才能提升。一方面，扩大消费能够提升消费者的生活品质。随着人民生活水平提高，居民消费也逐渐从基本的吃穿消费向发展型和享受型消费倾斜，从实物消费向精神文化、健康教育、旅游休闲等服务消费转变，消费理念也更加追求绿色、环保、质量。从居民实际需求出发，持续扩大消费，满足人们个性化、智能化和多样化的消费需求，既符合当前消费新趋势、新特征和新要求，也能增强居民的获得感和幸福感。另一方面，数字经济背景下，互联网的普及和数字技术的广泛应用催生了许多消费新业态、新模式，对激活消费市场和带动扩大就业起到了重要的作用，尤其是疫情后场景化的直播带货，促进了就业渠道与就业机会的增加。消费的增加将推动以消费升级为导向的基础设施投资和产业链投资，带动相关产业链上下游的就业岗位，扩大就业容量，改善就业形势，提高居民的收入水平和预期信心，实现经济社会发展互促共进。

二 河南省以扩大消费稳经济的基本考量

（一）坚持从需求端和供给端共同发力

目前我国消费结构呈现传统消费供给相对过剩，服务消费、新型消费等潜力较大的特征，高质量产品和服务供给的不足导致消费潜力没有完全释放，对消费增长形成了制约。因此，扩大消费应将实施扩大内需战略同深化供给侧结构性改革相结合，在需求端，促进居民收入增长，扩大中等收入群体，提升消费能力，稳定消费预期，在供给端，加大优质产品和服务供给，鼓励技术创新应用和新业态新模式的发展，通过新供给创造新需求，新需求牵引新供给，挖掘消费潜力，拓展消费空间。

（二）坚持有效市场和有为政府相结合

扩大消费既需要市场机制的有效发挥，也需要有为政府的适度引导。一方面，要充分发挥市场在资源配置中的决定性作用，通过市场自由竞争促进技术进步，引导企业以市场需求为导向不断推陈出新，满足消费需求，并通过市场的优胜劣汰推动消费品质提升和消费结构的升级；另一方面，又要更好发挥政府作用，通过实行促消费政策、缩小收入差距、优化消费环境以及对居民消费理念的引导，增强居民消费信心，推动消费扩容升级。

（三）坚持短期促进与中长期改革并重

扩大消费应坚持把短期政策措施和长期目标紧密结合起来，在短期内，要以发放消费券、加大现金补贴等"针灸"式政策来提高居民购买力，缓解消费能力不足和信心疲弱问题，激活消费带动生产的内循环活力，但考虑到部分地方政府财政已经面临较大压力，促消费政策的财政支出将进一步加大财政困难，要从根本上解决消费不振的问题，还应着眼长远，以中长期的改革作为治本之策，建立和完善扩大民众消费的长效机制，破除体制机制障碍，形成消费可持续增长的动力机制，更好地扩大消费并保持其可持续性。

三 河南省以扩大消费稳经济的发力点

河南省以扩大消费稳经济，应以促进消费升级和潜力释放为主线，以提振大宗消费、优化服务消费、培育新型消费、挖掘农村消费为主要着力点，全面激活消费潜力，推动消费提质升级，稳定居民消费增长。

（一）提振大宗消费

大宗消费涉及领域多、上下游链条长、规模体量大，提振大宗消费，不仅能够稳住消费增长的基本盘，还能以消费升级带动产业升级，为相关产业健康发展提供坚实支撑。一是要稳定和扩大汽车消费。进一步支持新能源汽车消费，加快公共领域车辆绿色替代，积极支持充电设施建设，引导充电桩运营企业适当下调充电服务费。扩大二手车流通，畅通汽车报废更新，有条件地区鼓励以旧换新。立足城乡不同消费群体需求，深挖细分消费市场，鼓励企业加大高端化、定制化产品供给，促进汽车更新消费，推动新能源汽车下乡活动，鼓励企业开发更多乡村地区适用车型。改善和提升汽车使用环境，加大停车设施建设力度，创新推动停车资源共享，加大汽车消费信贷支持。二是完善优化房地产政策，挖掘有效住房需求潜力。通过降低首付比例、降低房贷利率、提高公积金贷款额度等方式，更好满足刚性和改善性住房需求，加大保障性住房建设和供给，支持青年人才、新市民住房需求，积极发展公租房、长租房等住房租赁市场，支持规模化、专业化、品牌化住房租赁企业发展，促进租房消费升级。三是促进家电家居消费升级。当前消费者对绿色化、智能化方面的需求成为推动大宗消费增长的重要动能，因此应鼓励家电、手机等电子产品消费"以旧换新"，积极引导消费者更换老旧家电、高能耗家电，释放消费者置换需求。顺应家居消费绿色化、智能化、适老化、定制化趋势，鼓励室内全智能装配一体化，支持家居适老化改造，提升家居智能化绿色化水平。加快推动供给端技术创新和电子产品升级换代，促进智能家居和可穿戴设备等电子产品互联互通，打造电子产品消费新场景。

（二）优化服务消费

随着新型城镇化持续推进、居民收入增长和中等收入群体规模扩大，居民对文化旅游、餐饮住宿、健康服务、养老托育等服务消费需求不断增加，服务消费在消费中的占比稳步提升，服务消费潜力大、空间广阔，已经成为释放消费潜力的重要力量。服务消费的特征很大程度上取决于消费群体的特质，进一步扩大和推动服务消费供给优化，应关注不同群体多样化、多层次、个性化的消费需求。一是推进特色文旅消费。大力发展周边游、乡村游、夜间游，打造融自然、文化、红色资源等为一体的旅游精品线路，推出"高铁+旅游""酒店+景区"等旅游产品，持续提升"老家河南"品牌影响力。与相邻区域和省份开展"资源共享、特色互补、游客互换"行动。促进假日消费，鼓励景区结合实际实施一票多次多日使用制。落实带薪年休假制度，鼓励错峰休假、弹性休息，促进文旅消费。二是扩大餐饮服务消费。支持豫菜宣传推广，加快豫菜品质提升，鼓励老字号企业拓展市场。延长餐饮场所营业时间，开展餐饮促消费活动，挖掘预制菜市场潜力，提升餐饮质量和配送标准化水平。三是优化健康养老服务消费。加强基本医疗卫生服务，发展"互联网+医疗健康"，优化调整医保个人账户活化使用条件，提升健康服务消费。优化养老服务消费环境，增加养老服务有效供给，加快推进婴幼儿照护服务发展。鼓励和支持延长服务消费链条，促进文化体育、休闲娱乐、养老等领域服务消费与商品消费联动发展。

（三）培育新型消费

新型消费是扩大消费以拉动经济增长的重要手段。相比传统消费，新型消费的一大特征是智能化和数字化，以互联网、大数据、人工智能等为代表的新一代数字技术打破了供需双方的信息不对称，通过提高交易效率、丰富应用场景、改善消费体验，既能引导供给和需求的精准智能匹配，也能通过数字技术与各行业实现跨界融合，不断创新消费新业态、新模式，打造全新的消费领域。新型消费契合了我国消费向发展型、享受型和品质型转化升级的趋势，逐渐成为社会生活消费形式的主流，有助于释放巨大的消费潜力。一是要壮大数字消费。随着现代信息技术的加速迭代，以及与更多消费领域的融合应用，将推动数字消费进一步发展形成巨大市场规模。要加快线上与线下、业态与场景的融合发展，培育消费新业态新模式，壮大"互联网+服务"模式，促进多种消费业态融合，构建营造"沉浸式、体验式、互动式"多样化的消费新场景。加快传统消费数字化转型，推动实体零售企业加快数字化、智能化改造，发展"云逛街""宅消费"模式，增强消费者临场感，增强居民消费欲望。培育数字商圈和直播电商基地，促进直播电商发展。二是要推广绿色消费。绿色消费方式正在逐渐成为越来越多消费者的自主选择，也是确保我国实现"双碳"目标的重要措施。要增加绿色建材、新能源汽车、节能产品等绿色产品供给，创建绿色商场、绿色饭店等主体，加强低碳生活方式和绿色消费宣传教育，广泛开展节约型机关、绿色社区、绿色出行等创建行动。探索绿色回收模式，大力推行"互联网+回收"模式。

（四）挖掘农村消费

农村消费是消费的重要组成部分，在稳增长、扩内需、惠民生中发挥着重要的基础性作用，也是形成国内大循环的重要基础。河南是农业大省，农村人口规模巨大，2022年末全省常住人口有9872万人，其中乡村常住人口有4239万人，随着农民收入持续增长，农村消费加快升级，农村消费市场潜力巨大，但是目前农村消费仍存在短板，商品消费的流通成本相对较高，服务消费供给相对缺乏，消费环境也有待完善，总体消费水平相对较低，消费潜力还没有完全挖掘出来，促进农村消费，激发农村消费市场活力，有助于缩小城乡、区域间消费差距，形成多层次的消费市场与供给体系，夯实稳增长的基础。一是要强化优质产品和服务供给，提供更多适合农村消费特点的优质商品和服务，开展新能源汽车、绿色智能家电、绿色建材下乡，推动农村大宗商品消费更新换代，满足农村不断升级的消费需求。二是要从农产品供给、农产品流通和农产品电商三方面入手，充分发掘农村资源禀赋和特点潜力，引导农村传统庙会、集市活动规范进行，扩大农产品销售渠道，实施"互联网+"农产品出村进城工程，发展农村电子商务，畅通农村物流，鼓励特色产品进城，承接更多城镇消费需求，增加农村居民收入，促进农民增收与消费提质形成良性循环。三是发挥乡村旅游"一业兴、百业旺"的带动作用，盘活和挖掘乡村文旅资源，把发展乡村旅游与推进美丽乡村建设有机融合，推动乡村旅游、民俗、特色文化、休闲农业等服务产业融合发展，打造文化特色突出的民宿集群，推动乡村旅游高质量发展，丰富农村消费市场。

四　河南省以扩大消费稳经济的实现路径

（一）促进收入增长，提升居民消费能力

一是稳定和扩大就业，提高居民收入。就业和收入是影响居民消费的重要因素，居民消费能力直接取决于收入水平的高低。将就业摆在更加突出的位置，高质量推进"人人持证、技能河南"建设，大力开展职业技能培训，落实就业优先政策，加强就业兜底帮扶，稳定收入预期。优化收入分配结构，缩小收入分配差距，健全工资合理增长机制，完善低收入群体增收帮扶机制，通过深化农村土地产权制度改革、丰富居民可投资金融产品等，多渠道增加城乡居民财产性收入，扩大中等收入群体，提升居民消费能力。二是支持企业稳岗用工。支持就业容量大的服务业和中小微企业、个体工商户发展，继续优化完善助企纾困政策，加大财税政策的广泛性和有效性，创造良好的营商环境，鼓励创业带动就业，提振民营企业和企业家信心，激发经营主体活力，创造和扩大就业岗位，进一步稳定消费预期，提振消费信心。三是提升社会保障水平。实施财税支持政策，增加在社会保障方面的资金投入，扩大公共服务支出，更好地满足部分居民尤其是中低收入群体在养老、就医、教育等方面的需求，补齐社会保障短板，消除居民在民生方面的后顾之忧，从而降低预防性储蓄，促使居民"敢消费"。

（二）优化消费环境，持续提振消费信心

营造放心消费环境是扩大消费的重要支撑。一是加强法律和制度建设。不断完善法规机制，健全消费标准体系，强化消费信用体系建设，健全消费后评价制度，夯实消费环境制度基础。密切跟进新消费业态发展引发的新法律和制度问题，及时出台规范指引和开展行政指导。建立健全诚信经营制度，加强行业自律。二是加强消费领域执法监管。加强消费者权益保护，加大质量安全监管力度，依法打击虚假宣传、哄抬价格、价格炒作、制假售

假等行为，畅通消费者反馈渠道，加大消费投诉公示力度和对侵害消费者权益行为的惩处力度，倒逼商品和服务经营者提高质量和服务水平，净化市场消费环境，提升居民消费满意度。创新监管机制，加强跨地区、跨部门、跨行业协同监管，切实提高监管效率。三是全面开展放心消费行动，增强消费者获得感。开展放心消费示范创建活动，打造一批区域品牌，拉动城乡消费。引导各地方、行业协会、企业组织围绕夜间消费、美食消费、大宗消费等主题，策划举办促消费活动，力争"季季有主题、月月有活动、周周有场景"，营造浓厚消费氛围，促进供需对接，激发消费活力。开展消费宣传教育和引导，合理引导社会消费预期，培育健康、理性、绿色的消费理念。

（三）完善体制机制，释放居民消费潜力

持续深化消费领域体制机制改革，有序破除制约消费扩大和升级的深层次障碍和隐性壁垒，持续完善促进消费长效机制。一是降低服务业准入门槛，加快服务业市场开放。全面实施市场准入负面清单制度，按照"非禁即准"原则，放宽服务消费市场准入门槛，简化行政审批流程，继续深化"放管服"改革和包容审慎监管，引导社会资本参与文化、旅游、教育、养老、健康等服务消费领域，破除行业垄断和地方保护，维护市场公平竞争，激发社会创造动力。二是高质量推动重点领域服务标准建设。加快特色产品地方标准制定或修订，完善重点消费领域服务标准。开展产品和服务质量监测，实施服务标准准入制，提高服务供给质量。大力开展高端品质认证，推动品牌建设。三是加强消费领域统计监测。推动消费领域大数据应用，探索建立消费动态大数据监测平台系统，完善重点领域服务消费统计监测制度，实时全面掌握消费动态。四是完善消费领域信用信息共享共用机制。依托全国信用信息共享平台等对侵害消费者权益行为进行在线披露，健全信用信息公开制度，完善重点服务消费领域企业信用记录和人员档案数据库。完善守信激励和失信惩戒机制，实施黑白名单管理，对守信和失信信用主体实施分级分类管理。建立健全产品和服务消费后评价体系，完善消费者维权机制、

消费争议多元化解机制、在线消费纠纷解决机制等,引导企业诚信服务、规范经营。

(四)强化金融支撑,激发居民消费活力

充分发挥金融对消费的促进与撬动作用,引导金融机构在风险可控的前提下,适当下调信贷产品利率,增加授信额度,延长授信期限,并根据不同收入和类型的消费群体需求偏好,为居民精准提供适当、有效的消费金融服务,降低消费贷款服务成本,提高居民消费灵活性和便利性。针对低收入群体和新市民群体,聚焦消费金融可得性,提供普惠性消费金融支持,实现消费扩容;针对中高收入群体,重点聚焦多样化、个性化新消费场景,开发适配的消费金融服务模式和产品,挖掘高收入人群消费潜力。积极创新线上化、特色化消费金融产品和服务,提高对住宿餐饮、文化旅游、体育健康、养老托育、家政服务等与日常消费密切相关的领域的金融支持和服务,促进行业健康发展,满足人民对多样化、高品质消费的需求,提升消费者的消费体验。同时,健全征信体系,准确定位居民消费能力和信用水平,加强消费信贷用途和流向监管,防范金融风险。

(五)完善消费设施,创造良好消费条件

一是加强平台载体建设。推进多层级消费中心梯次发展,支持郑州、洛阳市建设国际消费中心城市,开封、安阳、南阳、商丘等建设区域消费中心城市,建设省内特色消费中心,形成区域消费联动发展新格局。提升城市商业体系,推进步行街和特色商业街区改造提升,开展"智慧商圈""智慧商店"示范创建,更好满足多样化消费需求。加快建设"一刻钟便民生活圈",提升居民日常生活便利度。完善流通体系,支持和鼓励商贸物流企业做大做强,完善城市配送体系,提升城市消费能级。加强社区便民服务,合理布局养老、托育等便民生活服务业态,推进完整社区建设。二是加快补齐县域商业发展短板弱项。聚焦农村商业基础设施不完善、物流体系不通畅等问题,综合使用土地、金融、财政、税收等多种保障措施,补齐村级商业设

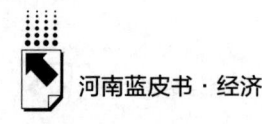

施短板，提档升级城区商业设施。开展"快递进村"攻坚行动，引导大型商贸流通和物流配送龙头企业下沉区县和乡镇，畅通农村寄递物流"最后一公里"问题。推进农批市场、农贸市场和菜市场标准化、规范化、智慧化改造升级，健全农产品流通网络。补齐农产品仓储保鲜冷链物流设施短板，提高城乡冷链设施网络覆盖水平。三是落实消费基础设施建设支持政策，加强新型消费基础设施建设，充分利用地方政府专项债券和基础设施领域不动产投资信托基金（REITs）支持消费基础设施建设，优先支持有助于保障民生的社区商业项目和促进消费升级的智慧商圈等项目，保障改善消费条件、创新消费场景等项目合理用地需求。

参考文献

王昌林：《把恢复和扩大消费摆在优先位置》，《光明日报》2023年8月18日。
张学勇：《充分释放居民消费潜力》，《经济日报》2023年9月14日。
王永贵、孙豪：《增强高质量发展持久动力》，《经济日报》2023年8月31日。
张颖熙：《加快服务消费扩容提质增效》，《经济日报》2023年8月31日。

B.14 河南以扩大有效投资稳经济的对策建议

汪萌萌*

摘　要： 现阶段，扩大有效投资是河南释放内需潜力的重要抓手，也是推动经济运行整体好转、实现质的有效提升和量的合理增长的有效路径，具有重要的现实意义。河南扩大有效投资拥有雄厚的物质基础和有利条件，同时也面临市场需求收缩、要素制约趋紧、投资环境亟待改善、投资效率相对较低等问题和挑战。要坚持系统思维、综合施策，紧紧抓住完善项目管理、强化要素保障、突出重点领域和夯实基础建设等着力点，以更多有效投资促进经济增长，释放发展潜能，推动全省经济稳定恢复、持续向好。

关键词： 河南　扩大有效投资　稳增长

扩大有效投资是河南当前宏观政策的重要发力点，对稳经济、强动力、促转型具有关键作用。要深刻认识扩大有效投资的重大意义，积极防范投资的潜在问题和风险，持续完善扩大投资机制，着力提高投资效率、激发投资潜力、开拓投资空间，以有效投资拉动经济增长，确保全省经济在合理区间运行。

一　有效投资对于稳住河南经济大盘的重要意义

（一）是河南经济扩内需、优供给的必然选择

扩内需和优供给有机结合是河南有效应对环境变化、增强发展主动性的

---

* 汪萌萌，河南省社会科学院经济研究所科研人员，主要研究方向为区域经济。

主动选择。当前河南经济增长模式已由单纯依赖投资拉动向消费拉动为主导转变，随着需求结构的变化和升级，人们对产品品质、质量和性能的要求明显提高，多样化、个性化和高端化的需求与日俱增。同时总需求不足、供给不优是河南经济运行面临的突出矛盾，也是市场主体感受最为直接的困难。作为稳增长、扩内需的"三驾马车"之一，投资和消费、出口相比，乘数效应高、确定性和可把握性强，扩大有效投资一方面可以在短期内扩大内需规模，并通过乘数效应直接带动就业和消费，促进国民经济良性循环；另一方面可以减少低端和无效供给，提升供给体系质量和效率，提高潜在生产能力、优化总供给。因此，扩大有效投资从扩大当期需求和优化供给两个方面共同发力，有助于提振有效供给，弥合需求和供给之间的新缺口，推动经济运行整体好转，实现质的有效提升和量的合理增长。

（二）是河南经济补短板、扬优势的关键举措

通过扩大有效投资加速补短板和固优势协同推进是河南经济有效解决发展不平衡不充分问题的必然选择。近年来，河南全面贯彻落实习近平总书记重要指示精神，着力固根基、扬优势、补短板、强弱项，中原出彩的基础更加坚实。同时应看到，河南经济在稳的基础上向高质量发展阶段迈进的过程中也面临不少挑战。一方面，河南关键核心技术和零部件还存在薄弱环节，产业链前端、前沿科技、拥有的关键核心技术等存在不足；区域、城乡间发展差距依然存在，部分地方义务教育、全面医疗、社会养老、绿色环保等公共服务投入不足，农业农村产业弱、环境差、人口流失的状况尚未根本改变。另一方面，新时代河南国内外发展环境和条件发生深刻变化，面临标兵渐远、追兵渐近的局面，对进一步提高投资质量和效益提出了新的更高要求。河南现代化建设过程中的短板、弱项亟须通过有效投资加以补足，区位、产业、市场和资源等传统优势亟待通过有效投资加以强化。河南要坚持系统思维、以质取胜，把投资用在最需要、最紧迫、最掣肘的领域，加速布局新赛道、巩固提升传统优势、培育强化新优势，更要以全局视野、创新思维，激活存量、扩大增量、优化常量、抓好变量，实现固根基、扬优势、补

短板、强弱项，不断提高投资的经济和社会效益，推动经济向更高轨道跃升，为高质量发展蓄势赋能。

（三）是河南经济促转型、提质量的内在要求

扩大有效投资是河南立足当前稳增长调结构的有力抓手，更是着眼长远厚植高质量发展优势的战略决策。近年来，河南省持续推动绿色低碳转型和智能制造战略，出台了一系列政策文件，提出了若干落实措施，推动经济数字化、绿色化发展落地见效。同时，经济增长乏力、创新能力不足和高端人才缺乏等问题在一定程度上阻碍了全省转型发展的步伐。一方面，全省数字化产业体系不完善、数字化人才短缺、数字化基础设施落后、数字化应用场景不活跃等问题突出；另一方面，外部发展环境动荡、市场竞争激烈、产能过剩等抑制了潜在的经济动力。另外，产业结构偏重，能源结构偏煤、污染防控压力较大的发展特点也给河南推动经济转型升级带来诸多挑战。适时提出并实施扩大有效投资，在满足当前全省经济稳定健康发展的现实需要的同时，也为今后一段时期河南高质量推进现代化建设奠定了坚实的基础支撑。因此，河南要千方百计扩大有效投资，聚焦基础设施、信息技术、高端装备、绿色低碳、能源建设、技术改造、现代农业、民生保障等重点方向和领域，持续扩大有效投资。以有效、精准投资牵引和推动经济数字化、绿色化转型升级，促进全省高质量发展实现新突破，更好助力现代化建设的河南实践。

（四）是河南经济防风险、惠民生的迫切需要

扩大有效投资是推动解决河南安全稳定突出问题的具体行动，是助推现代化建设全面发展的有效途径。当前，百年变局加速演进，外部环境不确定性加大，河南省经济发展既面临需求收缩、供给冲击、预期转弱的三重宏观形势压力，也面临标兵渐远、追兵渐进的区域竞争挑战。稳经济促发展面临一系列突出问题和风险，比如内需增长乏力，内生增长动力不足，产业链供应链运行中的卡点、堵点仍然较多，粮食、能源、重要产业链供应链安全压

力较大，房地产市场的深度调整并未结束，企业融资成本依然居高不下。因此，加大对具备"发展+安全+惠民"属性相关领域的有效投资刻不容缓，着力扩大有效投资，不仅能兼具短期稳增长、长期增活力的政策目标，也能兼顾惠及民生、保障安全的预期效果。因此，必须把扩大有效投资放在经济社会发展的突出位置，把关键环节、核心技术以及基础材料等牢牢掌握在自己手里，才能有效规避或减少"脱钩断链"、产业外迁等风险，奋力书写经济社会平安稳定的"河南答卷"。

二 河南以扩大有效投资稳经济的现实基础

（一）有效投资平稳增长，重大项目带动有力

一是重点领域持续恢复，重大项目带动明显。数据显示，2023年1~8月，河南省亿元及以上项目完成投资同比增长10.6%，比1~7月加快0.7个百分点，其中10亿元及以上项目完成投资增长26.9%。郑州比亚迪、洛阳百万吨乙烯、宁德时代等重大项目顺利推进。二是工业投资力度加大。2023年1~8月，河南省工业投资增长7.0%，比1~7月加快0.3个百分点，其中高技术制造业投资增长23.7%，比1~7月加快1.4个百分点；工业技改投资增长12.4%，比1~7月加快2.5个百分点。三是基础设施投资有所加快。2023年1~8月，河南省基础设施投资增长5.8%，比1~7月加快2.1个百分点。四是社会领域投资加快增长。2023年1~8月，河南省社会领域投资增长9.2%，比上月加快2.5个百分点，其中教育、卫生投资分别增长25.0%、13.0%。

（二）要素保障更加坚实，投资落地惠利长远

一是金融支持不断加强。截至2023年2月底，河南推送制造业中长期贷款国家过审项目8252个、签约项目1922个、投放项目1570个，三项数据均居全国首位。推动21家全国性银行和河南省3家地方法人银行投放贷款422亿元，带动全省制造业中长期贷款增速达到21.4%，对稳经济大盘发

挥了重要支撑作用。二是政策保障更加有力。在全面贯彻国家发布的《关于进一步优化外商投资环境 加大吸引外商投资力度的意见》《关于进一步盘活存量资产扩大有效投资的意见》《关于进一步抓好抓实促进民间投资工作努力调动民间投资积极性的通知》《关于进一步完善政策环境加大力度支持民间投资发展的意见》等一系列政策措施的基础上，河南省委、省政府切实把扩大有效投资放在当前扩内需、调结构、稳经济工作的突出位置，全力拼经济，出台了一系列政策支持措施，包括《河南省扩大有效投资十条措施》《关于进一步优化政策环境加大力度支持民间投资发展的若干政策措施》《河南省政府投资管理办法》等政策文件，为下一步优化投资环境、强化要素保障、激发市场活力、提升投资效率等提供了强大的政策支撑。三是投资领域惠利长远。从重点支持建设的领域来看，防洪减排、绿色能源、租赁住房、水电气热等市政设施，绿色低碳、智慧物流、文化旅游等新型基础设施，在短期内既有利于提升投资效率、扩大就业、提高居民收入，又有利于优化供给结构，为长期经济可持续发展和提高人民生活水平奠定坚实的基础。另外，河南各县市紧紧盯住长期经济社会发展战略方向和现实需求，全力推进建设项目加速落地。比如，郑州比亚迪一期工程建成后，新能源汽车年产能可达百万辆。洛阳市聚焦基础设施建设、产业转型发展、民生和社会事业改善等领域，实现总投资100亿元以上项目22个，总投资50亿~100亿元的项目53个。

（三）市场需求恢复增长，投资信心稳步增强

一是内需市场持续扩大。2023年第一季度，河南全省社会消费品零售总额同比增长8.2%，呈现快速复苏态势。在市场主体方面，2022年11月底，河南全省市场主体达1024.5万户，成为继广东、山东、江苏之后第四个市场主体总量突破1000万户的省份。二是消费潜力不断释放。2023年1~8月，河南省社会消费品零售总额同比增长5.0%，比上月加快2.9个百分点。消费升级态势持续显现，新能源汽车市场占有率持续提升，2023年上半年全省限额以上单位新能源汽车零售额占汽车类商品零售额的比重达21.9%，

比上年同期提高11.6个百分点。三是投资预期和信心加快修复提升。稳经济政策加速生效，企业成本费用预计将进一步降低，投资能力将继续提升。截至2023年6月末，河南省的本外币存款余额为10.04万亿元，同比增长10.3%，同期河南省的本外币贷款余额为8.13万亿元，同比增长9.5%。关键指标的明显回升表明市场预期正加快改善，投融资需求回升支撑有力。

（四）投资领域更加精准，投资结构不断优化

一是资金投向精准有效。2023年以来，河南全面贯彻落实党中央、国务院各项扩大有效投资决策部署，遵循"十四五"规划的相关政策指引统筹规划各项重大工程，聚焦主责主业，重点解决影响经济社会发展的大事难事急事，投资方向更加聚焦、明确。比如，地方政府专项债券支持范围逐步扩大、可用作项目资本金的使用对象更加广泛，并且更多向惠当前、利长远重点领域倾斜；科学设计政策性开发性金融工具，主要集中支持全省的8大类23个领域的基础设施项目。二是新基建投资稳步增长。数据显示，2023年以来河南基础设施、社会事业领域投资持续快速增长，三产投资比重明显提高。装备制造、信息通信等高成长性制造业投资占工业投资比重较快提升，二产投资结构持续优化。三是制造业升级发展态势明显。2023年上半年，河南省高技术制造业投资占工业投资的比重达17.0%，比上年同期提高2.5个百分点；工业技改投资占工业投资的比重达20.0%，比上年同期提高0.4个百分点；高技术制造业增加值占规上工业的比重为12.7%，比上年同期提高1.0个百分点。

三 河南以扩大有效投资稳经济面临的突出短板和主要问题

（一）需求恢复相对缓慢

新时代河南发展呈现新的阶段性特征，面临新的机遇和挑战，正处于战

略叠加的机遇期、蓄势跃升的突破期、调整转型的攻坚期、风险挑战的凸显期，经济发展总体仍面临需求不足、预期不稳等问题。企业经营显著承压、居民消费意愿降低、储蓄意愿增强，投资需求收缩可能性增大。政府和社会资本合作模式推广速度较慢，实际效果有待进一步提升。房地产去库存压力依然很大。2022年12月末，商品房待售面积为2755.38万平方米，比11月末增加347.56万平方米。其中，住宅待售面积增加220.94万平方米。从数据上看，河南近年来土地出让面积明显下滑，房地产投资能否持续向好有待观察。

（二）资源要素制约趋紧

一是要素成本上升。近年来，人工、土地、环保、融资、能源等成本持续上涨，空气、水资源等环境压力不断增加，监督与管理成本迅速上升。2023年8月，河南工业生产者价格环比由降转涨，出厂价格和购进价格分别上涨0.3%和0.4%；同时，新一代产业革命加速演进、国际地缘政治冲突、美元升息增加通胀风险等进一步加剧了商品和资本市场的剧烈动荡，能源、农产品、工业原材料等大宗商品价格飙升，不断提高企业生产成本，持续挤压企业利润空间，极大地削弱了企业持续投资能力。二是实际融资成本上升。在市场价格水平比金融机构贷款加权平均利率下降幅度更大的背景下，贷转存款、贷转承兑、借款搭售等企业行为费用上升，商业担保、评估、公证等融资成本居高不下，对全省企业特别是中小企业以及民营企业后续投资能力造成较大影响。三是建设用地保障不足。当前项目建设中最突出的问题是存量建设用地紧缺，土地占补平衡指标少、征地拆迁难度大，影响了项目建设进度。四是隐性成本较高。有些地方仍然存在隐性乱收费现象，同一项目各地执行标准不一，所以造成企业税外费用增多，成本增加。另外，近年来基础设施建设规模较大，交通环境得到改善，但路桥收费站设得过多，价格偏高，也造成外资企业物流成本相对增高。

（三）投资环境亟待优化

一是审批程序复杂。随着中央和省市防风险各项工作的深入推进，争取项目支持变得较为困难。项目前期手续办理牵扯的部门多、环节多、时间周期长，各部门有各自的行业政策规定，特别是用地、环评各项前置硬性标准对项目的制约性加大，在一定程度上制约了项目落地。二是项目推进缓慢。项目建设对中央财政专项资金的依赖程度较高，由于财政债务政策收紧，部分政府性投资项目融资困难，致使一些大项目、好项目推进缓慢。三是政策落实棚架。部分地区部门和单位落实政策不到位，按需宣传，导致政策难以落实，削弱了相应的政策效果。

（四）投资低效问题凸显

一是存量资产利用率较低。固定资产投资经过多年的高速增长，存量多规模大，但是现有固定资产设备利用率不高，工业设备陈旧落后，闲置率过高等问题突出，说明投资的有效性有待提高。二是投资布局不合理。总的来看，河南固定资产投资规模和比重明显高于教育、文旅、科技创新等软件投资，不符合河南基础创新、优质教育资源和高端人才培养与全省产业转型升级的新要求；同时，相比投资的生产属性，投资的需求属性受到了前所未有的重视，对投资的可行性研究相对较少、流于形式，因而导致固定资产投资的空间、产业布局不合理。另外，投资的需求性和短期性，加大了投资的盲目性，一定程度上降低了投资的综合效益。三是投资主体职能不清。目前市场主体职能定位不清，政府性投资主导经营性建设领域，国有企业改革进展缓慢，民间投资活力不高。

四 对策建议

（一）突出优化项目管理，营造投资增长新环境

一是优化项目审批服务。完善重大项目联审联批工作机制，强化各审批系统与在线平台数据共享、互联互通，推进投资审批事项在线并联办理，大幅降低项目全流程审批时间。围绕开发区建设，积极推行"标准地+承诺

制"模式，全力实现"全承诺、拿地即开工"全覆盖。二是拓宽项目建设融资渠道，坚持"稳"的发展总基调，明确投资范围、精准投资导向，支持向满足消费需求、提升公共基础设施水平、推动农业农村高质量发展等投资领域倾斜。在积极争取申报中央预算内投资、地方政府债券资金的基础上，建立重大项目资金保障协调机制。围绕重点企业和重大项目，创新招商方式，增大省内外招商工作的实施力度。三是提高项目审批效率。持续推进政务服务科学化数字化转型，推广在线申报、审批、政策解答、评审等，更大幅度简化、整合投资项目报名、建档手续。根据不同项目类型设定相应的办结时限，鼓励采用容缺后补审批方式，最大限度减少项目申办单位跑办时间。搭建民间投资问题反映和解决渠道，建立民间投资工作调度评估机制。四是完善投资项目推进机制。强力推进"一项目一方案一专班一责任领导"的要求，通过多部门联合实地督查、联合办公、重点协调等方式，及时协调解决项目推进过程中遇到的难点堵点问题。

（二）加强资源要素配置，夯实投资增长新保障

一是全力拓展融资渠道。更好发挥政府的引导作用，鼓励金融部门设立建设资金，支持政府投融资公司做大做强，不断提升其科学精准服务功能。二是优化金融配套政策。完善线上、线下银企常态化对接跟踪服务机制，持续深入园区和企业调研，对调研中发现的招商项目用地、政策配套等问题和事项，联合相关市级部门逐一"过堂""体检"，加速推进、集中解决。三是全力做好资源保障。扩大国家用地保障范围，完善省级重大项目清单，统筹保障用地需求，实施差异化环保管控政策，确保符合条件的重大项目不间断施工。四是鼓励盘活现有资产。确保投资决策、投资领域、投资方向符合市场化配置资源的要求，鼓励链主企业通过兼并重组、产权转让等方式优化整合低效闲置资产，更好发挥基础设施领域不动产投资信托基金、政府产业引导基金等功能。五是健全重点项目保障机制。协调做好融资、土地、能源、人才等各类资源要素供给保障，尽快形成投资实物工作量，确保投资可投、能投、见效。

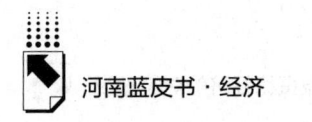

（三）聚焦重点领域"做乘法"，打造投资增长新引擎

一是改造提升传统制造业。聚焦高端化、智能化、绿色化方向，推动产业加速升级。一方面，要加大研发投入，鼓励企业加强自主研发，推动科技创新与产业融合；淘汰落后产能，支持战略性新兴产业、高附加值技术产业跨越式发展，培育壮大高附加值产业链。注重发展服务业、文化创意产业等，提升整体产业链的附加值水平。另一方面，加强与国际领先企业的合作，借鉴其先进管理经验和技术能力。积极参与国际规则制定和标准制定，提高在全球价值链中的话语权和影响力。大力推动教育体制改革，鼓励学生关注创新创业，培养跨学科的综合能力和创新思维，提高人才培养质量。二是扩大制造业、高新技术有效投资。扩大创新投入，强化自主创新能力支撑，促进关键核心技术攻关，加快新技术新产品产业化进程。聚焦高端材料、前沿技术装备、智能制造、新能源汽车、生物医药、农业机械装备等重点领域扩大有效投资。三是加大技改支持力度。推进以智能化升级、集群化发展、服务化延伸、绿色化转型、安全化管控等为主题的新一轮企业技术改造，鼓励相关企业探索、模仿、引进、创新和使用新技术、新工艺和新设备。四是突出重大项目支撑。实行重大项目月调度、白名单、定期核查三项制度，做实抓好"万人助万企"活动，营造良好项目建设环境。鼓励各级财政资金安排专项经费，支持重大项目开展前期论证和评估咨询。

（四）围绕基础建设"做加法"，强化投资增长新支撑

一是适度超前投资各类基础设施。加快交通物流、能源供给、水利管网、农业农村等网络型基础设施建设，强化电子信息、绿色低碳、智慧物流等产业升级基础设施建设。二是完善综合立体交通网络。统筹推进交通枢纽体系建设，统筹高速、公路、民航机场、普通干线公路、内河水运、铁路专用线、农村公路等各项工程加速推进，以南阳、信阳、周口等地为节点打通豫货出海新通道。三是加快重要能源设施建设。科学布局清洁能源外引通道建设，加快构建高效连通、坚强有力的电力网、管道网和煤炭运输网及储配

设施。推动煤电产业绿色低碳化转型升级，推进郑州地热供暖规模化利用示范区建设。四是构建高水平新基建体系。扩大5G基站规模，开展"双千兆""黄河云"建设，加快把郑州建设成为国家级互联网骨干直联点，推广智慧交通、智慧能源和智慧城市示范项目建设。大力支持省重点实验室和超短超强激光平台等省重大科技基础设施建设。

参考文献

完世伟：《牢牢把握扩大有效需求着力点》，《河南日报》2023年8月9日。

《河南省发展和改革委员会关于印发〈河南省扩大有效投资十条措施〉的通知》，河南省发展和改革委员会网站，2022年3月15日，http：//fgw.henan.gov.cn/2022/3-15/2414376.html。

胡美林：《抢抓机遇精准发力 扩大有效投资》，《河南日报》2023年3月21日。

夏巍巍：《扩大有效投资拉动经济增长》，《河南日报》2022年6月5日。

《河南省人民政府关于印发河南省国民经济和社会发展第十四个五年规划和二〇三五年远景目标纲要的通知》，河南省人民政府网站，2021年4月13日，https：//www.henan.gov.cn/2021/04-13/2124914.html。

B.15 郑州国际消费中心城市建设的思考及建议

高璇[*]

摘　要： 当前，建设国际消费中心城市已成为新一轮城市竞争的"新赛道"。作为国家中心城市和中原城市群核心城市，河南省会郑州拥有明显的底蕴优势、流量优势、辐射优势、集聚优势、环境优势等，这为郑州建设国际消费中心城市提供了可能。但同时也应看到，郑州在推动国际消费中心城市建设中还面临着文商旅融合不够、国际化发展不够、品质化程度不够、体系化打造不够"四个不够"制约瓶颈。下一步，郑州应以"五个供给"为着力点，打造具有郑州特色和时尚魅力的国际消费中心城市。

关键词： 国际消费中心城市　新消费　郑州

国际消费中心城市是全球消费市场发展的制高点，也是引领全球消费创新的风向标。千百年来，郑州以"商"闻名于世，优势明显，有条件、有能力也有必要建设国际消费中心城市，让千年商都焕发新活力。

一　基础与优势

作为国家中心城市和中原城市群核心城市，河南省会郑州具备建设国际消费中心城市的良好基础和优势。

---

[*] 高璇，经济学博士，河南省社会科学院经济研究所研究员，主要研究方向为区域与城市经济。

（一）底蕴优势

郑州是国家中心城市、中原城市群核心城市、河南省会，消费底蕴深厚，这为建设国际消费中心城市提供了支撑。一是优质资源多。郑州是河南省政治、经济、文化、金融、信息中心，这种得天独厚的资源优势有条件转化为国际消费中心城市建设优势。二是经济体量大。据《2022年郑州市国民经济和社会发展统计公报》的数据，2022年全市经济总量达12934.7亿元，居中部城市第三位，有能力在国际消费中心城市建设实践中走在前列。三是消费能力强。据《2022年郑州市国民经济和社会发展统计公报》的数据，2022年郑州市社会消费品零售总额达到5223亿元，居中部城市第三位；郑州还是中部地区唯一拥有全球七大奢侈品店的城市，且奢侈品消费额居中部六省前列，2022年爱马仕郑州首店开业，一天卖出1.2亿元。这些都表明郑州消费市场的潜力、辐射力和影响力。可以说，郑州的底蕴优势是推动国际消费中心城市建设的深厚动力，也构成了郑州独特的商贸基因。

（二）流量优势

建设国际消费中心城市，流量是关键。有机构预测，中国消费市场在5年内将有2.3万亿美元的增量，其中65%都将由80后、90后及00后带来，而郑州蕴藏着巨大的潜在消费群体及流量优势。一是人口体量大。据第七次全国人口普查结果，郑州常住人口为1260万人，居全国城市第10位，超越武汉，居中部城市第1位。二是青年人口多。郑州拥有百万大学生，这些00后、10后的大学生与互联网相伴而生，对信息的获取更加熟练、高效，对新鲜信息更加开放，是"自媒体时代"流行话语体系的发明者和发酵者，自带流量。三是"故土"情怀浓。郑州是大量80后"梦开始"的地方，意味着年少时的梦想与青春。人生就像轮回，无数人出走半生，总想回到最初的地方，百万郑漂割舍不掉的"留恋情绪"是郑州建设国际消费中心城市的流量"富矿"。把握好上述流量优势，精准导流，就能将流量转化为留量、销量，形成红利、动能。

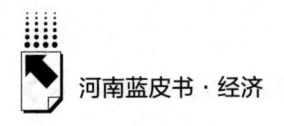

（三）辐射优势

建设国际消费中心城市离不开消费供给端建设，在这方面，郑州是有能力、有实力的。一是商圈经济发达。购物中心是一个城市消费实力的体现，公开数据显示，全国排名前50的购物中心，郑州拥有两个，2021年丹尼斯大卫城年销售额超过80亿元，跻身全国前10，正弘城年销售额超过40亿元，迈入全国前50。据赢商大数据监测，花园路的工作日去重客流为103万人，节假日去重客流为100万人，商圈人气"爆棚"，获评"全国国庆消费热门商圈TOP10"第三名。二是特色街区、楼宇经济发达。近年来，郑州打造了一批特色商业街区、特色商务楼宇，如德化步行街列入商务部第二批国家级步行街改造提升试点、农科路特色街区被评为国家级特色街区等，这都为郑州推动国际消费中心城市建设奠定了良好基础。上述消费载体的不断创新、不断升级、不断转化，为郑州提高消费供给能力提供了不竭动力。

（四）集聚优势

品牌，一头连着消费者，一头连着企业，每个品牌背后都有无数消费需求和生产要求，这也是品牌对于发展国际消费中心城市的价值所在。同时，品牌存在的一个重要价值就是降低消费者的决策成本、提高消费者的决策效率。因此，推动消费品牌在区域内集聚、形成品牌效应，对于国际消费中心城市建设至关重要。郑州在这方面优势明显。一是本土消费品牌集聚。蜜雪冰城、巴奴、郑喜旺、锅圈食汇、UU跑腿、眷茶、悦来悦喜、姐弟俩等知名消费品牌在郑州快速成长，已经形成了相当规模的消费品牌产业集聚。二是国际高端产品品牌云集。依托丹尼斯大卫城、正弘城、国贸360等知名商圈已聚集路易威登、爱马仕、提芙妮、香奈儿、宝格丽、特斯拉等国际一线商业品牌，进一步丰富了郑州的消费品牌矩阵，引领了全省乃至中部地区消费新风尚。三是品牌首店、旗舰店、体验店汇集。爱马仕、亚历山大·麦昆、任天堂等120余家首店先后入驻郑州,"首店经济"进一步激发了郑州新消费品牌效应。上述消费品牌在郑州的大量集聚,已经形成明显的集聚优势和品牌合力,为郑州在消费多维市场竞争中抢占有利位置创造了条件。

（五）红利优势

营商环境是一个地区发展做大的红利,近年来,郑州市持续优化营商环境,已成为国际消费中心城市建设不可忽视的重要力量。一是市场主体快速增长。据郑州市人民政府网站公布的数据,郑州经营主体总量从2022年初的150万户增长到2023年上半年的192万户,数量位居中部六省省会城市第一;2023年上半年郑州商标总量超过67万件,位列中部六省省会城市第一;2023年上半年每万人高价值发明专利拥有量达8.63万件,中国专利奖获奖数量位居全省第一。二是政策环境优异。近年来,郑州市出台了诸多政策,从办公用房补贴、经济贡献奖励、人才引育稳岗、企业上市挂牌、知识产权融资等方面,为消费类企业落户发展送出"大礼包"、提供"硬支撑"。正是得益于郑州市良好的营商环境,全国互联网百强企业中钢网总部从北京迁至郑州,蜜雪冰城、UU跑腿、锅圈食汇等企业加速崛起,迎客租房、飙风信息等一大批小微互联网企业扎根发芽,越来越多的新消费品牌,从郑州走向全国,为郑州提升新消费的核心竞争力、资源配置力和创新引领力带来了丰富的红利优势。

二 短板与问题

对标对表国际消费中心城市创建要求以及全球公认国际消费中心城市发展特点,郑州还需要重点突破"四个不够"瓶颈制约。

（一）文商旅融合不够,消费氛围感有待提升

郑州创建国际消费中心城市,有资源、有载体、有区位、有优势,但消

费的"温度""热度""味道"没体现出来，核心问题是没有形成文商旅融合发展的核心竞争力，这其中对文化元素、历史积淀等在消费中的重要性理解不够。历史文化对消费而言，不是佐料和装饰，而是消费的根基，在解锁新技术、新场景、新模式、新业态中发挥着主心骨作用，是消费品质的核心支撑。

郑州长期处于华夏文明交流的十字要冲，是八大古都之一，历史底蕴深厚、文化遗产丰富，但这些历史文化资源没有通过故事化、科技化、可视化转化为文化资产，造成郑州城市品牌、城市精神、城市品格缺乏辨识度，旅游流量特别是入境游流量明显不足。只有先把"文"这篇文章做透做好，"旅"和"商"才能更好衔接，形成"以文塑旅，以旅兴商，以商成文"的发展闭环，独特的历史文化才能在更好满足国内国际游客消费需求方面发挥显著作用，郑州才能成为全球消费者向往城市之一。

（二）国际化发展不够，国际竞争力有待提升

建设国际消费中心城市，一方面要重视消费需求的国际化，致力于提升全球客源消费；另一方面需要关注消费供给的国际化，要在消费产品的品质、品牌的输出、标准的制定、环境的保障等方面具有全球示范性和引领性，这要求具有面向国际消费群体的高能级生产性消费服务体系。在这方面，郑州还有较大的提升空间。

一是现代化国际会展体系尚未形成。会展是城市连接全球的重要手段，郑州会展设施承载力不够，品牌度、影响力不强，缺乏像"广交会"那样的大型综合性国际会展，使得国际交往功能欠缺，接轨国际时尚潮流、提升国际消费魅力的能力不足。二是本土孵化的品牌竞争力偏弱。一方面，本土品牌多是伴随新零售发展快速兴起的，品牌存续时间还不够长；另一方面，本土品牌"出海"少，并且在国内外市场上的定位以中低端为主，可替代性较高，品牌黏性不强，贴上"国际化"的标签难度很大。三是国际消费领域人才支撑不足。消费领域的人才分布与我国IT和互联网产业布局相辅相成，就郑州而言，在国际金融、国际贸易、供应链、品牌营销等方面还有

较大的人才缺口,"走出去"能力不够。综合上述因素,郑州还要加快打造高能级生产性消费服务体系,方能为走向国际夯实基础。

(三)品质化程度不够,优质载体规模有待提升

窗口性、标志性的超大型消费载体是国际消费中心城市的标配。全球任何一个国际消费中心城市都至少有一个国内外知名的消费场所或大型载体,如香港的海港城、北京东方广场等。这些消费载体或建筑有一些共同特点,即综合体规模超大、国际知名度高、景观窗口性强、消费功能强大等,是外地游客必到之地。在这方面,郑州布局明显相对滞后,国内外知名的标志性商业建筑基本没有,在国内有一定知名度的丹尼斯大卫城,作为消费综合体建筑总面积约40万平方米,而很多国际消费中心城市知名商贸综合体多数在80万平方米左右,明显不是一个量级;其他有一定知名度的建筑,如千玺广场、郑州国际会展中心、郑州东站等在综合消费功能、场景和设施配套上还有待提升,包括郑州新郑国际机场同样缺少消费场景设计和消费服务体系。

此外,拥有全球知名的大型演艺或者能吸引全球消费者关注的节目或项目也是国际消费中心城市的典型特点,如巴黎时装周,其影响力已经超越了时尚圈。因此,从品质化角度看,郑州还要进一步做大做精做优大型演艺节目、大型体育赛事等,同时加快商业载体的布局与整合,打造具有国际知名度和强大消费功能的超大型消费载体,才能增强各种郑州记忆和传播力,进而提升国际消费的层次和影响力。

(四)体系化打造不够,消费链功能有待提升

目前,郑州消费链条体系化程度不够高,未能有效调动消费意愿。一方面,场景链营造不够。打造给消费者更多新鲜感的"沉浸式消费体验"新空间,是国际消费中心城市推动商业开发的新模式,而郑州在消费场景打造方面缺乏文化、艺术等美学元素,故事、情怀、记忆等情感元素,潮牌、新锐、音乐等时尚元素,没有形成集交互、共享和购物于一体的数字及实体空

间主题消费场景，造成具有"沉浸式消费体验"的新型商业空间运营模式较少。另一方面，消费功能不完善。目前郑州在吃、穿、用这些实物消费领域产生的新业态、新模式，还没有完全向医疗、教育、文娱、体育、健身、康养等服务型消费扩张渗透，服务消费的模式相对还不够成熟，使得消费的创新性、丰富性、适配性都需要提高。

造成消费链条体系化程度不高的重要原因之一，是缺乏具有全球影响力的大型消费服务龙头企业。比如巴黎LVMH、北京京东集团、上海锦江集团等，这些消费类龙头企业都是城市品牌的灵魂性力量和符号，具有强大的消费链条整合能力。但目前郑州本土消费服务类龙头企业规模偏小、影响力偏弱，单靠成千上万家中小规模的消费企业，难以跃升并凝聚为国际消费中心城市的强大影响力、辐射力和吸客力。郑州有必要从战略高度，进一步强化本土消费企业的培育和扶持，适时开展必要的并购重组，加快消费链条体系化打造步伐，助力提升郑州创建国际消费中心城市的能级和效应。

三 思路与建议

针对"四个不够"瓶颈制约，郑州应顺应消费升级新趋势，围绕"五个供给"，打造具有郑州特色和时尚魅力的国际消费中心城市，全面提升消费对经济发展的基础性作用，不断开创郑州国家中心城市现代化建设新局面。

（一）聚焦发展热点，强化消费产品供给

国际消费中心城市建设需要有完备的消费产品供给体系作支撑。随着经济全面复苏，消费热点不断涌现，如时尚消费、舌尖消费、健康消费等，这就需要郑州聚焦消费热点，打造消费产品供给矩阵。一是做强时尚消费。着眼于新时代消费者，满足新型消费品质化、品牌化、定制化、潮流化、个性化追求，全面提升郑州在新型消费市场的行业引领能力，打造具有全国示范性、全球知名度的时尚消费目的地。二是做特舌尖消费。支持重塑"豫菜"

品牌，依托合记、马豫兴、蔡记等老字号品牌，以豫菜为主要载体，建议实施名菜、名厨、名店"三名"品牌培育工程，推出一批豫菜的名菜和名店，让豫菜发扬光大；打造"美食郑州"品牌，支持郑州建设国际美食之都，支持国内外知名餐饮品牌来郑州发展，促进不同菜系、多元美食文化在郑州发展；实施"味美郑州"数字化行动，打造郑州美食 App，形成郑州美食新 IP。三是做大健康消费。打造"医养高地"品牌，充分发挥郑州医疗资源集中优势和中医集聚优势，大力发展高端医疗、医学美容等医疗产业，着力培育健康体检、咨询等健康管理服务，鼓励发展互联网医疗服务新模式，积极推出河南特色的中医药康养精品体验，吸引更多人群来郑州进行医疗和康养消费；大力发展智能体育，培育在线健身、远程私教、体感健身等体育消费新业态，发展全民体育运动消费；探索推进"体育+"产业架构，聚焦"体育+生态"，拓宽公共体育设施的植入场景，改善体育健身环境，提升市民健身意愿；聚焦"体育+人文"，深化体教、体旅、体医、体商等融合发展，有序推进电竞、极限运动等新兴体育产业。

（二）聚焦发展模式，强化消费平台供给

国际消费中心城市建设需要紧盯发展模式，打造一批新的消费平台。一是通过特色单体开发升级平台。突出"老郑州""中原味""国际范"，以核心商圈为引领，加快一些具有典型个体特色的新消费载体平台升级开发。二是通过城区有机更新优化现有平台。借鉴成都、重庆、长沙社区改造和文创园联合推进的经验，规划建设 1~2 条特色商业街区，集聚一批郑州"老字号"，招引一批头部消费品牌店，打造"郑州老字号"美食一条街、文创体验一条街，形成文化时尚消费"打卡"新地标。三是通过园区转型升级优化平台。做优中国（郑州）新零售产业基地，紧盯零售行业"独角兽"、准"独角兽"企业、行业知名企业总部以及新零售关联企业，广泛对接新零售行业"独角兽"、准"独角兽"企业来园区设立区域性总部、旗舰店，支持本土新零售企业来园区设立旗舰店、形象店、城市展厅，打造郑州消费升级样板新试点。做强国家知识产权创意产业试点园区，以知识产权经济为

引领，以工业设计为主体，打造中部地区重要的创意设计产业中心；引导知识产权设计向民生领域转型。做大自贸区，充分发挥河南自贸区"一区多园""一策多效""一址多照"优势，吸引北京、杭州、深圳等一线城市腰部以上以及本土头部跨境电商企业、直播网红集聚郑州，打造全国重要的跨境电商、直播电商集聚区。

（三）聚焦发展趋势，强化消费业态供给

国际消费中心城市建设需要紧跟消费新趋势。随着人们对美好生活需要的不断升级，消费呈现融合发展新趋势，郑州在推动国际消费中心城市建设中应牢牢把握消费发展趋势，加快消费业态供给。一是通过乡村振兴促进文旅融合。以科技文化创新型、慢享康养体验型、非遗引导研学型为方向，持续开展人居环境集中整治行动，加快完善消防队站等公共设施，健全生活污水处理、垃圾收运处置等长效管护机制，全力发展"非遗+旅游""农业+研学""休闲+体验"等新业态，打造"企业文化会客厅"，让城市与乡村各美其美，美美与共。二是通过文化植入促进文科创融合。鼓励河南动漫影视公司持续创作，不断开发出具有河南历史、山水、名人、城市、文化、经济、教育、旅游、风土特征的更多动漫作品；鼓励河南博物院开发具有中原历史文化特色的考古游、古物解读等系列音像产品或电视节目；鼓励象剧场郑州演艺中心等剧场做大做强，支持其开发更多更优的时尚情景剧；鼓励餐饮、商贸、康养等传统服务业加入豫剧、中原茶艺等文化艺术要素，提升消费品级。三是通过数字化改造促进数实融合。运用数字技术改造提升传统服务业，加强数实结合，推进现有新消费企业或产品品牌升级。

（四）聚焦发展空间，强化消费场景供给

消费新场景是衡量一个地区消费活力的重要标志，也是国际消费中心城市建设的重要载体，郑州市应结合发展空间和新消费发展需要，加快新消费场景打造。一是打造时尚消费新场景。可借鉴成都商圈潮购场景打造经验，

发展品牌首店、新品首发、时尚秀展、都市娱乐、品牌餐厅、主题乐园等业态，在跨境电商体验店、高端定制店、跨界融合店等最新最酷潮流店中感受购物乐趣，零时差把握时尚脉络，引领潮流风向标。二是打造都市夜间消费新场景。依托商圈和景点，聚焦"夜游、夜购、夜娱、夜市、夜赏、夜品"，打造一批特色鲜明、业态多元、靓丽美观的地标性夜经济生活集聚区，在体现城市文化基因和城市肌理的街巷中穿越城市历史，在原汁原味的特色小店中感受城市温度，品味市井烟火"慢生活"。三是拓展美好生活消费新空间。打造一流商圈"标识地"。进一步支持核心商圈优化业态布局，努力将其打造成为具有全国影响力和知名度的标志性商圈；加快引进一批高端时尚消费服务中心标志性项目，如SKP项目、山姆会员旗舰店项目、京东超级体验店项目等，打造新的地标性项目。打造特色街区"打卡地"。可借鉴成都玉林街区改造升级经验，全面融入文化元素，加速调整街区业态布局，推进国家级、省级特色街区改造提升，将其打造成为全国知名、颇具流量的"打卡地"。打造惠民便民"引领地"。结合老旧小区改造、未来社区建设，打造新型社区便民服务体系。

（五）聚焦发展难点，强化消费要素供给

打造国际消费中心城市，还需要强有力的要素支撑体系。一是强化品牌支撑。一方面，通过招商，引导和鼓励河南乃至全国各地品牌、产品、特产等来郑州生根落地；另一方面，加大宣传推介本土品牌。通过网络、节庆活动、赛事活动等大力宣传郑州良好营商环境，大力宣传本土培育的明星企业和明星产品品牌。此外，还应支持本土新消费知名企业到外地投资兴业，大力发展"地瓜经济"。二是强化资金支撑。围绕国际消费中心城市建设工作，积极向国家、河南省申请资金支持，成立郑州国际消费中心城市支持基金；充分发挥各级国有企业平台在投融资、资本运营等方面的市场主体作用，支持设立消费产业基金；鼓励和引导社会资本设立消费领域股权基金、创业基金、产业基金，投向消费关键领域、重点领域、薄弱环节和应用示范项目。

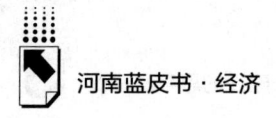

参考文献

廖玉娇：《国际消费中心城市建设背景下的首店经济发展研究——以重庆为例》，《重庆社会科学》2023年第3期。

高璇、程慧洁：《打造高能级消费载体》，《河南日报》2023年3月22日。

高璇：《以扩内需促消费为经济蓄能加力》，《河南日报》2023年8月4日。

《广州市人民政府关于印发广州市建设国际消费中心城市发展规划（2022—2025年）的通知》，广州市人民政府网站，2023年2月25日，https://www.gz.gov.cn/zwgk/ghjh/zxgh/content/mpost_8839967.html。

B.16
河南以"三个一批"项目建设稳增长的分析与思考

王 芳*

摘 要： 抓好项目建设既是实现稳增长的当务之急，也是积蓄后劲、厚植优势的长远之策。河南"三个一批"项目建设活动开展以来取得了显著成效，在稳定经济大盘、拉动投资增长、推动产业升级等方面发挥了重要作用，但也存在整体质量有待进一步提升、要素保障有待进一步增强、建设环境有待进一步优化、谋划水平有待进一步提高等问题。下一步，必须把"三个一批"项目建设摆在更加重要的位置，着力在项目谋划、项目招引、要素保障、跟踪服务等方面取得突破，促进经济健康稳定持续增长。

关键词： "三个一批" 经济增长 产业升级

投资是拉动经济增长的主要动力，项目是支撑有效投资的重要载体。抓好项目建设，既是实现稳增长的当务之急，也是积蓄后劲、厚植优势的长远之策。2021年7月，河南省委发出了项目建设最强"动员令"，每个季度举行一次"三个一批"（签约一批、开工一批、投产一批）项目建设活动，明确树立"项目为王"鲜明导向，推动全省上下积极开展项目建设活动，投资拉动和产业带动效应持续释放，发挥了稳经济、扩投资、增动能的重要作用。当前和今后一个时期，必须把项目建设摆在更加重要的位置，进一步做

---

* 王芳，河南省社会科学院经济研究所副研究员，主要研究方向为宏观经济。

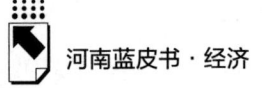

好"三个一批"项目建设各项工作，把抓发展的注意力聚集到"三个一批"建设上，把稳增长的着力点集中到"三个一批"项目建设上，把调结构的突破口锁定到"三个一批"项目建设上，充分发挥"三个一批"建设在经济发展中的支撑性和引领性作用，努力开创河南高质量发展新局面。

一 "三个一批"项目建设对稳定全省经济增长的重要作用

（一）扩大内需、拉动经济增长的关键举措

长期以来，投资在稳定经济发展中扮演着重要角色，项目建设作为有效投资的重要载体，是扩大内需、拉动经济增长的关键举措和有效抓手。项目建设对经济增长具有双重效应，不仅能够短期实现稳增长，也利于长期经济高质量发展。一方面，重大项目投资可以迅速扩大当前需求，通过对总需求的影响有效提高短期产出水平，进而稳定整体经济运行；另一方面，重大项目建设投资可以提高生产效率、优化产业结构，影响潜在的生产能力和总供给，投资的"乘数效应"也可以带动其他产业发展，从而促进长期社会产品供给水平的稳定增长。当前，面对更趋复杂严峻的内外发展环境，河南省经济下行压力依然较大，必须进一步做好"三个一批"项目建设工作，着力扩大有效投资，提升市场主体投资预期，着力从扩大内需潜力、提升供给体系质量和效率两个方面共同发力，切实拉动经济增长，推动实现全省经济平稳健康发展。

（二）优化结构、促进产业转型升级的重要载体

项目建设是稳经济的关键举措，高质量项目是促进产业转型升级和推动实现高质量发展的重要载体。当前的项目建设奠定了未来的物质技术基础，当前的投资结构决定了未来的产业结构，发展实践也表明，一个引领性强、发展前景好的项目，往往能带动一条产业链、一个产业集群的快速发展。高

质量项目建设通过引进先进技术和高端设备，大幅提升企业的产能和技术层次，从而带动整个产业链水平的提高，是推进产业升级、结构调整的有效途径之一。同时，高质量项目建设有利于加快补齐关键领域和薄弱环节短板，提升供给质量、优化供给结构，促进国民经济实现高质量发展。对标高质量发展要求，河南还存在产业结构不优、创新能力不强、新动能供给不足等问题，迫切需要以项目建设为切入点，大力招引和实施一批有成长性、有延伸性的延链补链强链产业项目和产业链重点项目，加快产业转型升级，推动新旧动能转换，为全省加快实现高质量发展赋能增势。

（三）补齐短板、积蓄发展势能的有效途径

改革开放以来，河南经济社会发展取得了长足进步，人民生活水平大幅提高，但发展不平衡、不充分的问题仍然比较突出，教育、医疗、养老、环保等领域投入还不足，基础设施、公共服务、生态环保仍然是发展的短板弱项，严重制约着全省高质量发展和现代化建设进程。但我们也要看到，短板既是差距所在、弱势所在，也是潜力所在、希望所在，更是当前和今后一段时期推动全省经济健康快速发展的关键所在、重点所在。我们要突出抓重点、补短板、强弱项，围绕创新驱动能力提升、"两新一重"、生态环保、民生和社会事业等重点领域着力扩大有效投资，加强乡村振兴、文创旅游、数字经济以及5G基站、物联网、大数据中心、智慧应用等新基建项目的系统谋划，争取形成一批重大项目，更好把内生动力激发出来、把发展活力释放出来、把优势潜力挖掘出来，为河南长期综合竞争实力的提升提供重要支撑。

二 "三个一批"项目建设在稳定全省经济增长中取得的成效

2021年7月以来，"三个一批"项目建设活动在河南滚动实施、接续发力，保证了全省投资增长保持在较高水平，带动了高科技产业的发展，促进

了全省人民群众民生福祉的改善，为经济的健康稳定持续发展注入强劲动力。

（一）稳定经济大盘作用更加突出

"三个一批"项目建设活动开展以来，河南上下强力推进项目建设，坚持"项目为王"，着力做好谋划项目抓招商、加快施工抓进度、保障要素抓产出等各项工作，项目建设机制不断成熟，大项目、新项目、好项目纷纷落地开工。根据《河南省人民政府关于"三个一批"项目建设活动开展情况的报告》，截至2023年7月，全省"三个一批"项目建设活动已滚动开展了八期，"签约一批"项目累计3258个，总投资约2.71万亿元；"开工一批"项目累计6101个，总投资约4.85万亿元；"投产一批"项目累计3324个，总投资约1.64万亿元；项目总数达到12683个，入库纳统9715个、入库率76.6%，2023年上半年平均每个在库项目本年完成投资是非"三个一批"项目的1.7倍。"三个一批"项目建设活动的有效推进有力拉动了全省经济的持续稳定增长，2021年下半年以来，河南经济主要指标实现"V"字形反转，2023年上半年全省地区生产总值为31326亿元，是中部六省中唯一超过"3万亿元"的省份，这背后离不开"三个一批"项目建设的有力支撑。

（二）拉动重点领域投资强劲增长

"三个一批"项目建设活动立足解决经济社会发展中的实际问题，重点围绕新兴产业发展、新型基础设施建设、民生改善等重点领域和关键环节积极谋划项目，强化用地、用能、人才等服务保障，投资潜力持续释放。2022年河南固定资产投资同比增长6.7%，高于全国平均水平1.6个百分点，工业投资增速为25.4%，高于全国平均水平15.1个百分点。2023年以来，河南重点领域投资依然保持稳健增长，2023年上半年，全省工业投资增速为5.1%，拉动全省投资增长1.4个百分点，其中汽车、装备、建材、能源等产业的投资分别增长57.1%、23.7%、14.9%、13.5%；大项目投资带动作用不断增强，全省亿元及以上项目完成投资同比增长8.0%，拉动全部投资增长4.5个百分点。同时，社会领域项目建设也得到扎实推进，2023年上半年，全省社会领域投资增长9.0%，其中卫生、教育投资分别增长23.5%、17.1%，社会领域投资保持较快增长态势，投资的质量和效益得到不断提高。

（三）推动产业转型步伐加快迈进

项目建设是推动产业转型升级的重要载体。"三个一批"项目建设活动开展以来，河南以新基建、新技术、新材料、新装备、新产品、新业态"六新"为高质量发展的主攻方向，以项目建设为产业转型升级的主要抓手，成功引进比亚迪、宁德时代、隆基绿能、字节跳动、中航锂电、东旭集团等一批优质项目，并依托龙头企业延链补链强链，注重引进上下游配套关联项目，提升本地配套能力，培育形成了电子信息、新能源汽车、新能源电池、氢能产业等产业集群。资料显示，在已经开展的前八期"三个一批"项目中，先进制造业和战略性新兴产业项目数量占项目总数量的比重分别为49.43%、14.21%，是项目建设中的主要力量。随着一大批含新量、含绿量、含金量高的大项目落地，河南省产业转型升级步伐在加快迈进，2023年上半年，全省高技术制造业投资与制造业技改投资占工业投资的比重为17.0%和20.0%，分别比上年同期增长了2.5个百分点和0.4个百分点；全省规上工业高技术制造业和战略性新兴产业增加值较上年同期分别增长了9.4%和9.7%，其中新一代信息技术产业增加值增长18.9%，新兴产业得到较快增长，以项目建设为引擎推动产业转型升级的新格局逐渐形成。

（四）助推基础支撑更加有力

近年来，河南以"三个一批"项目建设为依托，着力在工业互联网、城际高速铁路和城际轨道交通、新能源车及充电桩、人工智能、云计算大数据中心等新基建领域主动布局，鲲鹏小镇、河南省能源大数据应用中心、国家超级计算郑州中心、中原大数据中心等一批新基建重点项目纷纷落地，全省信息基础设施不断完善，截至2023年8月，全省5G基站达18.06万个，居全国第5位；"全光网河南"百兆以上宽带用户占比达99%，居全国第1位；郑州国家级互联网骨干直联点总带宽达到2320G，居全国第7位，网络枢纽地位巩固提升。同时，河南持续发力强化交通、能源、水利等传统基础设施建设，推动其向数字化、网络化、智慧化转型。2023年上半年，全省交通基础设施建设投资累计完成825.2亿元，占年度目标的54.8%，较上年同期增长2.4%，实现"时间过半、任务过半"。当前，全省"米"字形高铁网全面建成，高速公路通车里程突破8000公里，高速公路"13445工程"智慧化建设全面推进，高速公路服务区充电桩覆盖率达93.7%，累计建成公共充电桩7.2万个，郑州南站、平漯周高铁、总装机802万千瓦的超超临界燃煤机组等一批投资超百亿元的重大项目开工建设，成为稳定全省经济增长的重要支撑，也是实现高质量发展的重要推动力量。

三 当前以"三个一批"项目建设稳定经济增长存在的问题

（一）整体质量有待进一步提升

从项目落地情况来看，先进制造业和战略性新兴产业项目占比较小，特别是具备重大带动作用、辐射一片、引领带动一方的产业链"链主"项目、"头雁"项目较少，已落地的项目比较孤立，缺乏上游原材料企业和下游终端企业落户，不能形成有效的产业链，新动能支撑经济增长的作用仍未充分发挥。有些项目缺乏重点、布局散乱，在促进产业转型升级、推动实现绿色低碳发展上效果不明显。

（二）要素保障有待进一步增强

土地、资金、人才等要素保障问题是制约项目落地转化效率的重要因素。受耕地保护限制，建设用地指标逐年缩减，项目建设用地指标与建设需求的矛盾依然突出，征地拆迁涉及广、难度大，现有用地报批程序多、周期长等问题普遍存在给项目建设造成很大阻碍。此外，受经济下行压力增大、融资渠道不畅等因素影响，导致项目建设资金短缺问题时有发生，有些企业扩规模、强投资的意愿有所减弱，部分社会资本投资信心不足等都严重影响了项目建设进程。

（三）建设环境有待进一步优化

由于项目建设涉及部门众多、整体关联性大、专业技术要求高，并且部门之间信息壁垒问题尚未彻底解决，使得项目建设施工许可阶段往往存在审批流程多、办理时限长等问题，竣工后验收工作程序也较为复杂，早批快建、建成投产仍需加快。此外，项目管理体制还不健全，部分项目重建设轻管理，项目建成完工后，在后期管护、维修及配套设施等方面缺乏持续关注及扶持，也不利于项目建设快速有效推进。

（四）谋划水平有待进一步提高

"三个一批"项目建设活动实施以来，河南树牢"项目为王"理念，形成了项目建设的浓厚氛围，为推动高质量发展奠定了坚实基础。但总体来说在项目结构、谋划深度上还存在差距，对本地资源禀赋和特色优势挖掘不深入，对本地招商优势政策和产业政策宣传力度不够，对产业发展趋势、投资政策等研究不到位，使得项目前期工作不精准不细致，项目谋划缺乏科学系统的论证，导致项目落地推进慢等问题。

四 以"三个一批"项目建设稳定全省经济增长的对策建议

（一）加强项目谋划储备，积聚经济发展动能

以加快"三个一批"项目建设稳定经济增长，必须始终坚持高起点、

高质量、高水平谋划项目，以项目谋划储备的高质量不断积聚经济健康持续发展新动能。要紧盯政策导向谋划项目，围绕黄河流域生态保护和高质量发展、促进中部崛起等国家重大战略以及国家和河南省"十四五"发展规划、专项规划、产业政策等，以新型基础设施、交通、物流、能源、水利、城建等为重点加强系统谋划，精准对接国家最新政策导向、资金流向，积极谋划一批重点项目，不断提高项目储备质量，把政策红利转化为项目谋划实效。要聚焦产业体系谋划项目，立足河南资源禀赋、发展基础，结合主导产业、特色产业为重点，以强链延链补链为导向，谋划一批具有关键性、引领性、支撑性的产业项目，不断提升产业含金量、含新量、含绿量；围绕落实"十大战略"，聚焦先进制造业、战略性新兴产业、未来产业等领域，找准利好政策与河南发展实际的契合点，着力谋划储备一批打基础、利长远、增后劲的高质量项目，努力培育更多新的经济增长点。

（二）加大项目招引力度，提高招商品质水平

促进项目招引稳量提质，是提升河南省产业基础能力和产业链现代化水平的重要举措，也是以"三个一批"项目建设稳定经济增长的重要内容。要明确招引重点，围绕培育壮大新型材料、新能源汽车、电子信息、先进装备、现代医药5个战略性新兴产业集群和现代食品、现代轻纺2个支柱产业集群，着力引进延链补链强链扩链型项目，提升产业链供应链稳定性和竞争力；围绕黄河流域生态保护和高质量发展，积极引进绿色低碳、节能环保等方面的项目；围绕改善民生，大力引进医疗、健康、养老、教育、文化等消费领域补短板项目。要创新招商方式，继续深化河南与长三角、京津冀、大湾区等的区域合作，精准制定产业图谱、技术图谱、人才图谱、装备图谱，完善招商项目库、目标企业库、客商资源库，强化产业链集群招商、龙头企业链式招商、股权投资招商、市场规模和物流枢纽优势招商，高标准办好重大经贸活动，推动更多基地型、龙头型重大项目和"小巨人"企业落地。要健全推进机制，加快构建领导带头、企业为主、部门联动、全员参与的招商格局，充分发挥四个利用外资专班作用，做好驻地招

商、积极构建全球化招商网络，建立健全"周动态、月通报、季排名、半年观摩、年终总结"的常态化问效机制，进一步完善奖励考核机制，激发招商引资工作新活力。

（三）强化项目要素保障，持续优化营商环境

强化要素保障，是加快推进项目建设、促进经济持续稳定增长的重要基础和前提条件。以"三个一批"项目建设稳定经济增长，必须聚焦项目要素保障，充分发挥政府的先导、主导作用，统筹土地、融资、用工等要素保障，打通项目落地中的堵点难点问题，确保项目建设顺利推进。要着力解决土地制约瓶颈，充分挖掘现有土地潜力，稳步推进征地拆迁，同时盘活低效闲置土地，对于已征未用、已圈未用的土地进行全面清理，着力提高土地配置效率，确保新项目有地可用、老项目集约利用。要不断拓展多元化融资渠道，精准把握国家产业政策，认真研究建设资金投资方向变化，加强重点项目与相关部门的沟通衔接，最大限度争取上级专项资金扶持；加强银企交流合作，积极构筑银企合作平台，鼓励金融机构开发个性化、定制化金融产品，定期向金融机构推荐优秀项目和企业，争取更多银行信贷资金支持；积极鼓励民间资本和外资参与重点项目建设，加大企业上市培育力度，支持符合条件的企业扩大直接融资。要持续优化营商环境，常态化开展"万人助企"活动，围绕"政务、市场、法治、人文"等方面不断提升营商环境建设总体水平，打造良好营商环境品牌，为加快推进项目建设提供有力支撑。

（四）健全项目跟踪服务，确保早日落地见效

以加快"三个一批"项目建设稳定经济增长，还必须健全项目跟踪服务，提升项目管理效能，加快项目建设进度，尽快形成更多实际投资量和实物工作量，催生更多新的增长点。要健全重点项目建设全生命周期服务机制，落实"双百工程"项目领导牵头推进机制，制定重大项目前期工作指引，实行并联审批、容缺办理、重点项目白名单等制度，推行承诺制、区域评估等投资管理创新举措，优化分批验收和边建边收模式，做到跟随服务、

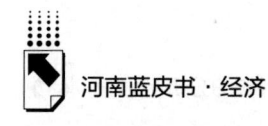

跟进解难、跟踪问效。要完善重点项目建设全流程推进工作机制，加快构建"一个项目、一个专班、一个方案、一抓到底"的项目建设推进机制，推动项目建设方案化、台账化、清单化，定期召开重大项目重点工作推进会议，及时协调、解决存在的问题，同时建立健全"三个一批"项目考核评估办法、协调调度、服务保障等相关机制，形成工作合力，以确保项目建设快速推进。要建立功能完善的项目建设配套环境，立足全省产业发展，规划完善公共配套，适度超前建设道路、水、电、气、网等基础设施，进一步提升承载能力，为加快项目建设提供良好的硬件环境。

参考文献

河南日报课题组：《中国式现代化的河南路径——河南省"三个一批"项目实施情况调研报告》，《河南日报》2023年1月28日。

李点：《全省"三个一批"项目建设活动高效推进》，《河南日报》2023年7月25日。

《2022年河南省国民经济和社会发展统计公报》，河南省人民政府网站，2023年3月23日，https://www.henan.gov.cn/2023/03-23/2711902.html?eqid=e612d05b0010930c00000006645604b2。

《2023年1~7月全省经济运行情况》，河南省统计局网站，2023年8月19日，https://tjj.henan.gov.cn/2023/08-19/2799617.html。

孙静、段伟朵：《"三个一批"项目建设活动实施两年 打开高质量发展新天地》，《河南日报》2023年8月15日。

B.17 河南加快建设以实体经济为支撑的现代产业体系研究

李丽菲*

摘　要： 建设以实体经济为支撑的现代产业体系是河南实现经济现代化的重要支撑。当前河南面临传统制造业转型困难、新兴产业发展不优、科技创新支撑不足等突出短板。要在推进中国式现代化建设中走在前列，河南必须把发展壮大实体经济作为建设现代产业体系的主攻方向，突出完整性、先进性、安全性，在传统产业高位嫁接，在新兴产业抢滩占先，在未来产业前瞻布局，让产业体系成为引领全省高质量发展的主导力量。同时，河南要坚持创新引领，激发创新创造活力，坚持要素协同，提高资源配置效率，坚持以实体经济为本，防止脱实向虚，为现代产业体系建设提供重要保障与支撑。

关键词： 现代产业体系　实体经济　中国式现代化

现代产业体系是现代化国家的物质技术基础，实体经济则是现代产业体系的根基和命脉。河南省第十一次党代会对建设现代产业体系做出了部署，明确指出要把发展经济的着力点放在实体经济上，加快建设现代产业体系，这是河南在新时代新征程上以中国式现代化全面推进中华民族伟大复兴的必然选择。

---

* 李丽菲，河南省社会科学院经济研究所助理研究员，主要研究方向为产业经济。

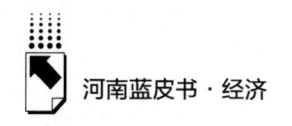

一 建设以实体经济为支撑的现代产业体系的意义

改革开放40多年来，河南人民围绕现代化建设目标，大力发展实体经济，产业发展取得显著成就，逐渐从传统的农业大省发展成为全国重要的新兴工业大省，社会生产力得到不断解放和发展，物质财富持续积累，人民生活持续改善。实践证明，建设以实体经济为支撑的现代产业体系是时代所需、发展所需，是实现经济现代化的重要支撑。

（一）推动高质量发展的重要保障

改革开放以来，河南把发展经济着力点放在实体经济上，采取一系列战略性举措，推进一系列变革性实践，以大经济体量夯实发展基础，以大产业规模形成强劲支撑，经济社会发展实现了全方位跃升。在新发展阶段，我国经济增长方式从过去单纯追求"量的增长"，转变为合理统筹"质的有效提升和量的合理增长"，要在更高水平上推动我国经济形成新的质变和量变协同并进。在这样的新任务新要求下，河南传统资源优势、生产要素成本优势都在减弱，传统产业发展动力难以支撑高质量发展，迫切需要构建能级更高、结构更优、创新更强、动能更足、效益更好的产业体系，提升整个产业链的竞争力和附加值，增强经济社会发展的可持续性，为经济高质量发展提供新动能。

（二）应对风险挑战的重要举措

河南制造业产业体系完备、市场空间广阔、产业载体坚实、人力资源充裕，链群培育蓄势崛起，这既是融入国内国际双循环的基础，也是应对风险挑战的有利条件。当前和今后一个时期是各类矛盾和风险易发期，各种可以预见和难以预见的风险因素明显增多，必须统筹好发展和安全两件大事，下好先手棋、打好主动仗，强弱项、补短板，有效防范化解各类风险挑战，增强国内大循环内生动力和可靠性。现代产业体系是有效应对各种风险、统筹安全与发展的基本支撑，只有突破河南原有的产业体系，通过高位嫁接、抢滩占先、前瞻布局，实现各产业有序衔接、产业运行安全稳定，才能在国内价值链重构的过程中占据有利地位，持续提升河南的产业地位、竞争力和话语权，有效防范"黑天鹅""灰犀牛""蝴蝶效应"等影响现代化进程的各种风险，以发展夯实安全基底。

（三）把握未来发展主动权的重大举措

当前，世界百年未有之大变局加速演进，以新一代信息技术迅速发展和广泛应用为标志的新一轮科技革命正孕育新的重大突破，全球产业链供应链深度调整，倒逼我国加快产业转型升级步伐。事实上，纵观世界，那些跌入"中等收入陷阱"的国家发展停滞正是由于无法自主实现制造业转型升级。由此可见，我国要成功跨越"中等收入陷阱"，有效应对新一轮国际产业竞争，就要加快产业转型升级，发展现代产业体系，以科技自立自强增强产业国际竞争力。对于河南而言，必须把发展经济的着力点放在实体经济上，建设与时代特征相适应的现代产业体系，为创新发展提供物质和技术载体，以新产业、新业态、新模式打造新的增长引擎，这是抢占产业竞争制高点，牢牢把握未来发展主动权的关键。

二 河南现代产业体系的发展基础与困境

河南是全国经济大省和制造业大省，工业规模位居全国第五、中西部地区第一。多年来，河南把发展经济的着力点放在实体经济上，坚持以制造业高质量发展为主攻方向，成为河南振兴实体经济、激发市场活力、实现经济稳定发展的重要支撑。但与建设现代产业体系的目标与要求相比，河南面临传统制造业转型困难、新兴产业发展不优、科技创新支撑不足等突出短板。

（一）发展基础

1. 河南制造业根基雄厚

河南坚持把制造业高质量发展作为主攻方向，新型工业化步伐显著加

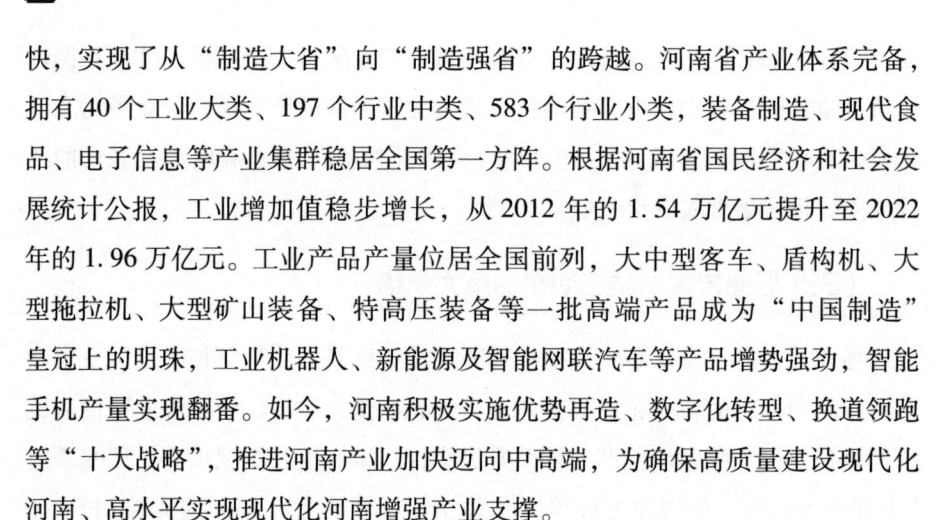

快，实现了从"制造大省"向"制造强省"的跨越。河南省产业体系完备，拥有40个工业大类、197个行业中类、583个行业小类，装备制造、现代食品、电子信息等产业集群稳居全国第一方阵。根据河南省国民经济和社会发展统计公报，工业增加值稳步增长，从2012年的1.54万亿元提升至2022年的1.96万亿元。工业产品产量位居全国前列，大中型客车、盾构机、大型拖拉机、大型矿山装备、特高压装备等一批高端产品成为"中国制造"皇冠上的明珠，工业机器人、新能源及智能网联汽车等产品增势强劲，智能手机产量实现翻番。如今，河南积极实施优势再造、数字化转型、换道领跑等"十大战略"，推进河南产业加快迈向中高端，为确保高质量建设现代化河南、高水平实现现代化河南增强产业支撑。

2. 大力改造提升传统产业

河南坚持为传统产业转型升级赋能，加快高位嫁接，延链中高端，更好地发挥传统产业在建设现代产业体系中的作用。推动传统产业提质增效，利用新一代信息技术，对装备、汽车、食品、轻纺、钢铁、有色、化工、建材8个传统产业进行延链补链、智能化改造，根据河南省统计局发布的经济数据，2022年河南工业技术改造投资同比增长高达34.4%。推动制造业高端化、智能化、绿色化和服务化转型，根据2023年河南省政府工作报告，2022年新增智能工厂185家、上云企业3.6万家，分别有37家绿色工厂、3个绿色工业园区、9家绿色供应链管理企业、32个绿色设计产品型号入选国家级名单。推进制造业优势集群发展，以建设制造业强省为目标，培育建设新型材料、新能源汽车、电子信息、先进装备、现代食品、现代轻纺、现代医药7个领域的先进制造业集群。

3. 积极布局新兴产业

河南积极探索和部署战略性新兴产业发展，把握全球科技和产业发展趋势，培育河南经济发展新增长极。新兴产业培育壮大，逐步形成新一代信息技术、生物医药、智能传感器、智能装备、新能源及网联汽车等一批战略性新兴产业链，根据《2022年河南省国民经济和社会发展统计公报》，2022年河南战略性新兴产业和高技术制造业占规上工业的比重分别为25.9%、

12.9%。发展壮大战略性产业集群，初步形成了装备制造、现代食品2个万亿元级及19个千亿元级产业集群，洛阳农机装备集群入选国家先进制造业集群，郑州信息服务、许昌节能环保等4个集群入选国家战略性新兴产业集群，尼龙新材料、智能传感器、新能源客车等一大批特色优势产业链在全国具有较大影响力。培育专精特新中小企业，截至2023年5月底，2023年第一批河南省专精特新中小企业名单中包括省级专精特新中小企业2762家、专精特新"小巨人"企业370家，专精特新已经成为河南提升产业链供应链稳定性和竞争力的关键环节。

（二）发展困境

1. 传统制造业转型困难

河南仍处于工业化进程中后期，制造业大而不强、大而不优，装备、食品、纺织服装、原材料等传统支柱产业相对饱和，由于科技创新能力不高、高素质人才稀缺，总体上仍处于价值链低端，产品附加值偏低。河南是能源消费和碳排放大省，受产业基础、资源禀赋等因素影响，传统"两高一低"（高能耗、高排放、低水平）产业目前仍占比较高，偏重的产业结构成为制造业转型升级的主要掣肘，对实现经济社会高质量发展形成了硬约束，传统制造业绿色低碳转型困难。河南制造业的数字化转型仍处于起步阶段，网络基础设施、信息安全基础设施等相对落后，高端人才和具有国际视野的数字化人才储备不足，数字经济产业尚未形成完整的产业链，部分企业对数字化转型的认识不够，对数字化技术的应用局限于表面，传统制造业数字化转型困难。

2. 新兴产业发展不优

就产业规模而言，根据全国及各省2022年国民经济和社会发展统计公报，2022年河南战略性新兴产业增加值占GDP比重为8%左右，低于全国13%的平均水平，其中优势相对突出的新材料产业占GDP比重仍然不足3%，河南战略性新兴产业的发展现状与其经济总量全国第五的地位不符。横向对比，2022年河南战略性新兴产业增加值占规上工业增加值的比重为

25.9%，低于同期浙江的33.5%、江苏的40.8%，安徽的41.6%，上海市的43%。就产业结构而言，河南首批15个省级战略性新兴产业集群中有新材料产业集群6个、高端装备制造和生物医药产业集群各3个，这三类产业集群数量就多达12个，占全部产业集群的80%，由于集中依赖部分产业领域，其他产业门类发展相对滞后甚至是空白，产业结构短板明显。

3. 科技创新支撑不足

在研发投入方面，根据《2022年全国科技经费投入统计公报》，2022年河南研发经费投入1143.26亿元，全国排第11位，在中部省份位列湖北、湖南、安徽之后。2022年河南研发经费投入强度为1.86%，全国排第17位，与全国平均水平2.54%有较大差距，也低于中部省份的湖北（2.33%）、湖南（2.41%）、安徽（2.56%）。

在创新平台方面，河南的国家重点实验室数量仅为全国总数的3%，在国家实验室、国家技术创新中心、大科学装置集群方面尚空白，对比中部省份安徽，其拥有综合性国家科学中心、多个国家实验室和一大批大科学装置。在高科技企业方面，河南没有1家企业入选中国战略性新兴产业领军企业100强，在五批国家级专精特新"小巨人"企业中，河南共有426家上榜，排在全国第11位，与广东、江苏、浙江、山东差距明显，也低于中部省份的湖北、安徽、湖南，缺乏具有产业链控制力的龙头企业。

三 河南建设现代产业体系的实现路径

河南要在推进中国式现代化建设中走在前列，必须把发展壮大实体经济作为建设现代产业体系的主攻方向，突出完整性、先进性、安全性，在传统产业高位嫁接，在新兴产业抢滩占先，在未来产业前瞻布局，努力在补短板、强弱项、固底板、扬优势上下功夫，让产业体系成为引领全省高质量发展的主导力量。

（一）发展思路

1. 突出完整性

突出完整性就是要保持河南产业门类齐全和体系完备的优势，在锻长板与补短板上下功夫。产业体系的完整性是提高经济韧性和抗风险能力的内在要求，是把握发展主动权的必然要求。要推动优势产业延链、传统产业升链，抢抓推进制造业有序转移战略机遇，持续加快传统产业高端化、智能化、绿色化、服务化发展，推动产业链向上下游延伸，形成较为完善的产业链和产业集群。要推动短板产业补链、新兴产业建链，实施产业基础再造工程，加大重要产品和关键核心技术攻关力度，加快补齐关键领域短板，培育壮大代表先进生产力和未来发展方向的高新技术与新兴产业，增强产业发展的接续性和竞争力。

2. 突出先进性

突出先进性就是要把创新摆在发展的逻辑起点，在优化结构和激发动力上下功夫。创新是产业系统演化的本质特征和核心动力，新兴技术和颠覆性创新成为推动全球产业格局变化和产业链重构的主导力量。要以科技创新优化产业结构，把握好产业升级中技术创新的走向和着力点，提高产业发展中的科技含量，通过科技创新构建拥有一大批核心技术、高新技术产业占比高、主导产业竞争力强、三次产业互动发展的现代产业体系。要以科技创新激发发展动力，对前沿技术、颠覆性技术进行多路径探索，协同推进、集中突破产业领域发展的若干重大关键技术和共性技术，构建新一代信息技术、人工智能、高端装备、绿色环保等一批新的增长引擎，使河南产业发展处于全球前沿和领先水平，不断塑造发展新动能新优势。

3. 突出安全性

突出安全性就是要提升产业链韧性和安全水平，在实现科技自立自强和提高产业链掌控能力上下功夫。安全是发展的前提，发展是安全的保障，缺少安全保障的产业体系，势必受到各类风险挑战的冲击。要加快科技自立自强步伐，支持重点产业链企业通过"揭榜挂帅""赛马制"等形式开展关键核心技术攻关，确保开放经济条件下产业链不被"卡"、不被"断"，实现重要产业链自主可控。要培育链主企业和关键节点控制企业，特别是能够掌控产业链关键节点的专精特新中小企业、"单项冠军"企业，充分发挥其补链强链稳链作用，逐步实现产业链关键环节的从无到有、从小到大、从弱到强，进一步保障产业链完整性和多元供给能力，持续增强产业链供应链自主可控能力。

（二）发展路径

1. 在传统产业高位嫁接

深入实施换道领跑战略，推进传统产业高端化、智能化、绿色化、服务化改造，筑牢现代产业体系基底。推进传统产业高端化改造，以高端制造为引领，推进基础材料、传统装备、传统汽车、食品和轻纺等向新材料、新装备、新能源汽车和时尚消费新品牌转型，推动产业基础高级化。推进传统产业智能化改造，以智能制造为主攻方向，推进企业应用5G技术对现有生产、服务和管理方式进行数字化、网络化升级改造，全面提升企业智能化水平。推进传统产业绿色化改造，以"双碳"目标为导向，加快实现生产生活方式绿色变革，构建高效、清洁、低碳、循环的绿色制造体系。推进传统产业服务化改造，以服务型制造为重点，以"制造+服务""产品+服务"为发展方向，培育服务型制造新业态，延伸产业链、提升价值链。

2. 在新兴产业抢滩占先

深入推进新兴产业培育壮大行动，在产业结构布局调整中开辟发展新领域新赛道，构建现代产业体系的新支柱。深入推行产业链链长和产业联盟会长"双长制"，推进新型显示和智能终端、生物医药、节能环保、新能源及网联汽车、新一代人工智能、5G、网络安全、尼龙新材料、智能装备、智能传感器10个新兴产业链现代化提升，打造具有战略性和全局性的产业链。加快关键核心技术创新应用，重点在智能传感器、中药现代化、分子育种、动力电池、碳达峰碳中和以及轨道交通装备等领域，提升产业创新能力，破解产业发展"卡脖子"问题，突破一批"杀手锏"核心技术，培育一批新的增长引擎。加强关键技术装备的突破应用和数字技术的融合赋能，促进新兴技术加速向高端装备、新能源、智能网联汽车、航空航天和新兴服务业等领域广泛渗透，持续提升产业能级和综合优势，培育形成具有更强创新能力、更高附加值的新业态、新模式。

3. 在未来产业前瞻布局

深入推进未来产业抢滩破冰行动，立足全球产业发展前沿，谋篇布局量子信息、氢能与储能、类脑智能、未来网络等未来产业，构建现代产业体系的新引擎。优中培精引领型产业，加强前沿技术多路径探索、交叉融合和颠覆性技术源头供给，率先布局量子科学和氢能及储能领域，培育一批初步具备国际引领作用的龙头企业和创新平台，力争产出一批原创性、颠覆性成果，抢占产业发展制高点。有中育新先导型产业，结合河南产业基础和技术成熟度，加快释放类脑智能和未来网络的产业潜能，快速壮大产业规模，在产业链和创新链中占据一定位置、突出河南元素。无中生有潜力型产业，紧密跟踪世界科技前沿，把握未来产业变革趋势，超前部署发展生命健康、前沿新材料，加快新技术产业化进程，打造新赛道，领跑新转型。

四 对策建议

要坚持创新引领，激发创新创造活力，坚持要素协同，提高资源配置效率，坚持以实体经济为本，防止脱实向虚，为现代产业体系建设提供重要保障与支撑。

（一）坚持创新引领，激发创新创造活力

建设现代产业体系，要聚焦产业发展配置科技创新资源，大力推进创新链与产业链深度融合。一是围绕产业链部署创新链。聚焦现代产业体系的科技创新需求，面向产业链上下游高端环节持续强化关键核心技术攻关，突破一批制约河南产业转型升级和新兴产业发展的关键核心技术，在产业链细分领域形成科技型中小企业梯队，补上河南在工业化基础和深层次积累方面的

差距，支撑产业体系迈向中高端。二是围绕创新链布局产业链。充分发挥科技创新的支撑引领作用，瞄准新一轮科技革命和产业变革的大趋势，主动作为，让科技创新成为河南传统产业转型发展的"加速器"，新兴产业培育壮大的"动力源"，未来产业提前布局的"支撑点"，以科技支撑实体经济提质增效。

（二）坚持要素协同，提高资源配置效率

建设现代产业体系，要注重要素禀赋结构与产业结构的良性互动，促进更多技术、资本、劳动力等生产要素融入实体经济。一是要协调政府与市场的关系。深入推进要素配置、产权保护、市场准入、公平竞争等重要领域和关键环节改革，使市场在资源配置中起决定性作用；更好发挥政府作用，构建与现代产业体系相适应的产业政策，增加其实施过程的透明度，减少行政干预对产业要素配置的扭曲，畅通要素协同发展路径。二是要夯实要素支撑体系。深化要素市场化配置改革，推动实体经济、科技创新、现代金融、人力资源协同发展，提高知识、数据、金融等要素对经济增长的贡献水平，优化产业要素投入结构，把优质生产要素配置到最关键的产业中去，实现要素和实体经济的相互支撑与畅通循环。

（三）坚持实体经济为本，防止脱实向虚

建设现代产业体系，实体经济和金融要找准自己的定位和基本功能，防止脱实向虚。一是要做大做优做强实体经济。要抢抓新一轮科技革命和产业变革机遇，大力破除实体经济内部的无效供给，提高实体经济投资的回报率，在创新发展和协调发展中不断提升现代产业发展水平，增强实体经济对资金的吸引力。二是不断增强现代金融服务实体经济的能力。要完善多元化、运转高效的金融服务体系，逐步稳妥地解决影响资本市场稳定和健康发展的障碍，通过资本纽带构建产业链上下游协作互动的产业生态圈，加大对先进制造业、战略性新兴产业的中长期资金支持，让充裕的社会资金更有效地投向实体经济。

参考文献

王宏伟：《中国式现代化，何以应对新发展阶段的风险挑战？——学习〈习近平谈治国理政〉第四卷》，《中国安全生产》2022年第17期。

郑栅洁：《加快建设以实体经济为支撑的现代化产业体系》，《中国产经》2023年第13期。

李雷、何果：《紧跟创新趋势加快广西未来产业布局研究》，《企业科技与发展》2022第12期。

王学勤：《发挥好产业科技创新驱动作用》，《社会主义论坛》2022年第2期。

陈肇雄：《加快建设现代产业体系》，《中国信息化》2019年第9期。

B.18
数字经济助推河南稳定经济大盘的分析与思考

席江浩[*]

摘 要： 无论是对短期稳定经济大局，还是对长期构建经济增长基础，数字经济均发挥着至关重要的作用。数字经济已经成为河南经济的重要组成部分，并在推动三次产业降本增效、优化投资消费出口结构、促进产业转型升级等方面对稳定经济大盘发挥重要作用。当前河南经济发展面临工业实力不强、产业集群不优、内生动力不足等问题，需要发展数字经济推动经济稳定发展。河南数字经济发展面临大而不强、数字技术创新能力不足、数字产业链尚不完备等问题，既制约数字经济发展，又难以发挥数字经济对经济大盘的推动作用。河南应从加快数字经济和实体经济深度融合发展、加快数字经济基础能力建设、加快数据要素市场高质量发展、加快挖掘数字化供需潜力、加快培育数字产业生态五个方面发力，推动数字经济与经济发展实现良性互动。

关键词： 数字经济 河南省 稳经济

2023年上半年，河南省GDP增速为3.8%，低于全国的5.5%，经济增长面临巨大压力。经济增速放缓的原因主要有两个方面：一是疫情给经济社会带来的巨大影响短时间难以消除；二是河南省经济发展正处于结构调整阵

---

[*] 席江浩，经济学博士，河南省社会科学院经济研究所助理研究员，主要研究方向为数字经济和创新经济。

痛期。在看到问题的同时,应该看到河南省在产业转型升级、新旧动能转换方面的工作对推动经济长远稳定发展具有重要意义。推动数字经济快速发展是其中一项至关重要的工作,无论是对短期稳定经济大局,还是对长期构建经济增长基础,均发挥重要作用。2021年,河南省委、省政府将实施数字化转型战略作为全省"十大战略"之一,把发展数字经济作为提升河南综合竞争力的关键之举,全方位打造数字强省,推动河南经济高质量发展。数字经济正成为河南经济发展的重要引擎,对稳定河南经济大盘发挥重要作用。

一 数字经济稳定河南省经济大盘的地位和作用

(一)数字经济是河南省经济的重要组成部分

第一,数字经济占河南省经济总量比重很高。2021年河南省数字经济规模突破1.7万亿元,较"十三五"初期扩张近一倍,较上年同比名义增长14.6%;从增速和占比看,2021年河南省数字经济增速较上年提升6.3个百分点,数字经济占GDP比重为29.6%,较上年提升约2个百分点。数字经济已经成为河南省经济的重要组成部分。

第二,数字经济是河南省经济增长的重要引擎。2023年上半年,河南省电子信息产业增加值增长11.7%,拉动全省规上工业增长1.0个百分点。全省规上工业战略性新兴产业、高技术制造业增加值分别同比增长9.7%、9.4%,其中新一代信息技术产业增加值增长18.9%;1~5月全省规模以上互联网和相关服务业营业收入增长22.2%。数字经济增长对稳定河南省经济增长具有重要推动作用。

第三,数字经济具有广阔的增长空间。虽然从总体看,河南省数字经济总量位居全国前列,但较全国总平均仍然有较大差距。2021年,中国数字经济规模达到45.5万亿元,同比名义增长16.2%,占GDP比重为39.8%。数字经济比较发达的广东省,其数字经济规模达到5.9万亿元,占GDP比重为47.4%。根据《中国数字经济发展指数报告（2023）》，河南省数字经济发展居全国第11位，属第二梯队。河南省的经济总量和数字经济发展水平并不匹配，河南省数字经济具有较大发展空间。

（二）数字经济在促进投资、提振消费和改善出口结构方面发挥重要作用

第一，数字投资成为重要投资领域。2023年上半年，河南省高技术制造业投资占工业投资的比重达17.0%，比上年同期提高2.5百分点；工业技改投资占工业投资的比重达20.0%，比上年同期提高0.4百分点。全省高技术制造业投资增长23.3%，工业技改投资增长8.5%，科学研究和技术服务业投资增长52.4%。数字基础设施、数字技术研发等领域的投资快速增长，成为稳定经济增长的重要方面。数字基础设施投资对于改善投资结构、提升投资效益具有重要作用。数字基础设施建设立足当前世界科技发展的前沿水平，以新一代数字技术为依托，通过数字技术产业应用，催生大量创新业态，形成新的商业模式，带动相关产业发展。

第二，数字消费成为重要消费领域。2023年上半年，河南省限额以上单位通过公共网络实现的商品零售额占限额以上零售额的比重为7.5%，比上年同期提高1.6百分点，线上消费持续稳定增长。2023年上半年，全省限额以上单位新能源汽车零售额占汽车类商品零售额的比重达21.9%，比上年同期提高11.6百分点，新能源汽车市场渗透率持续提升。数字消费成为河南省社会居民消费的重要组成部分。数字消费以客户为中心，融合社交、分享、娱乐、生活、推荐等多个场景，多维度提升消费者的感知度和满意度，是当前消费市场提质扩容、创新发展的重要引擎。随着以人工智能为核心的数字技术的快速发展，数字消费将迎来爆发式增长，对稳定消费市场、促进经济增长具有重要意义。

第三，数字出口成为重要出口领域。2023年1~7月，河南出口机电产品1855.2亿元，增长8.9%，占全省出口总值的63.7%；出口汽车142.2亿元，增长3.5倍；电动汽车、锂电池、太阳能电池"新三样"合计出口

41.3亿元，增长91.8%。数字产品已经成为河南省出口商品的重要组成部分。数字产品出口增长使河南省产业转型升级加速，将进一步提高河南省在产业链价值链的地位，改善河南省对外开放的处境，有利于河南省更高质量扩大开放。随着河南省数字经济的发展，数字产品出口将成为河南省对外出口的核心增长点。

（三）数字经济对于稳农业、强工业、促服务具有重要作用

第一，数字技术赋能农业，稳定河南省农业生产。数字技术作为新一代通用目的技术（GPT）能够广泛应用于各个产业领域，推动产业领域的跨越式发展。数字农业的发展对于稳定河南省农业生产具有重要意义。河南省作为农业大省，耕地面积稳定在1.1亿亩以上，2023年夏粮总产量3550.1万吨，占全国夏粮总产量的24.3%。稳定农业生产是稳定经济增长的重要基础。河南省在农业物联网、农村电子商务、农产品质量安全追溯体系、农机信息化等方面的建设工作取得了巨大成效，在稳定农业生产方面发挥了重要作用。

第二，数字技术赋能工业，稳定河南省工业经济增长。工业互联网、智能制造等数字技术在工业领域的应用，在生产制造环节通过提升制造精度、降低残次率来提升产品质量、提高生产效率、增强企业核心竞争力；在供应环节，通过跨区域整合供应链来提升原材料供应能力；在产品设计环节，能够有效对接市场，及时了解市场变化，有效提升产品供给的质量和效率。数字经济的构成和发展包含对传统工业经济的渗透、覆盖和创新。近年来，随着智能电子产品的兴起，河南省在数字产品生产领域取得了较大发展，培育壮大了郑州智能传感器产业集群、焦作高新区新能源储能装置制造产业集群等数字产业集群。数字产业集群具有创新驱动特征，集聚产业链相关企业和研发及服务机构，通过分工合作和协同创新，形成具有跨行业跨区域带动作用和国际竞争力的产业组织形态，对稳定工业经济、提高经济发展质量具有重要意义。

第三，数字技术赋能服务业，加快河南省现代服务业发展。消费互联网的兴起深刻改变了人们的消费方式，加强了生产端和消费端之间的链接，推

动生产和消费之间的良性循环。数字技术应用有助于更加精准地捕捉消费端需求及其变化趋势，通过按需定制、以销定产推动生产方式变革，创新供应链，重塑价值链，从而创造出更多新产品新服务。数字经济能够创造丰富的消费应用场景，技术创新应用能够为人们提供更智能、更高效和更安全的消费环境和消费体验，从而更好满足生存型、发展型和享受型等多类型多层次的消费需求。

（四）数字经济促进经济循环、稳定经济增长动力

第一，数字技术加快创新要素流动。创新是经济发展的第一动力、核心动力。数字技术将资源配置方式从地理空间拓展到网络空间，数据成为技术、资本、劳动之外的第四大生产要素。河南省地处内陆，教育资源匮乏，科研力量薄弱，严重制约河南经济发展。数字技术在经济各个领域的应用，能够推动河南省较落后产业跨区域跨时空获取先进技术和经验，推动创新要素从先进地区流向落后地区。创新要素获取价值报酬的同时，推动地区经济发展，形成双赢局面。

第二，数字经济加快创新链产业链价值链融合发展。数字经济具有泛在连接、实时交互等特点，互联网、移动互联网、物联网将基础设施、生产要素、各类企业和机构、产品、用户等紧密联系在一起，云计算、大数据、人工智能等数字技术可以实现海量数据处理和交互，推动数字产业的活动突破地理空间的约束、打破传统产业集群的范围，实现以数字技术设施为支撑、以数字平台为载体、数字产业链相关参与者在虚拟数字空间的高度聚集，加快创新链产业链价值链跨区域跨时空合链并链，推动创新要素、生产要素、价值要素自由流动、优化配置。数字技术在研发、生产、供应、管理、销售等产品全生命周期应用，通过大数据分析影响产品价值获取的重要因素，进而将创新贯穿于价值链始终，锚定价值获取重塑产业链，形成以价值流动为导向的创新链产业链价值链融合。

第三，数字经济推动生产和消费协同发展。数字经济对于调整生产与消费之间的关系、加快供给侧改革具有重要作用。经济稳定发展的关键在于畅

通要素在各领域、各环节的流动，加快生产和消费之间的经济循环，以消费促生产，以供给侧改革改善消费结构，着力提高经济总量、提升经济增量、扩大经济流量。消费始终占据经济增长的核心地位，如何获取市场消费的痛点难点，着力提升市场消费总量、增量，是经济稳定增长的核心问题。很长时间来，生产和消费之间的结构失衡一直是制约中国经济高质量稳定发展的重要方面。数字技术在生产和消费中的广泛渗透减少了商品流通环节、降低了流通成本，使消费者能够获取更多价值体验，从而提振消费需求；生产厂商能够及时获取市场变化，推出更适应市场的产品，通过个性化定制满足消费者的不同个性需求，促进消费升级。

（五）数字经济是夯实经济发展基础、构建现代产业体系的核心引擎

第一，数字技术应用推动传统产业转型升级。传统产业是现代产业体系的基底。传统产业体量大，在制造业中占比超过80%，传统产业转型升级直接关乎现代产业体系建设全局，对当前突出做好稳增长稳就业稳物价工作、推动经济运行持续好转不可或缺。深入实施产业基础再造工程、重大技术装备攻关工程、智能制造工程，全面推行绿色制造，能够促进工艺现代化、产品高端化，提升产品质量和品牌效益。很多传统产业经过转型升级，成为扩大内需的"富矿"。在汽车领域，2023年上半年，河南全省汽车整车出口13.9万辆，同比增长200.7%。其中，新能源汽车整车出口0.3万辆，同比增长235.3%。

第二，数字经济的新产业、新业态、新模式丰富和发展了现有产业体系。数字经济稳定河南省经济大盘，不仅在于短期内促进经济循环、保持经济稳定增长，更在于通过促进产业升级、加快构建现代产业体系，形成经济长期可持续稳定增长的产业基础。产业体系是随着技术变革的深入推进而不断演变的。数字技术与各产业领域的广泛融合，催生出大量新产业、新业态、新模式，智能语音、智能安防、智慧农业等数字产业成为构成现代产业体系的重要部分。随着数字技术的进一步发展，以生成式人工智能为代表的数字技术将深入改变各个产业的生产方式，进而推动产业深度变革，加快构建以数字产业为核心的现代产业体系。

二 数字经济稳定河南省经济大盘的现状和问题

（一）河南省经济稳定增长面临的问题

第一，河南省工业实力不强。无论是发展数字经济还是稳定经济增长大局，工业能力是重要保障。根据国家统计局数据，2022年河南省工业增加值占全国比重为4.9%，相比十年前下降1.3百分点。2005~2020年的16年中，河南省在全国工业发展格局中一直保持第五的位次；2021年首度被福建省超越，下滑至第六位。工业实力不强，归根结底是缺乏强劲的企业实力支撑。截至2022年底，河南省规上工业企业2.2万余家，数量只有广东省的1/3、江苏省和浙江省的2/5、山东省的2/3。在2022年中国制造企业500强中，河南省共有24家，不足浙江省和山东省的1/3，排名全国第六。河南省还处在工业化中后期，主要产业多处于产业链前端和价值链低端，制造业高端化、智能化、绿色化发展水平一般。2023年上半年，河南规上工业企业营业收入、利润总额相比上年均显著下滑。制造业是实体经济的主体，制造强省是经济强省的基础和依托。河南省经济规模大但工业实力不强问题突出，严重影响河南省经济稳定发展。

第二，缺少具有竞争力的产业集群。先进制造业集群是产业分工深化和集聚发展的高级形式，拥有一批具有国际竞争力和影响力的先进制造业集群对于推动地区经济高质量发展、稳定地区经济增长具有重要意义。2022年11月30日，工业和信息化部公布了45个国家先进制造业集群名单，其中东部地区30个、中部地区8个、西部地区5个、东北地区2个，京津冀、长三角、珠三角、成渝4个重点区域集群数量达30个，占2/3，河南省无一上榜。2023年中国百强产业集群中河南省仅占3席，均分布在郑州市，分别是郑州智能传感器产业集群、郑州汽车产业集群、郑州现代食品与加工集群。缺乏具有竞争力的产业集群使得河南省经济抵抗外界环境波动的能力较差，缺乏稳定的经济增长动力，同时也减弱了数字经济发展的协同效应、规模效应，减慢了数字经济发展速度，不利于数字经济发展质量提升。

（二）河南省数字经济发展现状和问题

第一，数字经济大而不强。河南省数字经济体量位居全国前列，但缺乏具有全国竞争力的数字产业，数字经济发展也与经济体量不匹配。河南省数字经济大而不强归根结底在于工业经济大而不强、工业实力不强。河南省工业发展在自动化、信息化方面的落后使得数字经济缺失应有的基础条件，数字经济发展后劲不足。数字经济的发展对于稳定经济大盘具有一定的作用，但应该认识到，由于河南省数字经济大而不强，数字经济对稳定经济大盘的作用依然有限。一方面，河南省数字经济的"大"更多在于数字技术在消费领域的应用和其他地区数字技术企业对河南省的赋能作用，河南省本身的内在驱动力量较弱；另一方面，数字技术赋能各行业领域尚未进入深水区，对传统产业的推动作用尚未完全发挥。

第二，缺乏数字技术基础研究能力。河南省教育资源匮乏，数字技术领域的研究人才极其缺乏，在人工智能、物联网、区块链等数字技术领域也缺乏核心能力。河南省缺乏在数字技术领域具有较为突出研究能力的高校或者科研机构，无法依托此类研究平台吸引大量数字技术人才，进而难以在数字技术领域深入研究，严重制约了河南省数字经济发展。数字技术基础研究能力的缺乏使得河南省难以获得数字经济发展的自我驱动能力，只能借助地区以外的技术力量，这无疑将制约河南省数字经济发展。数字技术的进步建立在与实际应用场景结合获得的互补性创新之上，缺乏数字基础研究能力就难以及时利用互补性创新迭代优化数字技术。

第三，缺乏完备的数字产业链。河南省数字产业主要分布在制造环节，在上游研发设计领域缺乏布局，尚未形成数字产业链的集群优势和规模优势。产品层次结构偏低，省内芯片、面板企业囿于技术实力，不具备为先进计算、手机终端龙头企业配套的能力；智能传感器企业产品集中在燃气、水务等传统业务方面，在MEMS传感器、车用传感器等方面布局较少。河南省缺乏从基础层、技术层到应用层的完整体系化数字技术能力，目前尚处于数字产业链的低端。完备的产业链体系能够通过构建产业循环，以网络效应不断放大有限的生产资源所带来的经济效益。数字产业链能够加速这种循环进程，进一步放大网络效应，打造以产业链循环为基础的区域经济循环，增强区域经济发展的内生动力和抗风险能力。

第四，缺少数字经济龙头企业。河南省数字经济企业大多分布在应用层，多数是中小企业，缺乏基础层、技术层的数字龙头企业。龙头企业尤其是具有全国乃至世界影响力的龙头企业，对地区经济发展的影响是不言而喻的。龙头企业具有产业优势、技术优势、场景优势，在数字化转型过程中发挥着重大牵引作用。如广东省深圳市的华为和腾讯、浙江省杭州市的阿里巴巴和海康威视、安徽省合肥市的科大讯飞等，对当地数字经济的快速发展发挥了重要推动作用。河南省缺乏数字经济龙头企业，难以吸引大量数字创新资源以支撑产业发展。

第五，数字基础设施投资不足。河南省公共数字基础设施投资与发达地区还有较大差距。根据《数字中国发展报告（2021年）》，河南省数字基础设施建设位列全国第八，在数据中心、千兆宽带、5G等领域取得较大成就，同时河南省在算力、物联网、5G等方面的建设与发达地区相比仍有较大差距。另外，河南省数字化转型投资不足，即企业为加快自身数字化转型进行的基础设施投资不足。数字化转型投资直接表现为数字化转型程度。数字化转型投资不足严重影响河南省数字化转型进程。河南省目前很多企业尤其是中小企业尚存在对数字化转型认识不足、缺乏数字化转型动力的问题，企业实力较差、数字化转型投资不足是重要原因。为中小企业配套解决数字化转型的资金问题是推动数字化转型的重要举措。

（三）数字经济与实体经济融合现状和问题

第一，数字技术赋能农业领域不够深入。在农业领域，河南省数字农业发展仍然存在一些不容忽视的问题和短板,主要表现在数字技术在农业中的应用推广还不够广泛,农业信息技术标准和信息服务体系还不健全,数字经济市场主体培育力度还不够,存在一些关键领域"卡脖子"技术,比如农业物联网生命体感知、智能控制、动植物生长模型和农业大数据分析挖掘等核心技术尚未攻克,具有较大影响力的农业高新技术企业相对较少。农民的思想观念、文化素质、技术技能与数字农业发展要求差距较大,专业技术人才严重缺乏。

第二,数字技术赋能工业领域不足。在工业互联网建设方面,河南省取得了一定的成绩,对推动河南省工业经济稳定发展发挥了重要作用。网络建设方面,截至2022年底,河南省5G基站数量达到15.3万个,5G网络实现乡镇以上区域连续覆盖;平台培育方面,累计建设综合性平台1个,细分行业、特定领域和产业集群平台47个,基本覆盖制造业重点行业和领域;应用推广方面,实施"企业上云上平台"提升行动,引进培育华为、阿里、国机互联等66家云服务商,累计推动近20万家企业将基础设施、业务系统、设备产品向云端迁移,有效赋能中小企业数字化转型。河南省工业互联网发展还存在一些问题,主要表现为两个方面:一是河南省工业互联网技术基础较差;二是河南省仅有一家国家级工业互联网平台,众多专业类工业互联网平台规模较小、技术能力较弱,制约了河南省工业互联网的发展。

第三,数字技术赋能服务业有待升级。在服务业领域,河南省数字经济发展主要表现在零售业、商业服务业等领域,在科学研究服务、技术研发服务等领域发展较为落后。河南省缺乏本土数字商务平台,无法整合区域资源,形成规模优势。数字技术赋能河南省服务业尚未完全发挥河南省的经济和市场规模优势,打造具有核心竞争力的现代服务业体系还需进一步努力。

(四)河南省数字经济稳定经济大盘面临的问题

第一,数字产业化和产业数字化协同不足。实体经济是稳定经济大局的关键,推动数字经济与实体经济深度融合是促进实体经济加快发展的重要举措。数字产业化是产业数字化的基础,数字产业化和产业数字化之间存在相互促进的协同作用。河南数字产业化发展不足,严重影响产业数字化发展。数字产业化建立在数字技术不断迭代演化的基础上,是通过互补性创新的累积从不成熟走向成熟的过程。产业数字化是数字技术在传统产业的应用,是重要的互补性创新累积过程。产业数字化为数字产业化提供大量产业创新资源,推动数字技术的迭代升级,加快数字产业化发展。数字产业化的发展提升了数字技术对传统产业赋能的能力,进而加快产业数字化发展。由于河南省数字产业化能力不强、数字技术能力较弱,难以与产业数字化形成交互促进的协同作用,进而同时影响数字产业化和产业数字化的发展。

第二,区域协同发展不足。河南数字经济未形成地区联动主要表现在两个方面:一是河南未与其他省市地区形成联动协同作用,中原地区数字经济尚未形成核心圈,不依赖核心城市,地区间发展较为均衡,具有一体化发展基础,但需要加强资源整合;二是河南省各地市之间尚未形成联动协同作用,虽然郑州市是河南省的核心城市,对其他地市具有较强辐射影响,但郑州市本身数字经济并不强,无法对其他地市进行赋能扩散。在中国数字经济发展较为突出的省份广东省,深圳市和广州市对广东省其他地市都具备较强的赋能能力,同时深圳市和广州市具有较为明显的分工定位,两者协同发展,共同推动广东省数字经济的快速发展。

第三,河南数字产业生态化不足。经济系统作为一个复杂巨系统,其稳定发展有赖于系统的复杂程度和协同程度。经济稳定发展重点在于推动产业集群化、生态化,形成彼此关联、相互作用的复杂产业生态。由于缺乏较为完善的数字产业链和产业集群、缺少龙头企业,企业与企业之间的关系和作用较为孤立、分散,无法形成相互影响、相互作用的生态结构,对外界环境变化产生的风险抵抗力较弱。产业生态化对于促进创新的产生和扩散具有重要意义。河南省数字产业生态化不足是河南省整体产业生态化不足的重要方面。

三 以数字经济稳定河南经济大盘的对策建议

(一)加快数字经济和实体经济深度融合发展

1. 加快数字农业建设

第一,加强数字农业基础技术研发。农业数字化转型高度依赖信息技术、生物技术、装备技术等关键核心技术。紧盯世界农业科技前沿,制定农业数字化转型发展路线图和任务书,重点突破分子育种、动植物生长模型、专用传感器、智能农机等基础前沿与共性关键技术。打造河南省农业战略科技力量,高水平建设农业领域重点实验室、数字农业农村创新中心等重大创新平台,持续加大对基础研究和关键技术研发攻关的投入力度。第二,加快数字农业基础设施建设。加强农村通信网络、数据中心、智慧农场等基础设施建设,提高农村信息化水平,为数字农业发展提供强有力的支撑。第三,加强农民数字技术培训。农民作为数字农业发展的主要参与者和受益者,需要具备一定的数字素养和技能。加强农民的数字化培训,提升其网络应用、信息搜索、数字技术等方面的能力,使其能够更好地参与数字农业建设,享受数字化带来的便利。

2. 加快产业数字化

将产业数字化转型作为经济发展的重要战略举措,加快工业互联网、智能制造等的发展。引导和鼓励企业利用数字技术发展柔性化制造和智能化生产,全面提升企业对市场需求的快速响应能力和产能灵活转换能力,推动形成供给与需求、生产与消费互促互动的良性循环。鼓励大型平台企业加强对中小商户数字化运营的技术支持和技能培训,加快传统线下业态数字化改造和转型升级。加大对消费品制造业和消费性服务业中小企业数字化转型的支持力度,以高质量供给创造引领新需求。

3. 加快培育数字平台

平台经济是数字经济的重要支撑,是稳定经济发展的重要保障。数字平台对于数字技术创新发展和产业扩散具有重要作用。第一，加快综合性国家级数字平台建设。以大型国有企业、其他国家级数字平台为依托，通过独立培育、合作发展、区域总部等方式加快综合性国家级数字平台发展。第二，加快专业数字平台建设。加快数字农业创新平台建设，加快汽车、食品、消费电子等行业领域工业互联网平台建设，加快智能制造发展。第三，加快数字服务平台发展。推动电子商务平台转型升级，加快建设以消费为核心，包含文旅、购物、娱乐、交通等的一体化综合数字服务平台，推动数字消费发展。

（二）加快数字经济基础能力建设

1.加强数字技术基础研究能力建设

加快数字技术基础研究能力建设，加快数字技术协同创新平台建设，充分发挥高校、科研院所的基础作用，发挥创新型企业的核心作用、政府的牵引作用，构建应用为导向的数字技术基础研究体系，推动实体经济转型升级。第一，建立多元主体协同创新机制。鼓励行业龙头企业积极与高校、科研机构建立长期稳定的技术合作关系，充分发挥政产学研各自优势，利用数字技术加快建设一批产学研创新合作平台。第二，建设区域数字技术创新协同机制。以区域科技创新中心为基点，积极推动区域数字技术创新资源共享平台建设，以国家或区域重大需求为牵引，以主要产业链创新需求为方向，构建基于数字产业链的技术创新协同机制，带动区域在产业关键共性技术研发和转化应用方面实行深度合作和联合攻关，加强创新资源和科技服务的共享，促进创新要素在区域间的科学配置。

2.加强数字基础设施建设

加快建用并举、以用促建的投资方式，围绕满足消费升级需求，适度超前布局建设5G网络、工业互联网、物联网、数据中心等新型基础设施。坚持市场主导与政府引导相结合，创新投融资模式，鼓励和引导社会力量参与文化、教育、旅游、健康、养老等领域基础设施建设。全面推进传统商业、交通、市政等基础设施数字化智能化改造，以更好地适应数字化消费新业态新模式。专项配套中小企业数字化转型支持资金，加快中小企业数字化转型。

（三）加快数据要素市场高质量发展

1. 加快数据要素市场建设

在加强数据安全保障的前提下，加大数据资源开放、共享和整合开发力度。结合公共数据、企业数据、消费者个人数据等不同数据主体特点，探索建立数据要素流通规则，破除政府、公共机构、企业等不同主体内部及主体之间的数据壁垒。鼓励平台企业通过深入挖掘数据要素、合理应用算法技术进行产品和服务创新，为企业提供算力资源支持。加快建设共建共创共享的数据要素统一市场，推动数据驱动的创新型经济发展。

2. 完善数字治理体系

建立健全数据产权制度，推动数据确权立法，加快研究出台数据条例及公共数据授权运营相关条例，明晰数据产权边界，明确企业、机构、用户、监管部门权责，构建数据资源自由有序流动的制度基础。完善相关法律法规，注重信息安全，保护个人隐私，严禁非法垄断数据资源，打击数据盗用等违法行为，为数据资源自由有序流动提供安全保障。

（四）挖掘数字化供需潜力，构建现代化市场体系

1. 加快数字消费发展

稳经济的一个重要方面是稳消费，总需求不足是当前经济运行面临的突出矛盾。数字消费作为增长迅速、创新活跃、辐射广泛的消费领域，成为市场扩内需的关键动力。支持线上线下商品消费融合发展，促进共享经济等消费新业态发展，加快培育新型消费。加快消费信用体系建设，构建以信用为基础的长效监管机制。积极运用大数据、人工智能、云计算、区块链等技术加强数字监管能力建设，完善跨部门综合监管、线上线下一体化监管机制，加大对网络交易中各种违法违规行为的打击力度，全力营造安全放心的消费环境。

2. 加快跨境电商发展

支持跨境电商企业加强品牌建设，鼓励传统外贸公司通过跨境电商新模

式扩大外贸订单,增加外贸渠道。推动外贸企业通过数字化转型融入全球产业链供应链。进一步深化数字化赋能跨境电商企业发展。通过公共服务平台,为跨境电商海外仓出口企业收结汇、退税,包括完善海关监管等提供数字化智能监管模式。持续推进跨境电商示范园区建设,鼓励跨境电商企业在园区集聚化、规模化发展。有效利用"一带一路"倡议,充分发挥郑州航空港、中欧班列的对外开放作用,加快研究参与 RCEP、CPTPP 等开放平台,以数字技术为依托,加快以数字产品为核心的新型跨境电商发展。

(五)以数字产业为基础,构建跨区域产业生态

1.完善区域分工协作体系

根据各地市区域特点和产业发展情况,整体统筹、全局谋划,构建新型产业链分工协作体系,完善地区之间产业链协作机制,减少不必要竞争,加快构建集科学研究、技术转化、产业应用为一体的数字产业链。以若干个产业链为基础,不断强化地区之间的分工协作,加强地区经济发展的协同性。

2.培育有竞争力的数字产业集群

重点围绕人工智能、先进通信、集成电路等战略领域,发展壮大现有数字科技龙头企业,以工业互联网平台为依托,通过工业大数据平台等,带动形成上下游专精特新中小企业紧密配套,构建数字技术服务商、软件开发者、金融机构、高校和科研院所及其他中介服务机构等高效链接、多方协同、竞合共生的产业生态,打造具有国际竞争力和影响力的集群品牌。如以汽车、智能传感器、现代食品等产业集群为基础,发展智能网联汽车、物联网、现代食品等数字产业集群。

参考文献

《1.75 万亿!刚刚,河南数字经济成绩单发布》,大河财立方网,2022 年 9 月 27 日,https://baijiahao.baidu.com/s?id=1745106568548554266&wfr=spider&for=pc。

《前7个月河南外贸进出口总值超4400亿元》，大河网，2023年8月17日，https：//fgw.henan.gov.cn/2023/08-17/2798141.html。

《上半年全省经济运行情况》，河南省统计局网站，2023年7月22日，https：//tjj.henan.gov.cn/2023/07-22/2782901.html。

薛小龙、黄琼宇主编《广东数字经济创新发展研究报告（2022）》，社会科学文献出版社，2022。

赛迪智库：《中国数字经济发展指数（2023）》，2023年8月28日，https：//www.digitalelite.cn/h-nd-7488.html。

《数字中国发展报告（2021年）》，国家互联网信息办公室，2022年8月2日，http：//www.cac.gov.cn/2022-08/02/c_1661066515613920.htm。

方晓霞：《打造具有国际竞争力的数字产业集群》，《中国中小企业》2023年第7期。

姜兴、张贵：《以数字经济助力构建现代产业体系》，《人民论坛》2022年第6期。

B.19 河南外贸稳存量、扩增量、提质量的对策建议

王 岑*

摘　要： 推进河南外贸稳存量、扩增量、提质量，既是服务构建新发展格局的必然要求、落实国家战略部署的现实需要，也是河南加快建设开放强省的战略举措、实现"两个确保"的重要支撑。近年来，随着一系列稳外贸和促外贸提质增效政策效应逐渐显现，河南外贸呈现了良好发展态势，进出口贸易逐步回暖、外贸主体活力持续增强、新兴市场加速拓展、开放通道不断拓宽，但仍存在不足之处，体现在存量有待稳固、增量仍需加强、质量亟待提高三个方面。下一步需要从稳固外贸存量、扩大外贸增量、提升外贸质量三个方面着手全面推动河南外贸高质量发展。

关键词： 河南外贸　稳存量　扩增量　提质量

2023年是改革开放四十五周年，是河南参与共建"一带一路"十周年。近年来，河南提出要"打造内陆开放新高地"，并持续出台一系列促进对外贸易高质量发展的政策文件。对外贸易是开放型经济的重要组成部分，持续推进河南外贸稳存量、扩增量、提质量是发展壮大开放型经济的重要举措，是坚定不移走好内陆大省开放新路子的河南担当。

---

* 王岑，河南省社会科学院经济研究所科研人员，主要研究方向为宏观经济与区域经济。

河南外贸稳存量、扩增量、提质量的对策建议

一 河南外贸稳存量、扩增量、提质量的重大意义

（一）服务构建新发展格局的必然要求

党的二十大强调，要加快构建以国内大循环为主体、国内国际双循环相互促进的新发展格局，这说明新时代的中国既要着眼于国内市场，也要着眼于国际市场，河南省更需如此。从加快构建新发展格局的表述中，我们可以发现，国内大循环占据主体位置，但这不代表我国只顾发展内向型经济，更不能说明我国不需要对外开放，而是要充分发挥国内超大规模市场作用，畅通国民经济循环，形成国内大循环，以国内大循环引领，高水平对接国际市场，从而实现双循环格局。对于河南省而言，在积极融入国内大循环的同时，也需要锚定国际大市场，走出内陆大省对外开放的新路子，为服务构建新发展格局贡献河南力量。河南省需要明确对外贸易是开放型经济的重要组成部分，在依靠国内力量促进经济发展的前提下，适度借助国际社会力量，推进河南省对外贸易稳存量、扩增量、提质量，有助于推动河南发展开放型经济，服务构建新发展格局，与世界经济互促共进。

（二）落实国家战略部署的现实需要

新时代以来，河南积极融入国家战略部署。一方面，河南立足自身区位优势，紧抓中部地区崛起、黄河流域生态保护和高质量发展、构建新发展格局三大国家战略机遇，促进河南朝着经济强省、文化强省、生态强省的目标迈进；另一方面，河南尽管是内陆大省，但仍然坚持高水平对外开放，全面落实国家开放战略部署，比如深度参与共建"一带一路"，运用RCEP、非洲自贸区建设等，促进河南朝着开放强省迈进。在积极落实和对接国家战略部署的过程中，对外贸易高质量发展是不可忽视的一部分，河南既要引得进来，也要走得出去，满足我国战略部署的现实需要。新时代的河南必须明确对外贸易在经济发展中的重要地位，深挖对外贸易发展短板，实施"硬措

施"和"软措施",比如改善进出口产品结构、创新外贸业态、优化营商环境等,缓解外贸存量、增量和质量三个方面的不足,从而满足更好落实国家战略部署的现实需要。

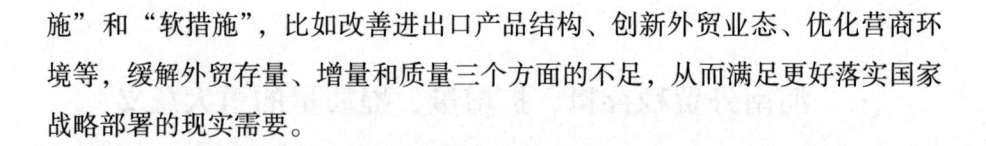

(三)加快建设开放强省的战略举措

新时代的十年,河南从一个不临江、不靠海、不沿边的传统内陆大省,奋力迈向开放前沿,加快了建设开放强省的步伐。十年来,河南高质量发展对外贸易,全面落实郑州—卢森堡双枢纽战略,不断完善中欧班列运行,大力建设跨境电商,形成豫货出海快速通道,培育一批开放产业集群,持续创新发展服务贸易等,推动河南对外贸易朋友圈不断扩大,四路协同效应逐渐增强,已经为河南建设开放强省打下了坚实基础。面对新时代的新挑战与新机遇,河南在对外贸易保持良好发展态势的同时,也需要不断总结、不断解决河南对外贸易发展过程中的问题,比如与国际贸易规则对接不足、开放载体平台不强、贸易产业结构有待转型升级等。因此,在接下来的发展中,河南对外贸易应着重关注存量、增量、质量方面的薄弱环节,通过不断稳存量、扩增量、提质量,实现河南外贸提质增效,促进河南建成开放强省。

(四)实现"两个确保"的重要支撑

河南省第十一次党代会提出"两个确保",即确保高质量建设现代化河南、确保高水平实现现代化河南。改革开放45年以来,河南锚定自身发展目标,积极融入重大发展战略,制定实施了一系列有利于高水平开放的政策,其中不乏关于对外贸易健康持续发展的政策,涉及对外贸易创新发展、对外贸易发展新业态、对外贸易营商环境等方面,为经济社会持续健康发展提供了制度保障。推动河南外贸稳存量、扩增量、提质量,是推动外贸高质量发展的三个方面,有助于提升河南贸易竞争力,实现高水平开放,以此推动河南深层次改革,加速河南高质量现代化建设进程。

二 河南对外贸易的现状分析

（一）河南省对外贸易运行的形势分析

当前，正值百年未有之大变局，世界经济和全球贸易正在从疫情影响中逐渐恢复，但是整个恢复过程是漫长的、缓慢的、波动的、不均衡的。面对世界经济增长乏力，外需收缩压力加大，河南出台了一系列稳外贸和促外贸提质增效的政策，以此推动进出口贸易逐步回暖、外贸主体活力持续增强、新兴市场加速拓展、开放通道不断拓宽。

一是河南进出口贸易逐步回暖。据郑州海关统计，2023年前8个月，河南省进出口贸易总额为4931.9亿元，其中出口3219.2亿元，增长约1.9%；贸易顺差1506.5亿元，扩大近30%。2023年1~7月，河南进出口贸易同比增速稳步提升，尤其是7月同比增速结束了自2月以来的下降趋势，由降转增，河南外贸保持回暖趋势，但是8月的进出口贸易环比略有下降，这说明国际经济恢复仍存在波动性，河南外贸仍保有韧性。

二是河南外贸主体活力持续增强。据郑州海关统计，2023年前8个月，河南有进出口实绩的外贸企业数量超过1万家，增加超过8%，外贸主体规模持续壮大。其中，民营企业占比超过一半（见图1），民营企业和国有企业进出口贸易保持稳步增长态势，凸显民营企业外贸主力军的作用；全省进出口规模在5000万元以上的重点企业超700家，进出口总值占比超8成，形成大块头外贸豫军。

三是河南外贸新兴市场加速拓展。据郑州海关统计，2023年前8个月，美国、东盟、欧盟、韩国、越南进出口贸易总和占比超一半，是河南前五大贸易伙伴（见图2）。另外，河南与共建"一带一路"国家进出口近1500亿元，占比超过30%。近几年，河南省深入落实RCEP、"一带一路"倡议，拓宽了外贸"朋友圈"，丰富了订单来源地。

四是开放通道不断拓宽。新时代的十年，河南"四条丝路"取得亮眼

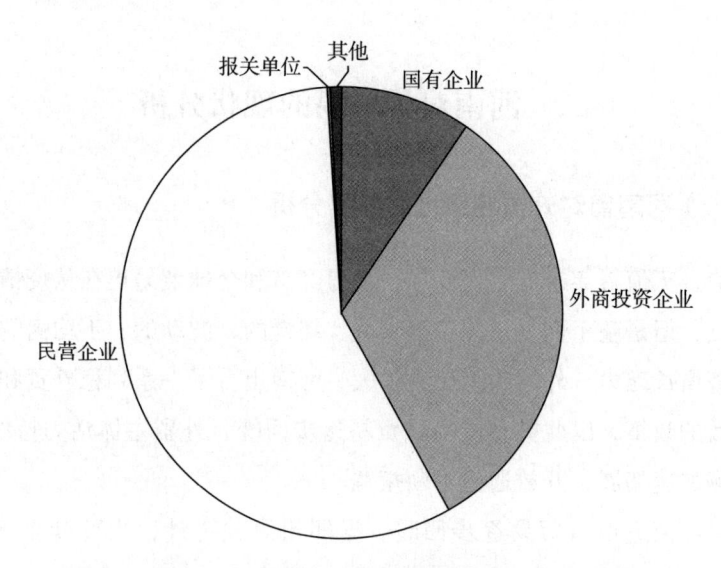

图1　2023年1~8月河南省不同性质企业进出口总值占比

资料来源：郑州海关发布的2023年8月河南省进出口商品企业性质总值表。

成绩，郑州—卢森堡双枢纽合作战略发挥引领作用，"空中丝绸之路"飞出新高度；中欧班列发挥产业带动力，"陆上丝绸之路"让"钢铁驼队"跑出新突破；跨境电商实现跨越式发展，"网上丝绸之路"使得"全球购"更便捷；发展铁海联运模式，"海上丝绸之路"通达四方。

（二）河南省对外贸易面临的主要问题

通过分析河南省对外贸易的运行形势，我们可以发现，尽管河南外贸发展整体持续向好，但是仍存在不足之处，体现在存量有待稳固、增量仍需加强、质量亟待提高三个方面，具体问题表现如下。

一是龙头企业培育不足。从2022年的数据可以看出，河南进出口超百亿元的企业数量较少，但中小微企业数量较多，出现两极分化现象。[1]虽然

---

[1] 张新亮、张鑫：《2022~2023年河南省对外贸易形势分析与展望》，载王振利、苏国宝主编《河南商务发展报告（2023）》，社会科学文献出版社，2023。

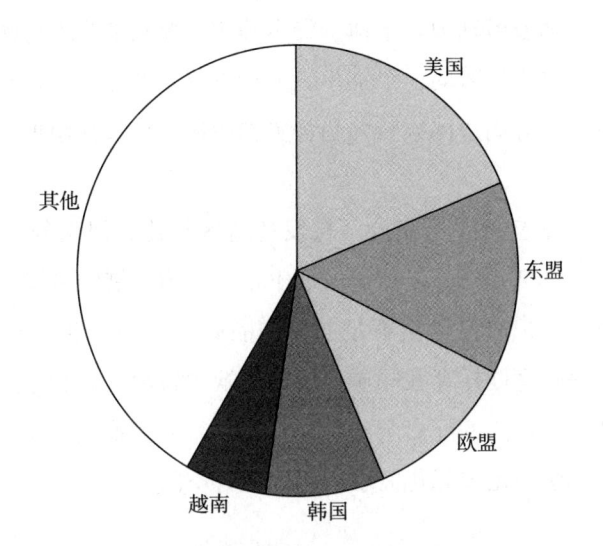

图 2　2023 年 1~8 月河南省进出口商品国别（地区）总值占比

资料来源：郑州海关发布的 2023 年 8 月河南省进出口商品国别（地区）总值表。

河南已经开始注重龙头企业的培育，也通过外来引进和自主培育发展了一批新兴外贸企业，但是培育龙头企业需要一定周期，目前多数企业规模仍不大，重点企业外贸业务项目较少，缺少国际竞争力，多点支撑格局尚未形成。

二是外贸商品结构有待优化。对于河南而言，汽车、农产品、人发制品等出口商品增长迅速，大多为劳动密集型产品和资源密集型产品，技术含量低、附加值低、自主品牌少，处于产业链低端，缺少资本密集型产品和技术密集型产品，需要警惕落入"比较优势陷阱"。金属矿砂、农产品等进口商品增速较快，高端装备和关键零部件进口比例较低，再创新水平有待提高，产业转型升级的支撑力有待加强。

三是外贸方式仍需调整。相比加工贸易而言，一般贸易背后的产业链长、附加值高。郑州海关统计数据显示，虽然河南 2023 年前 8 个月的一般贸易进出口增速为 6.4%，加工贸易进出口增速为 -21%，但是一般贸易进出口总额仍小于加工贸易进出口总额，河南外贸调结构促转型任务仍然艰

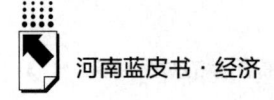

巨。与此同时，随着劳动力、土地、资本等生产要素的成本持续攀升，我国部分外贸传统优势不断减弱，个别传统劳动密集型产业出口订单和产能向越南、印度、柬埔寨等周边国家转移趋势更加明显，导致河南加工贸易比较优势有所下降。

四是外贸新业态发展不充分。与发达地区相比，河南外贸市场主体较少、层次低、共享度较低，新业态发展不足。大力发展的跨境电商存在同质化现象，企业的知识产权意识不足，自主品牌建设不完善，缺少国际竞争力。建立境外海外仓同样存在同质化现象，缺少科学设计和布局，境外本土化程度低。外贸新业态的配套服务设施不完善，大多聚焦通关、结汇、退税等基础环节，无法满足多元化需求，仍有提升空间。

三 河南外贸稳存量、扩增量、提质量的对策建议

在未来一段时间内，河南要提高外贸基础能力，稳固外贸存量；要加快外贸创新发展，扩大外贸增量；要优化外贸发展环境，提升外贸质量，通过实施一系列科学、具体、有效的举措推动河南外贸稳存量、扩增量、提质量。

（一）提高外贸基础能力，稳固河南外贸存量

河南推动外贸稳存量，离不开外贸基础能力的提高，应进一步做大做强外贸市场主体，持续完善开放通道体系，加大多层次金融支持力度，从而夯实外贸存量基础。

1. 做大做强外贸市场主体

开放型市场主体的大小与强弱将会直接影响河南对外贸易的发展水平。做大做强外贸市场主体，有助于强化河南对外贸易竞争优势，进一步稳固扩大外贸基本盘。一是培育外贸龙头企业。围绕人工智能、新材料、5G等新兴产业领域，坚持市场导向原则，培育一批创新能力强的外贸龙头企业，积极拓展新兴产业贸易。聚焦量子信息、区块链、6G等未来产业，培育外贸未来增长极。立足装备、食品、汽车等传统产业，支持相关外贸龙头企业研

发具有市场竞争力的新型产品，既弥补国内空白市场，又可以替代国外产品。继续支持与共建"一带一路"国家和地区开展农业方面的合作，推进河南境外经贸合作区建设。二是增强中小企业贸易竞争力。支持中小企业开展"抱团出海"行动。鼓励龙头企业发挥引领带头作用，促进河南本地企业与"头雁"企业开展补链强链合作，打通上下游产业链，提高整体国际竞争力。给予专精特新中小企业政策加油包，推进其成为"小巨人"企业的发展进程，增加河南本地"小巨人"企业的数量。三是稳定民营企业外贸主力军地位。积极落实国家对于民营企业发展的战略部署，基于河南本地民营企业的发展现状，不断完善出台配套政策文件，形成良好的政策环境。鼓励河南民营企业积极参与服贸会、广交会，支持举办合作推介会和主题形象展等活动，促进签约项目的达成，助力河南民营企业实现"海阔凭鱼跃"。除此之外，还需要建立健全外贸监测与预警机制，通过实时监测和及时预警，帮助重点企业发现并解决对外贸易中出现的问题，从而达到保护重要外贸市场主体的目的。

2. 持续完善开放通道体系

"要致富，先修路。"交通便利是致富的必然条件，这也适用于对外贸易领域。河南要想稳固外贸存量，促进外贸高质量发展，不仅需要做大做强外贸主体，提升企业自身"走出去"的实力，还需要持续完善开放通道体系，强化对外贸易通达力，为企业"走出去"提供"四条道路"。一是打造空中经济廊道。着力高质量建设"空中丝绸之路"，不断加强"郑州—卢森堡"双枢纽合作，持续完善郑州货运枢纽航线，逐步推动航线辐射全球、高效通达。加强与货运航线配套的信息化平台建设，提高郑州国际邮件枢纽口岸功能，与更多国家建立邮件间的直接联系，形成空中枢纽优势。二是贯通陆上经济走廊。全面落实中欧班列"五统一"管理办法，推动高水平建设中欧班列（郑州）国际物流通道。不断发挥郑州集结中心作用，持续拓展中亚、欧洲、东盟线路，打造特色班列品牌，促进运贸产联动发展。谋划在省内具有基础条件的其他地市建设线路通道二级节点，比如洛阳、南阳等地，提高全省陆上经济走廊覆盖程度。三是织密网上丝绸之路。基于RCEP、CPTPP和DEPA高标准经贸原则，持续推进贸易数字化发展，鼓励建设数字化基础设施，拓宽开放合作空间，提升跨境电商交易规模，大力发展境内保税仓和境外海外仓，加强河南与世界深度链接。四是拓宽出海大通道。全面落实《河南省对接融入海洋经济工作方案》，积极发展"海上丝绸之路"，综合河南全省资源，培育发展海洋相关产业，建设海洋经济立体通道，持续开通铁海联运班列，向北连接京津冀，向南辐射长三角，开展平台、人才、生态保护等方面的合作，促进内陆省份"转身向海"。

3. 加大财政金融支持力度

对外贸易的健康持续发展离不开财政金融的政策支持。加大财政金融支持力度有助于河南外贸企业融通资金、规避风险、咨询业务等，从而为河南外贸稳存量保驾护航。一是强化财税政策支持。一方面，既要争取中央财政资金、项目、政策支持，也要充分发挥对外经贸发展专项资金、服务贸易创新发展引导基金作用，同时争取各类对外投资基金支持共建"一带一路"高质量发展，完善招商引资政策，支持外资投向战略性新兴产业、绿色能源产业；另一方面，基于河南省外贸发展情况，不断探索、完善、实施有利于本省企业对外贸易发展的税收服务举措，持续改善外贸企业税收环境，针对高新技术外贸企业，实施相应的优惠税收政策，鼓励其高质量发展，落实出口退税政策，支持推广外贸企业申报无纸化退税。二是优化金融扶持政策。在依法依规的前提下，支持商业银行加大对中小企业和民营企业的融资力度，创新推广有针对性的金融工具，比如"信易贷"，从而缓解中小企业和民营企业融资难融资贵的问题，对其强化进出口信贷支持。鼓励郑州商品交易所探索新型交易产品，助力外贸企业获得新型融资方式。不断完善出口信用保险的覆盖范围、承保条件和理赔条件，强化保险支持。三是优化跨境结算服务。以需求为导向，支持金融机构为外贸企业建立业务服务体系，包括国际结算、保函、信用证等项目，特别是不断完善外汇衍生品和跨境人民币业务，逐渐提高跨境贸易使用人民币结算的频率，从而帮助外贸企业规避汇率风险，提高存量稳固程度。

（二）加快外贸创新发展，扩大河南外贸增量

河南推动外贸扩增量，加快外贸创新发展是根本动力，应进一步创新对外贸易要素投入，创新对外贸易发展方式，创新对外贸易业态模式，从而提升河南外贸创新能力。

1. 创新对外贸易要素投入

新一轮科技革命和产业变革深入发展，要想扩大河南外贸增量，创新要素投入是前提和基础。通过融入技术、数字、管理等要素，有助于进一步优化河南进出口产品结构和质量，提高河南外贸核心竞争力。一是优化出口产品结构。立足国际市场对产品的真实需求，提高河南省劳动密集型产品的竞争优势，促进其向技术化、高端化、精细化发展。保持河南外贸"新三样"（电动汽车、光伏产品、锂电池）走俏趋势，培育一批"顶天立地"的领军型企业，进一步加强高技术含量、高附加值、绿色低碳产品的研发与出口，源源不断推出更多具有河南特色和本土优势的"新三样"。继续保持河南农产品出口优势，强化精深加工和信息化管理水平，提高出口农产品附加值。二是优化进口产品结构。通过数字化管理平台，明确不同产品在国内的自给程度和优先顺序，再确定不同产品的进口规模和优先顺序，适当可控农产品进口，鼓励优质消费品进口，扩大先进技术、重要装备和关键零部件进口。积极参加农加会、进博会、南博会等，加强与共建"一带一路"国家、东盟国家、欧美国家的客商合作。三是提高外贸产品质量。建立健全质量安全预警与反映监管机制，搭建产品质量检测公共服务平台。对标国际产品质量标准，推进产品检测证书互认，为持续扩大外贸增量提供后续保障。

2. 创新对外贸易发展方式

对外贸易的方式多种多样，可以分为一般贸易、加工贸易和其他贸易。推动河南外贸扩增量，需要河南有针对性地创新发展不同类型的外贸，从而拓宽优化贸易方式，不断扩大外贸增量。一是做强一般贸易。一般贸易相比加工贸易和其他贸易产业链更长、附加值更高，做强一般贸易对扩大外贸增量的效果更加明显。河南需要鼓励外贸企业开展技术创新、产品研发、品牌

培育，支持生产高附加值产品，并注重产品上下游链条的衔接和强化，从而形成企业出口的核心竞争力。二是提升加工贸易。加强前沿技术在加工贸易中的应用，提升加工贸易企业的创新能力。支持加工贸易企业拓宽营销渠道，化被动接单为主动营销，实现产业链价值链的攀升。三是创新发展服务贸易。服务业和服务贸易已经成为我国扩大高水平对外开放的新引擎，是持续扩大河南外贸增量的密码。要打造河南省服务业品牌，提升品牌知名度和国际影响力，不断扩大服务贸易的"朋友圈"。要持续提高知识密集型服务贸易占比，推动河南服务贸易由劳动力密集型向知识密集型发展。积极申报建立具有河南特色的服务出口基地，包括文化、中医药、数字等领域，并培育一批省级服务贸易"头雁"企业，形成河南特色的产业集群。高质量实施服务外包行动，建设郑州、洛阳国家服务外包示范城市，不断发展省级服务外包示范城市、示范园区。创新服务外包模式，推动其迈向高端化，给予外贸扩增量持续动力。

3. 创新对外贸易业态模式

近几年，数字经济迅速发展壮大，我国网民数量和互联网普及率等指标排在全球前列，跨境电商迎来了宝贵的发展机遇，已经成为我国发展速度最快、潜力最大、带动能力最强的外贸业态。河南积极推进跨境电商快速发展，有助于进一步打造外贸创新发展新高地，培育外贸创新发展新动能，不断扩大外贸增量。一是推进跨境电商综合试验区建设。基于河南省内各城市的禀赋条件，统筹推进省内多城市跨境电商建设，针对郑州中心城市，持续开展经营运输中心、物流枢纽中心和进口药物试点工作，同时挖掘产业发展潜力，发展关联产业，形成具有河南特色的产业生态，培育本土跨境电商品牌；针对洛阳和南阳副中心城市，发挥地区产业带优势，带动跨境电商企业发展外贸业务，畅通产品营销渠道；针对"发都"许昌，其拥有全国唯一的发制品市场采购贸易试点，应持续深化该试点建设工作，加强与全省跨境电商企业合作。二是积极推广数字技术应用。跨境电商企业的发展基础是贸易数字化，通过不断完善数字技术和工具的利用情况，建立健全跨境电商的服务平台、营销体系、安全预警等，可以推动数字贸易全流程实现优化。三是加快推动海外仓发展。扩大海外仓建设主体，包括外贸企业、跨境电商、物流企业等；拓宽海外仓建设空间布局，包括建设"一带一路"国家、重大区域发展战略枢纽节点城市、重大市场所在地等；完善海外仓建设基础设施，建立健全储藏物流体系，建立智慧化物流信息平台，不断完善对接电商平台、服务平台系统，为河南培育优秀海外仓企业，助力全面融入国家海外仓网络。

（三）优化外贸发展环境，提升河南外贸质量

河南推动外贸提质量，最重要的是要持续优化外贸发展环境。当前，河南已经出台一系列优化外贸营商环境的政策文件，可从提高进出口物流畅通水平，提升跨境贸易便利化程度，帮助进出口企业减负增效三个方面具体推动河南外贸提质增效。

1. 提高进出口物流畅通水平

进出口物流畅通与否直接影响外贸发展速度和效率。面对较大规模的进出口市场，河南省有必要通过改革和科技双重发力，提升进出口物流监管效能。一是提升航空口岸物流效率。选取符合条件的航空口岸作为试点，不断总结试点新模式的经验，持续完善新模式的不足之处，深化"直提直装"模式试点推广工作。推动落实通关便利措施，比如"整板转运"、7×24 小时通关等。开拓航空中转业务，畅通空与空对接、空与陆连接。二是提升铁路口岸物流效率。着力优化中欧班列（"中豫"号）物流配套措施，推行铁路调拨无纸化、运抵自动化、通关迅速化、物流便利化。根据现实需求，适当增加越南方向、老挝方向线路，促进联通陆海新通道。三是畅通陆运、邮运国际物流通道。持续完善国际公路运输系统信息化监管水平，优化境内外海关合作，促进陆运便利畅通。增加郑州国际邮运业务，实施"跨境一锁"业务试点。四是畅通属地查验绿色通道。明确开展活物运输业务、易腐农产品运输业务的外贸企业名单，对其出境产品实施"5+2"约查。统筹考量企业信用和产品风险等级，对符合相应要求的外贸企业进行远程查验，节约查验时间，在保证外贸产品质量的前提下畅通绿色通道。

2.提升跨境贸易便利化程度

促进跨境贸易便利化，是对标国际先进水平，全力营造市场化、法治化、国际化一流口岸营商环境的重要举措，有利于提升河南外贸质量。一是加快外贸产品通关速度。针对符合条件的高新技术产品，加快其外贸企业的备案速度，适当降低检查指令次数，促进此类产品顺利实现进出口，提高外贸企业的积极性；针对特殊物品风险分类管理中的低风险产品，持续优化审批时间，提高检疫效率；对标海关服务中原农谷建设的具体措施，保证农产品顺利通关、进境隔离检疫；针对大宗资源商品进口，给予检验结果采信，同时保证质量安全和通关迅速。二是提升外贸产品通关效率。在确保通关时间全面缩短的同时，建立健全全流程各环节监测机制，实时发现、疏通堵点，确保通关不延时。创新多种通关模式，在确保企业实施自主选择权的同时，为企业运用便利化通关模式提供指导服务。三是提供一站式、智慧化服务。推广"单一窗口"模式和"一站式"服务模式，加强与卢森堡等国家与地区海关的双边交流合作，"单一窗口"数据的互联互通。推进郑州航空口岸开展智慧口岸试点申建。

3.帮助进出口企业减负增效

帮助进出口企业减负增效是优化外贸发展环境的直接体现，有助于外贸企业松绑解压，提高外贸企业的经营效能，从而提升外贸质量。一是推进外贸企业减税降费。针对集成电路、民用航空维修相关企业，提高减免税审核的速度。聚焦中欧班列回程境内段，实施国际公路运输系统境内段运费扣减措施。支持外贸企业采取相应措施减负增效，比如税收总担保。二是加强主动披露政策宣传力度。建立健全主动披露机制，加大政策宣传力度，鼓励外贸企业勇于担当、遵循主动披露政策。建立健全容错纠错机制，针对符合条件的外贸企业，采取比较灵活的行政处罚措施，畅通守法便利通道。三是提升自贸协定应用水平。加大RCEP等自贸协定政策的知识普及、案例推广，帮助企业更好地认识、理解、运用自贸协定政策，提升政策利用率。深化运用"智享惠"服务平台，支持优惠信息推送、协定实施效果评估等服务功能上线，有助于外贸企业一键查询最优进口税率，从而享受政策红利，控制外贸成本。

参考文献

金瑞庭:《牢牢稳住外贸基本盘》,《经济日报》2023年9月14日。

孙静:《河南:从关键数据透视外贸新动能》,《河南日报》2023年7月21日。

李鹏:《金融助力外贸企业"出海掘金"》,《河南日报》2023年4月20日。

汪萌萌:《河南实施制度型开放战略的基本思路与对策研究》,《中共郑州市委党校学报》2022年第5期。

迟福林、方栓喜:《以高水平开放打造双循环的重要支点——河南在国家新发展格局中战略地位的几点思考》,《区域经济评论》2022年第5期。

张新亮、张鑫:《2022~2023年河南省对外贸易形势分析与展望》,载王振利、苏国宝主编《河南商务发展报告(2023)》,社会科学文献出版社,2023。

B.20
河南持续优化民营企业发展环境的思考及建议

张 玮*

摘　要： 近年来，国家和地区纷纷出台政策措施，优化民营企业发展环境，促进民营经济发展壮大，民营经济发展迎来了新机遇。民营经济在河南经济社会发展中具有重要地位，优化民营企业发展环境对于稳定河南经济大盘、提升河南竞争力、建设现代化河南具有重要意义。当前，河南民营企业发展还面临一定程度的环境制约，这要求河南必须进一步打造预期稳定的发展环境、精准有效的政策环境、宽松有序的市场环境、支撑有力的要素环境、公正平等的法治环境、高效便捷的政务环境，消除民营企业发展后顾之忧，提振发展信心，让民营企业愿意发展、敢于发展、安心发展，以民营经济的蓬勃发展为现代化河南建设奠定坚实的基础。

关键词： 民营企业　发展环境　河南省

民营经济是中国特色社会主义市场经济的重要组成部分。党中央始终高度重视民营经济，党的二十大报告明确指出，优化民营企业发展环境，依法保护民营企业产权和企业家权益，促进民营经济发展壮大。河南也多次出台支持民营经济发展的政策措施，为民营企业的发展提供了广阔的舞台。充分认识河南民营经济的重要性，进一步优化民营企业发展环境，推动民营经济高质量发展，是推动现代化河南建设、谱写中原更加出彩绚丽篇章的必然选择。

---

* 张玮，河南省社会科学院经济研究所科研人员，主要研究方向为区域经济与民营经济。

一 河南民营经济在经济社会发展中的地位和作用

一直以来,河南高度重视民营经济在现代化河南建设中的重要地位和作用,始终坚持"两个毫不动摇",创新开展民营经济"两个健康"河南实践,全面深化"两个行动",扎实开展"万人助万企"活动,滚动推进"三个一批"项目建设,不断强化"四个拉动",着力构建"六最"营商环境,民营企业发展环境实现进一步优化,民营经济生机活力得到进一步激发,当前民营经济已经成为河南经济发展的主力军、科技创新的强引擎、对外开放的动力源以及民生福祉的助推器。

(一)民营经济是河南省经济发展的主力军

在河南省委、省政府的引领下,河南民营经济蓬勃发展,已经成为经济发展的主力军。民营经济对河南经济发展的贡献可以用"456789"进行概括,即民营经济贡献了河南40%以上的进出口总值、50%以上的地区生产总值、60%以上的A股上市公司、70%以上的中国企业500强、80%以上的税收收入、90%以上的新增就业[1],其对河南经济发展的重要意义可见一斑。河南民营经济的实力也在不断壮大,全国工商联发布的最新榜单显示,2023年河南分别有14家和18家企业上榜中国民营企业500强、入围中国制造业民营企业500强。

(二)民营经济是河南省科技创新的强引擎

创新是引领发展的第一动力。河南深入推进创新驱动、科教兴省、人才强省战略,始终把创新摆在现代化河南建设全局的核心位置。企业是创新的主体,民营企业更是河南科技创新的强引擎。河南积极打造高水平创新平

---

[1] 陈辉、陈小平:《河南民营经济挺起高质量发展的"脊梁"》,《河南日报》2023年7月26日。

台，组建了16家省产业研究院和8个中试基地，其中华兰生物、安图生物等民营企业挑起了大梁。河南民营企业也在攻克关键核心技术、解决"卡脖子"问题方面扛起了重担。宇通集团"商用车电驱动系统"项目突破高效高密度电机系统等5项关键技术难题，多氟多在国内率先建成了全球最高品质电子级氢氟酸生产线。

（三）民营经济是河南省对外开放的动力源

坚持对外开放是河南更好服务和融入新发展格局、实现高质量发展、深度参与国际竞争的关键。民营外贸企业对河南省外贸增长的拉动力越来越强，今年以来受内外经济环境的影响，河南对外经济面临较大的压力，但在这种情况下民营企业却表现优异。2023年上半年，河南有进出口实绩的外贸企业数量同比增加807家，民营企业进出口占同期全省外贸进出口的50.8%，同比提高3.6个百分点[1]，充分体现出河南民营企业持续提升的外贸贡献力。

（四）民营经济是河南省民生福祉的助推器

民营经济在促进就业、改善民生、推动乡村振兴等民生福祉方面发挥着积极作用。民营企业历来是就业蓄水池，是吸纳就业的主力军。2022年11月底，河南市场主体突破千万，其中个体工商户占市场主体总量的71.8%，带动了近3000万人就业[2]。民营企业参与事关百姓衣食住行的领域，极大地满足了人民日益增长的美好生活需要，提升了人民群众的幸福感。民营企业更是助力乡村振兴的重要力量。河南民营企业积极主动参与"万企兴万村"行动，有力带动了乡村产业发展、人才集聚、生活富裕。

---

[1] 陈辉、陈小平：《河南民营经济挺起高质量发展的"脊梁"》，《河南日报》2023年7月26日。

[2] 栾姗、孔学姣：《河南市场主体总量突破千万户》，《河南日报》2022年12月9日。

二　河南持续优化民营企业发展环境的重要意义

民营经济在河南经济社会发展中的重要地位决定了必须要把促进民营经济发展壮大摆在河南现代化建设全局的突出位置，必须要为民营企业的发展提供优良的环境。优化民营企业发展环境对于稳定整个经济大盘、提升竞争力、现代化河南建设都具有重要意义。

（一）发展壮大民营经济、全力以赴拼经济的重要抓手

良好的发展环境是民营企业成长壮大的沃土。优化民营企业发展环境能够在政策扶持、公平竞争、要素支撑、法治保障、高效服务等方面为民营企业和民营经济提供良好的发展条件和机会，稳定发展预期，提振发展信心，推动民营经济发展壮大。从河南的实际情况来看，民营经济对于整个地区经济社会发展起到重要推动作用，特别是当前河南正处于全力以赴拼经济的关键时期，提高民营企业的竞争力和发展水平，充分发挥民营经济的带动作用是十分必要的。但是没有优良的环境，民营企业的发展势必受到限制。因此，必须以优化民营企业发展环境为重要抓手，为民营企业发展打造精准有效的政策环境、宽松有序的市场环境、支撑有力的要素环境、公正平等的法治环境、高效便捷的政务环境等，激发民营经济活力，推动民营企业发展壮大，巩固经济发展基础，为河南全力以赴拼经济提供强有力的支撑。

（二）应对风险挑战、塑造竞争新优势的必然选择

当前，国际形势复杂严峻，全球经济复苏乏力，经济社会发展面临的风险挑战增多，国内竞争也不再局限于硬实力，在营商环境等软实力方面持续发力。近些年来，国内城市陆续出台各项政策措施促进民营企业发展环境优化，有力吸引了资金、人才、技术等各种生产要素流入，为民营企业发展提供了广阔的平台。山东省委、省政府出台最高规格的民营经济文件助推民营经济发展壮大，浙江出台促进民营经济高质量发展32条措施，赋能浙江民

营经济新飞跃,广西出台188项举措提升营商环境,上海、陕西等地也纷纷出台各项政策措施支持民间投资健康发展,营商环境已经成为各地发展竞争的新赛道。为应对风险挑战,提升经济韧性,塑造竞争新优势,赢得发展主动权,河南必须积极主动融入这场竞争,持续优化民营企业发展环境,推动民营经济发展壮大。

(三)奋力实现"两个确保"奋斗目标的关键之举

河南省委、省政府深入学习贯彻习近平总书记视察河南重要讲话重要指示,结合河南实际发展情况,以前瞻30年的视野和格局,确立了"两个确保"奋斗目标,提出了"十大战略"行动部署,为现代化河南建设提供了根本遵循。民营经济是实现"两个确保"奋斗目标的有力支撑,确保高质量建设现代化河南,确保高水平实现现代化河南离不开高质量发展的民营经济。河南民营经济从小到大,由弱到强,蓬勃发展,蒸蒸日上,在稳定增长、促进创新、增加就业、改善民生等方面发挥着积极作用,为现代化河南建设奠定了坚实的物质技术基础。民营经济也是有力推动"十大战略"实施的重要载体。创新驱动发展战略、乡村振兴战略、绿色低碳转型战略等都离不开民营企业的积极参与。所以,必须优化民营企业发展环境,充分发挥民营经济在现代化河南建设全局中的支撑作用,为实现"两个确保"奋斗目标夯实基础。

三 河南民营企业发展面临的环境制约

在河南省委、省政府的带领下,河南民营企业已经取得长足发展,但同时仍面临一定程度的环境制约,这体现在市场准入、要素获取、法治保障等多个方面。优化民营企业发展环境必须要正确认识民营企业发展环境中存在的问题,有的放矢,对症下药,这样才能更好推动民营经济发展壮大。

(一)宏观经济不确定

当今世界百年未有之大变局加速演进,从国际看,全球经济增长乏力，国际货币基金组织在最新一期《世界经济展望》中对2023年全球经济增速的预测为3%，远低于2000~2019年的年均增速3.8%。地缘政治冲突加剧，推动国际战略力量和格局深度调整，贸易保护主义、逆全球化有所抬头，经济发展面临的不稳定不确定因素明显增多。从国内看，2023年上半年，我国经济运行整体呈现恢复向好态势，但是发展仍面临需求收缩、供给冲击、预期转弱三重压力。国家统计局数据显示，民间投资同比下降0.2%，民间投资占全国投资比重为52.9%，是近十年来的最低水平，反映了民间投资主体即民营企业投资意愿不强、发展信心不足。从2023年上半年发展情况来看，河南经济持续恢复，但是经济回升基础还不稳固，持续回升面临较大压力。河南省统计局数据显示，近三年来民间投资占比分别为69%、68.9%、66.3%，呈现持续下降趋势。

（二）政策落实不到位

好的政策关键在于落实。近些年来，河南陆续出台了很多支持民营经济发展的政策措施，但在执行过程中却存在落实不好、效果不佳的问题。例如，2022年中小微企业房租减免政策未严格落实，应减未减免的达到4320万元；部分高新技术企业应享受未享受企业所得税相关优惠政策，多预缴企业所得税277.6万元；信阳等35个市县缺少高新技术奖补资金，导致1384家企业未享受奖补[①]。究其原因，在于有些地方和部门对党和国家鼓励、支持、引导民营经济发展的政策方针把握不精准、理解不充分，在落实过程中照本宣科、生搬硬套，产生偏差，影响政策执行效果；有些政策在执行过程中缺少配套体制机制、财政资金等支持，导致政策无法顺利推进、有效落实；环保、税收等相关的一些政策在落实过程中存在"一刀切""层层加码"，干扰了一些规范经营的民营企业；另外，有些政策在执行时，由于相关宣传不到位，企业对于惠企政策缺乏全面了解，不能享受应该享有的政策优惠，使得政策的实效性大打折扣。

---

① 《关于2022年度省级预算执行和其他财政收支的审计工作报告》，河南省审计厅网站，2023年7月28日，https://sjt.henan.gov.cn/2023/07-28/2787185.html。

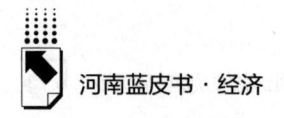

（三）市场准入不公平

市场准入不公制约民营企业的发展，影响市场经济健康平稳运转。虽然河南高度重视民营企业发展，坚持平等对待各种所有制经济，持续推进准入制度改革，不断加大对民营企业的开放力度，推动各种所有制经济权利平等、机会平等、规则平等，但是实际上各种有形无形的歧视仍然存在，"玻璃门""旋转门""卷帘门"等隐性壁垒并未完全消除。在平等准入上，电网、铁路等行业未限制准入，但受自然垄断约束，实际上民营企业很难进入；一些领域为保障安全可控，指定由国企背景的企业经营，还有一些领域在股权分配、资质等级等方面设置隐性要求，民营企业难以达到，难以进入。在平等获取市场机会上，民营企业在政府采购、项目招投标等过程中可能会遭遇歧视性条款，一些政府部门、事业单位和国有企业在选取合作单位的时候优先选用国企，使得民企无法参与公平竞争。

（四）要素获取不顺畅

资金是否充裕直接影响民营企业发展壮大，融资难融资贵一直以来都是民营企业发展难以逾越的"冰山"。很多中小民营企业存在管理机制不科学、财务数据混乱失真等问题，金融机构难以了解其真实的经营情况，也就无法判断其还款能力，为了规避风险，不得不提高门槛，在企业规模、资质等级、现金流等方面提出种种限制，以便筛选出优质客户，这导致很多有融资需求的中小民营企业无法得到资金满足。很多中小民营企业在申请贷款时存在抵押担保不足的难题，大多数中小民营企业在生产经营时使用的厂房未取得不动产权证，无法进行抵押贷款，应收账款、专利技术等质押贷款和债券融资等也存在种种限制，实际操作极为艰难，这严重制约了民营企业融资。此外，民营企业在获取人才、土地、技术等要素时也存在种种阻碍，难以从发展平台、工资待遇、社会福利等方面对高端人才形成吸引力，用地也存在审批落地难、政策约束突破难等问题。

（五）法治保障不健全

法治是最好的营商环境。近些年来，河南积极运用法治手段优化营商环境，法治环境已经得到极大改善。但是在执法、司法以及普法宣传上仍存在很多不足之处，在保护民营企业和企业家合法权益上有待进一步提升。在执法上，法律界限不够清楚，执法不够严谨，职权范围不够明确，多头执法、过度执法、推诿、扯皮仍有发生。在监管上，司法机构在审理涉及民营小微企业案件时，存在对政策和法规过度解读，部分案件存在立案难、执行难的现象；涉企案件久拖不决、效率低下等问题仍然是打造法治化营商环境的突出短板；对知识产权保护力度还不够，产权保护相关法律法规不完善，打击侵权行为的协调联动机制不健全。在普法宣传上，有些职能部门偏重于执法和监管，常态性普法宣传不到位；普法宣传教育采取的形式比较单一，宣传渠道单一，内容针对性不强，对民营企业的吸引力不够。

（六）政商关系不亲清

良好的政商关系是民营企业健康稳定发展的重要保障。政府及有关部门存在的拖欠企业账款、"新官不理旧账"等不诚信行为直接影响政府权威和公信力，影响良好政商关系的构建。河南省审计厅发布的《关于2022年度省级预算执行和其他财政收支的审计工作报告》显示，驻马店等86个市县政府拖欠民营企业、中小企业账款达80.02亿元，占全省新增拖欠账款的83.68%，信阳等10个市虚假化解清偿中小企业欠款1.44亿元，清欠不实的问题突出，这对于民营企业的正常生产经营产生了不利影响。权力寻租、政商关系"亲而不清"问题仍存在，存在个别领导干部利用权力地位、行业资源或职务便利，在工程项目招标、政府采购等业务活动中以权谋私，在与民营企业家交往的过程中突破底线，触碰红线。有些部门存在不作为、慢作为、不担当、不担责等"清而不为"的问题，对企业的事拖着办、慢慢办，甚至不给办，严重影响了政府形象。

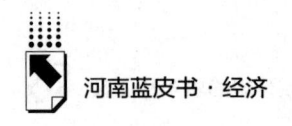

四 河南持续优化民营企业发展环境的对策建议

河南持续优化民营企业发展环境,应进一步营造预期稳定的发展环境、完善精准有效的政策环境、优化宽松有序的市场环境、打造支撑有力的要素环境、健全公正平等的法治环境、构建高效便捷的政务环境。

(一)提振发展信心,全力营造预期稳定的发展环境

一是营造良好社会氛围。加强对宏观经济形势的分析解读,让民营企业认识到我国经济长期向好的基本面没有改变,经济韧性强、潜力大、活力足,河南经济稳中向好、稳中提质、动能增强,坚定民企发展信心;加强舆论引导,做好优秀民营企业和企业家事迹的正面宣传,大力弘扬企业家精神,引导社会公众正确认识民营企业对河南经济社会发展的贡献;开展专项行动,严厉打击网上恶意损害民营企业和企业家形象声誉的违法违规行为,让民营企业吃下"定心丸";建立健全民营企业社会责任评价体系和激励机制,鼓励引导民营企业自觉履行社会责任。二是激发民间投资活力。支持民间资本参与重大工程和补短板项目,建立项目清单,搭建项目推介平台,及时发布项目推介、支持政策等信息;健全项目落实保障机制,重点加强融资保障和要素保障,优化项目管理,提高项目申请、审批、验收等流程效率,搭建民间投资问题反映平台,推动问题及时有效解决。

(二)发挥政策导向,加力完善精准有效的政策环境

一是完善政策制定和执行机制。在涉企政策、规划、标准制定时,要充分听取企业、有关部门以及相关专家的意见建议,注重保持政策的科学性和可操作性;完善配套体制机制,健全财政资金配套相关制度,确保政策顺利推进;设置合理的过渡期,给企业预留充分调整的适应时间;领导干部要提高政治站位,完整准确全面领会政策意图,切实提升政策执行能力;加强直接面向民营企业的政策发布和解读引导,完善政策直达快享机制,确保政策

享受"零延误""零折扣";健全涉企政策全流程监督评估制度,推动政策不折不扣执行,避免"一刀切""层层加码"。二是打好惠企政策"组合拳"。充分发挥中央和地方政策协同作用,对于河南民营企业发展中的"急难愁盼"问题,在减税降费、金融支持、产业发展、科技创新、绿色发展等方面出台更多针对性政策,强化政策精准支持;研判民营企业发展中出现的各类新问题新挑战,及时做好风险应对的政策储备清单;做好惠企政策到期后的接续政策制定实施,确保连续性和稳定性。

(三)促进公平竞争,持续优化宽松有序的市场环境

一是持续放宽市场准入。深入实施市场准入负面清单制度,完善与之相适应的准入机制、审批机制、监管机制等,不得变相设置准入障碍,确保民营企业能够依法平等进入清单之外的行业和领域,推动实现"非禁即入";定期对市场准入存在的不合理限制和隐性壁垒开展排查,建立市场准入壁垒投诉和处理回应机制,及时进行整改。二是着力促进公平竞争。全面落实公平竞争审查制度,持续清理废除妨碍公平竞争的各种规定和做法;定期推出市场干预行为负面清单,加强和改进反垄断与反不正当竞争执法,针对招标投标、政府采购、民企资质资格获取等方面存在的突出问题开展专项整治,着力解决地方保护、行政性垄断、所有制歧视等影响公平竞争的问题;畅通有违市场公平竞争问题的投诉举报渠道,对于反映的问题及时解决并公布结果。

(四)强化要素支持,积极打造支撑有力的要素环境

一是破解融资难题。健全民营企业信用评级和评价体系,引导支持金融机构加强产品和服务创新,提升风险评估能力,扩大民营企业授信覆盖面,加大信贷投放力度;完善民营企业债券融资支持机制和融资担保机制,支持符合条件的民营企业开展债券融资;加强对优质民营企业分类指导,支持更多符合条件的企业上市、挂牌融资;发挥政府投资基金的牵引作用,带动更多社会资本支持民企发展。二是加强用工用地保障。畅通人才向民营企业流

动的渠道，搭建民营企业和求职者对接平台，开展线上线下专题招聘会，大力推进校企合作和产教融合，加强职业培训，推动人才与民营企业岗位适配，并引导民营企业建立现代化人才管理制度；制定灵活的土地供应和配套政策，通过招拍挂、租赁或与地方合作等多种方式为民营企业提供用地，满足其发展需要；简化用地审批程序，完善用地服务机制，建立健全用地风险预防和补偿机制，保护用地过程中的合法权益。

（五）加强法治保障，着力健全公正平等的法治环境

一是科学立法。针对民营企业发展环境中的痛点难点堵点，持续深化相关法规制度立改废释，健全优化营商环境法规政策体系，特别是企业家关注的产权保护法律法规体系，加强企业产权和知识产权保护。二是严格执法。明确执法权限，提升执法能力，打造德才兼备的高素质执法队伍，探索柔性执法方式，避免影响民企正常生产经营，强化行政执法监督机制建设，建立健全全方位、多层次、立体化监管体系，避免执法畸轻畸重。三是公正司法。严厉打击涉企违法犯罪，依法打击侵犯民营企业和企业家合法权益的刑事犯罪，依法准确审慎适用刑事强制措施和民事强制措施，完善涉企案件申诉、立案、审理等机制，搭建涉企诉讼平台，着力提升各环节效率，健全冤错案件有效防范和常态化纠正机制。四是企业守法。加强普法宣传，针对民营企业发展中常遇到的法律问题，通过网络媒体、报纸文章、法律讲座等多种渠道开展法律知识宣传解读，引导民营企业依法治企、依法经营、依法维权。

（六）优化涉企服务，加快构建高效便捷的政务环境

一是完善政府诚信履约机制。畅通违约失信投诉机制，建立政府失信惩戒机制，依法依规加大对失信责任人的问责处罚力度；扎实做好拖欠中小企业账款清理工作，完善拖欠账款常态化预防和清理机制。二是优化涉企服务。持续深化"放管服"改革，加强政府职能转变，增强服务意识，当好服务民营企业发展的"店小二"；瞄准"六最"目标，推进审批制度改革，

优化审批流程、简化审批手续、提升审批效率；完善政务数据共享协调机制，推动各级政府部门业务系统与政务服务平台深度对接融合，实现涉企业务线上办，"一网通办"和"跨省通办"；深入开展"万人助万企"活动，着力解决服务企业"最后一公里"的问题。三是加强政务服务监督。打造政务服务大数据监督平台，进行全过程全流程跟踪督导，精准监督职能部门不作为、慢作为，政策落实不到位等问题，倒逼责任单位落实整改；建立政务服务满意度回访制度，定期以现场回访、电话回访、上门回访等方式进行回访，针对提出的问题限期整改。

参考文献

《关于2022年度省级预算执行和其他财政收支的审计工作报告》，河南省审计厅网站，2023年7月28日，https://sjt.henan.gov.cn/2023/07-28/2787185.html。

《河南省主要指标统计提要2022》，河南省统计局网站，2023年4月12日，https://tjj.henan.gov.cn/2023/04-12/2723384.html。

陈清：《切实优化民营企业发展环境》，《人民日报》2023年8月23日。

刘志强：《把优化民企发展环境落到实处》，《人民日报》2023年7月21日。

陈辉、陈小平：《河南民营经济挺起高质量发展的"脊梁"》，《河南日报》2023年7月26日。

谢茹：《持续优化民企发展环境亿万市场主体必将大有可为》，《人民政协报》2023年3月2日。

B.21 河南促进房地产市场平稳健康发展的主要策略分析

赵 然[*]

摘 要： 河南经济发展对房地产行业的依存度仍然处于高位，而河南房地产行业的投资下降速度却高于全国平均水平，因此促进河南房地产市场的平稳健康发展是当前的重要任务。近年来，房地产市场已经出现了新的特点，商品房屋销售面积已经越过峰值，房地产开发投资增速出现明显下滑，住房交易价格的涨幅也明显趋缓，有些地区还出现了下降。居民对住房的购买意愿持续下降，公共配套不均衡加剧房地产市场的结构分化，房地产金融风险上升到达高位，在这样的情况下，各地政府出台取消限售限购、降低交易成本、增加补贴、改善市场结构等政策。由此提出促进河南房地产市场平稳健康发展的三条对策建议：预防金融风险，建立房地产金融审慎监管机制，稳定房地产信贷；协调市场行为与保障双向关系，完善住房供给体系；提振居民对房地产市场的信心，稳定房地产市场平稳发展。

关键词： 河南 房地产市场 平稳健康发展 策略分析

据国家统计局数据，2022年房地产及相关行业占我国经济总量的比重依旧高达13%~14%。河南是土地依存度比较高的省份，房地产市场对经济的贡献尤为重要，但是从《2022年河南省国民经济和社会发展统计公报》看，2022年河南省的房地产开发投资额为6793.36亿元，比上年下降

---

[*] 赵然，博士，河南省社会科学院经济研究所副研究员，主要研究方向为区域经济。

13.7%，而同期全国房地产开发投资额下降5.1%。2023年7月，中共中央政治局会议指出，适应我国房地产市场供求关系发生重大变化的新形势，适时调整优化房地产政策，因城施策用好政策工具箱，更好满足居民刚需和改善性住房需求，促进房地产市场平稳健康发展。因此，河南在促进房地产市场平稳发展上也出台了一系列政策，本文拟对此进行梳理并分析。

一 河南省房地产市场走势新特点

近五年来，房地产市场已经呈现新的特点，从统计数据看，商品房屋销售面积大概在"十三五"后期渐近峰值，房地产开发投资增速出现明显下滑，住房交易价格的涨幅也明显趋缓，甚至下降。今年以来全国房地产市场松绑，截至2023年9月中旬，全国大部分城市已经取消指导价格，取消限购。楼市限购政策的初衷是防止"房价过高、上涨过快"，那么如何从经济学角度看待限购政策和房价的关系呢？

在实行全面限购之前，2008年全球性金融危机持续作用之下，中央政府推出"四万亿计划"对抗国民生产总值面临的下行压力，在中国传统文化"安居乐业"的大背景下，房价井喷式上涨。房价的过快上涨给人民群众的生活带来压力，房地产市场非理性膨胀给银行带来巨大的系统性风险，以北、上、广、深为首，全国一些房价上涨过快的城市相继推出房屋限购计划。时至今日，房地产市场的局面已经截然不同。大多数城市，包括一线城市房价的走势不再明确表现为上涨趋势，反而处于下降通道。如果房地产价格出现剧烈的向下震荡，不仅损害房地产市场和其直接相关行业，而且会产生社会面的宏观审慎风险。这是由于房地产的金融属性以及目前我国银行体系对房地产较高的信贷依存度。河南房地产市场不可避免地处于这种趋势中，同时由于区域差异，市场需求不足，经济回暖向市场传递存在时滞，2023年1~5月，河南省房地产投资额为1827.61亿元，同比下降12.1%，降幅超过全国平均水平4.9个百分点。可见河南房地产市场面临的问题比全国普遍情况更为典型和严峻。

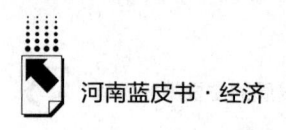

二 河南房地产市场面临的主要问题

与全国整体情况比较,河南房地产市场下行趋势明显。分析可知,其面临的主要问题有以下三个:居民对住房的购买意愿持续下降、公共配套不均衡加剧房地产市场的结构分化、房地产金融风险上升到达高位。

(一)居民对住房的购买意愿持续下降

由于疫情影响,2022年房地产市场低迷,2023年第一季度,房地产市场出现了一波高成交,而三四月份之后,销售趋于平淡,究其原因是2023年第一季度释放了疫情期间积累的购房需求,并非真实的增长。居民购房意愿低迷,有内在因素,也有外在因素。内在因素即居民自身债务较高。据央行统计,2022年末,个人住房贷款余额为38.8万亿元,较2021年新增4800亿元,同比增长1.2%。在债务压力之下,居民的购房意愿自然不会提升。外在因素即由于房地产市场和信贷体系的调整,部分地区开发商融资能力受到限制,郑州甚至出现楼盘无法按时交付的问题,直接影响居民购买意愿。此外,对房价的预期缺乏信心,担心房子买入之后出现贬值。无论是刚需还是改善都不希望手中的资产下跌,因此观望情绪明显,而房价的下行预期会加剧购买意愿的下降。

(二)公共配套不均衡加剧房地产市场的结构分化

医院和教育等公共配套资源具有很强的吸引力,人口会自动向公共配套更好、就业交流机会更多的大城市集聚,而河南省缺乏相应的资源优势,尤其是教育资源。从河南省的人口变化看,河南省的计划生育政策放开晚于全国,人口发展呈现少子化、老龄化的趋势,区域人口减少,尤其是河南省劳动力人口净流出,加剧了河南房地产市场的下行。

（三）房地产金融风险上升到达高位

在房地产市场低迷等因素的影响下，房地产企业的资金链严重承压，而且这种压力短期内难有改善的趋势。有着河南房地产企业"一哥"之称的建业地产在2023年6月发出公告，称"因市场情况恶化，全面停止支付境外债"，这宣布建业地产的境外债正式违约。而在此之前的两年时间内，建业地产通过向外求援、内部裁员积极自救。建业地产在河南并非特例，河南房地产市场普遍面临不景气和超出预期的困难。由于房地产市场聚集大量资本，自带金融属性，因此房地产市场出问题，直接引发金融风险。

三 河南促进房地产市场平稳健康发展的策略选择

2023年第一季度，河南多个城市房地产市场逐渐恢复，市场充分释放了疫情期间受到抑制的需求，郑州、商丘、许昌等城市的房地产成交量增幅巨大。但是上涨态势未能延续到第二季度，第二季度房地产市场明显下降，动能缺失。各地政府纷纷出台政策，努力维护河南房地产市场平稳健康发展。荥阳率先将首套住房首付比例降至20%；新乡、开封、洛阳、驻马店、郑州等城市为存量房交易推出"带押过户"政策。各地政策在降低交易成本上以降利率、契税补贴等为主。

目前房地产政策因城市不同而有所区别，但政策导向基本以郑州市为先行，因此本文选取郑州市为代表研究河南促进房地产市场平稳健康发展的主要策略。2023年8月3日，郑州市住房保障和房地产管理局、郑州市财政局、国家税务总局郑州市税务局、郑州市城乡建设局、郑州市自然资源和规划局、郑州市金融工作局、郑州市住房公积金管理中心、郑州市市场监督管理局八部门联合发布《关于进一步促进郑州市房地产市场平稳健康发展的通知》（郑房〔2023〕98号），由于该文件共有15项政策措施，被简称为"郑15条"。2023年9月12日，郑州市住房保障和房地产管理局、郑州市自然资源和规划局、郑州市金融工作局、郑州市商务局四部门联合发布《关于进一步支持合理住房需求的通知》，这次通知延续了郑州全面放宽房产销售，并着重支持存量房房产交易，可以看出是对"郑15条"的补充。

经过分析，"郑15条"可以分为四类。

第一类是对应的各种补贴和免税。比如普惠政策对购买新建住房并完成契税缴纳的给予相应比例的补贴；青年人才购房在有补贴的同时，可以按照100%的比例给予购房契税补贴；多子女家庭可以享受货币直接补贴，同时对中间交易的税费，给予退税优惠。这一类政策从交易成本上降低中间费用，鼓励房产购置，促进房地产销售。

第二类是对改善性品质性需求的满足。第四条直接点明满足改善性住房需求的，当购买改善性住房时，如果有原有住房，原有住房将解除限售，也就是说购买新的改善性住房时，原有住房可以不受限售政策的限制。第五条落实"认房不认贷"，鼓励和吸引在郑州没有房产的家庭购买房产，更大程度满足刚需和改善性住房需求，"认房不认贷"将原有查询征信中个人或家庭贷款情况，变为查询购房者是否在郑州区域内拥有房产，没有房产的就可以享受首套房资格。第六条对多子女家庭或首次使用公积金购买改善性住房的家庭实施倾斜支持。第十条提升商品住房品质，加大低密度、高品质商品住宅用地供应，推广立体生态建筑建设，促进住房建设集约化、配套化、精细化、绿色化发展，全面提升新建商品住房品质。对美好生活的追求是我们普通老百姓的愿望和持续要求，改善居住条件是实现美好生活的重要部分。"郑15条"体现了购买改善性住房的红利，为普通家庭拥有改善性住房、品质性住房提供了政策支撑。

第三类是为购房家庭降低压力。第八条稳定住房消费预期。鼓励商业银行依法有序调整存量个人住房贷款利率，引导个人住房贷款利率和首付比例下行，稳定居民消费预期。这条意义重大，鼓励银行调整存量个人住房的贷款利率。目前，新增首套房贷款利率为3.7%左右，而存量首套房贷利率的平均值在5.6%左右，两者之间的利差近2个点。因此降低存量房房贷利率是前期购房者的普遍呼声。第九条推进商品房现房销售,在东区和惠济区开展商品房现房销售试点,很多人买房子是为了住,现房销售帮助购房者早日领到房产钥匙。第十三条规范二手房交易居间服务,二手房交易费用公开透明化,降低购房者购买二手房的隐形费用。这些条款的出发点都是为了帮助购房者降低购房费用,在需求侧利好购房者。

第四类是改善市场结构。房地产市场目前仍然是我国的支柱行业,市场庞大,结构尚有改良空间。"郑15条"针对需求侧的有:第十一条加快推进租购并举,支持释放租赁和保障性住房;第十二条稳妥推进城中村改造和城市更新,落地城中村改造,货币化安置。针对供给侧的有:第十四条落实土地款分期缴纳优惠政策,鼓励开发商参与土拍,降低开发商土拍门槛;第十五条试行地下停车位办理预售政策,地下车位可合法合规预售,这为房地产开发商提供销售融资渠道,也为购买车位的家庭提供后期交易和抵押的便利。市场的活跃和健康发展在需求侧和供给侧同样重要,这几条和购买房产虽然没有直接关系,但是结构性调整是为了整个市场的健康发展,"郑15条"的出台意味着新一轮政策宽松期正式开启,具体政策和实施方案预计将陆续发布,对于适度激活合理住房消费需求和提振市场信心具有积极作用。

《关于进一步支持合理住房需求的通知》的主要内容是郑州将取消限制性购售政策,降低商业性个人住房贷款最低首付比例至 20%,加快保交楼进度,优化不动产登记服务。通过郑州促进房地产市场平稳健康发展的一系列政策,郑州原先的限购限售政策全面破除,这是更加市场化的转变,是利用政策鼓励市场化交易的契机。

四 河南促进房地产市场平稳健康发展的对策建议

当前河南省各地市已经基本取消限购限售,这是充分市场化的基础。为了解决河南房地产市场面临的问题,各级政府积极出台措施,本文拟定以下措施,为河南房地产市场平稳健康发展献计献策,主要包括三条措施:一是建立房地产金融审慎监管机制，优化房地产信贷；二是协调市场行为与保障双向关系，完善住房供给体系；三是提振居民对房地产市场信心，稳定房地产市场平稳发展。

（一）建立房地产金融审慎监管机制，优化房地产信贷

房地产行业在河南省经济中占据重要地位，同时房地产作为不动产在金融体系中也具有重要作用。从银行角度看，由于金融链条中存在大量的不动产抵押，即使单一抵押授信是低风险产品，链条中全部抵押授信的集合也有可能是高风险的。因为一旦出现支付问题，大量抵押品没有办法处理和变现。尤其是当不动产抵押品的价格水平下降，这一风险将变成敞口。审慎监管即从宏观角度对抵押品进行管理和评价，建立房地产金融的审慎监管机制，可以优化房地产信贷质量，防范风险。要依据审慎监管原则，保持货币信贷合理增长。重点关注国内外经济金融形势变化，保持合理和充裕的流动性，有效设计以政策利率为中枢的市场利率波动机制，提升银行防范化解金融风险的能力。

（二）协调市场行为与保障双向关系，完善住房供给体系

依据目前政策，河南省放开了对房地产市场的管制，市场化交易的政策基底已经形成。但是市场行为和保障关系依然存在，目前看仍然要坚持住房市场和保障体系双向并行，要以建立完善多主体供给、多渠道保障、租购并举的住房制度为方向，通过发展保障性租赁住房、公租房以及稳步推进棚户区改造，保障城镇居民基本居住需求，提供市场化商品住房供给，满足购房者的多样化住房需求。一方面发挥政府托底作用，大力发展保障性租赁住房，在保障性租赁住房房源筹集上调动各类市场主体参与；另一方面有统筹地逐步制定市场化商品住房建设的规划，促进房地产市场平稳健康发展。

（三）提振居民对房地产市场信心，稳定房地产市场平稳发展

目前的政策主要是降低交易成本和交易产生的费用，新政策提出购买新建住房并完成契税缴纳的给予相应比例的补贴，青年人才购房在有补贴的同时可以100%给予购房契税补贴，多子女家庭可以享受货币直接补贴，落实"认房不认贷"，鼓励和吸引在郑州没有房子的家庭购买房子，引导个人住房贷款利率和首付比例下行，二手房交易费用公开透明化等，这些政策可以降低交易成本，但在激发购买意愿的效果上还比较有限。激发购买意愿的重点在于恢复居民对房地产市场的信心。影响房地产市场价格的因素很多，例如完善配套设施就可以为房产增值。另外，目前的政策导向在于消化增量房产，并不把存量房产作为重点。其实，相同区域增量房和存量房的价格息息相关，而且存量房产的价格对提振信心更为重要。只有提振居民对房地产市场的信心，才能更加有效地稳定房地产市场，使房地产市场平稳健康发展。

参考文献

柴强：《努力促进房地产市场平稳健康发展》，《建筑》2023年第8期。
李方：《促进房地产市场平稳健康发展》，《经济日报》2023年7月30日。
宣宇：《全面准确落实房地产市场长效机制》，《中国物价》2022年第7期。

Abstract

The year 2023 is the opening year of comprehensively implementing the spirit of the 20th CPC National Congress, a key year for the implementation of the "14th Five-Year Plan", and an important year for promoting the practice of Chinese modernization of Henan. Over the past year, the whole province has been guided by Xi Jinping's Thought of Socialism with Chinese Characteristics for a New Era, comprehensively implemented the spirit of the 20th CPC National Congress and the Central Economic Work Conference, thoroughly carried out the important instructions of General Secretary Xi Jinping's important speeches on his inspection of Henan, implemented the deployment of the 11th CPC Congress and the Provincial Party Committee's Economic Work Conference, anchored on the "Two Guarantees", deeply implemented the "Ten Strategies", implemented a package of policies and follow-up measures to stabilize the economy, and made every effort to fight for the economy. The province's economic operation has stabilized and rebounded, and the overall social situation has remained stable.

The book is divided into four parts: general report, investigation and evaluation, analysis and prediction, and special research. The general report of this book analyzes and forecasts the economic situation of Henan Province from 2023 to 2024. According to the report, in 2023, the whole province will thoroughly implement the decisions and arrangements of the CPC Central Committee, the State Council, the provincial party committee and the provincial government, anchor the "two guarantees", thoroughly implement the "ten major strategies", and solidly promote the construction of "three batches". We will continue to do a good job in the activities of "ten thousand people to help ten thousand enterprises", constantly strengthen the "four pulls", and maintain stability in the economic operation of the province. As a whole, it presents a development trend of "improving in stability, making progress in stability, improving quality in stability, and building up potential in stability". In 2024, the environment facing Henan's economic development is still complex and grim, with both positive and unfavorable factors, but positive factors are increasing, economic operation will show a trend of sustained recovery, and the annual GDP growth rate will be higher than the national average. To do a good job in economic work in 2024, we need to keep an eye on expanding domestic demand, focusing on industrial upgrading, firmly expanding opening up, creating a first-class environment, increasing the protection of people's livelihood, and keeping the bottom line of safety. Promote the new practice of Chinese-style modernization in Henan with sustained and healthy economic development.

The investigation and evaluation part of this book, mainly through the establishment of relevant index system and quantitative model, using the research methods of the combination of quantitative analysis and qualitative analysis, this paper makes a comprehensive evaluation on the comprehensive economic competitiveness of Henan provincial municipalities, the high-quality development of Henan county economy and the cross-border e-commerce development of Henan in 2023. Among them, the Evaluation report on the Economic Comprehensive Competitiveness of Henan Provincial municipalities in 2023 evaluates the economic comprehensive competitiveness of Henan municipalities based on the evaluation index system composed of 6 first-level indicators and 24 second-level indicators. Zhengzhou, Luoyang and Nanyang ranked in the top three of the total evaluation. In the next step, the municipalities of Henan Province should anchor the "two guarantees", take the "five new ways" of modernization, speed up innovation-driven development, build a new development pattern of urbanization at a high level, and continuously guarantee and improve people's livelihood. enhance the comprehensive competitiveness of the economy in an all-round way. The Evaluation report on the High-quality Development of County economy in Henan Province in 2023 uses the entropy method to evaluate and analyze the high-quality economic development level of 102 counties (cities) in Henan Province. It is found that there are obvious differences in high-quality economic development among different counties (cities), and the pattern of county economic development is basically stable. Xinzheng, Gongyi, Zhongmou, Yima, Xingyang and other counties (cities) have outstanding comparative advantages in high-quality economic development. The next step is to solidly promote the development of the plateau in the county, continue to optimize the innovative ecology, promote industrial revitalization, and fully integrate urban and rural areas, and walk out of the characteristic road of high-quality development of county economy in Henan. The evaluation report on the development index of cross-border e-commerce in Henan Province constructs the evaluation index system from four aspects: subject scale, growth speed, environmental support and economic impact. The comprehensive index and sub-index of cross-border e-commerce development in Henan Province are calculated by entropy method, and the local industrial characteristics are excavated deeply. Targeted and forward-looking suggestions are put forward from the point of view of creating a high-quality industrial belt, implementing fine operation of cross-border e-commerce, continuously optimizing the operating environment of cross-border e-commerce, and improving the talent training system of cross-border e-commerce.

The analysis and forecast part of this book mainly focuses on different fields, different industries and different industries in Henan Province, such as industrial development, fixed assets investment, consumer goods market, foreign trade, financial operation, logistics operation, consumer price situation and so on. This paper analyzes and looks forward to its development situation from 2023 to 2024, and then puts forward the ideas and corresponding measures to strive for the economy and speed up the high quality.

The special research section of this book aims at the different requirements for various departments and industries to strive for the economy and speed up the modernization drive. Focus on the practice of Chinese-style modernization in Henan, to expand consumption and stabilize economy, to expand effective investment and stabilize economy, to build an international consumption center city in Zhengzhou, to stabilize growth with "three groups", to build a modern industrial system supported by real economy, digital economy to promote Henan's stable economic market, to stabilize foreign trade, to expand and increase the

Abstract

quality, and to continuously optimize the development environment of private enterprises. Different themes such as promoting the stable and healthy development of the real estate market. This paper studies and analyzes the key and difficult problems faced by anchoring the "two guarantees" and implementing the "ten strategies", and puts forward some countermeasures and suggestions from different angles to promote the high-quality economic development of the whole province and make every effort to build a modern Henan.

Keywords: Go All Out to Fight for the Economy; Modernization; Henan

Contents

I General Report

B.1 Analysis and Prospect of Henan Economic Situation
from 2023 to 2024
Research Group of Henan Academy of Social Sciences / 001

Abstract: In 2023, the whole province will thoroughly implement the decisions and arrangements of the CPC Central Committee, the State Council, the provincial party committee and the provincial government, adhere to the general tone of the work of striving for progress in the midst of stability, completely, accurately and comprehensively implement the new development concept, anchor the "two guarantees", thoroughly implement the "ten major strategies", solidly promote the construction of "three groups", continue to do a good job in the activities of "ten thousand people to help ten thousand enterprises", and constantly strengthen the "four pulls". The economic operation of the whole province remains stable, showing a development trend of "improving in stability, making progress in stability, improving quality in stability, and building up potential in stability". In 2024, the environment facing Henan's economic development is still complex and grim, with both positive and unfavorable factors, but positive factors are increasing, economic operation will show a trend of sustained recovery, and the annual GDP growth rate will be higher than the national average. In the face of the new stage, new journey and new mission, this report proposes to do a good job in the following six aspects: first, pay close attention to expanding domestic demand and make every effort to stabilize the basic economic market; second, focus on quality upgrading and upgrading, and constantly strengthen industrial support; third, firmly expand opening up and strive to build a new development pattern; fourth, create a first-class environment to fully stimulate market vitality; fifth, increase the protection of people's livelihood and promote common prosperity in a down-to-earth manner; Sixth, we should earnestly guard against risks, resolutely adhere to the bottom line of safety, strive to promote the new practice of Chinese-style modernization in Henan with sustained and healthy economic development, and write a more brilliant chapter of the Central Plains in the new era.

Keywords: Henan Province; Economic Situation; Go All Out to Fight for the Economy

Ⅱ Survey and Evaluation

B.2 Evaluation of Comprehensive Economic Competitiveness of Cities in Henan (2023)

Research Group of Henan Academy of Social Sciences / 021

Abstract: In 2022, the 20th National Congress of the Communist Party of China was held, Henan province implements the deployment of central committee, strives to promote the practice of Chinese-style modernization in Henan Province, and the cities in Henan implement the new development concept and strive to promote modernization. Based on the new development concept and the practice of Chinese modernization in Henan Province, this paper constructs the evaluation index system of the comprehensive economic competitiveness of cities in Henan Province, which consists of 6 first-level indexes and 24 second-level indexes. Zhengzhou, Luoyang and Nanyang ranked the top three in the evaluation. The cities in Henan Province should anchor the "two guarantees", follow the "five new paths" of modernization construction, accelerate innovation-driven development, build a new urbanization development pattern at a high level, continue to guarantee and improve people's livelihood, and comprehensively enhance the comprehensive competitiveness of the economy.

Keywords: New Development Concept; Comprehensive Economic Competitiveness; Modernization Construction

B.3 The Evaluated Report of County Economic High-quality Development of Henan Province in 2023

Research Group of Henan Academy of Social Sciences / 038

Abstract: Adhering to the new development concept, this report builds a high-quality evaluation index system for the county economy in Henan Province from the perspectives of scale, structure, efficiency, potential and people's livelihood, based on the basic framework of previous research and evaluation. Based on the 2021 county economy statistical data in Henan Province, the entropy method is used to evaluate and analyze the high-quality development level of the economy in 102 counties (cities) in Henan Province. Research has found that there are significant differences in high-quality economic development among different counties (cities), and the development pattern of county-level economy is basically stable. Counties (cities) such as Xinzheng, Gongyi, Zhongmou, Yima, and Xingyang have prominent comparative advantages in high-quality economic development. In the new era, in the objective reality of slowing down global economic recovery and significant downward pressure on the economy, it is still necessary to solidly promote the development of counties, continuously optimize innovation ecology, promote industrial revitalization, and comprehensively integrate urban and rural areas, and walk out of the characteristic path of high-quality development of Henan county economy.

Keywords: Henan Province; County Economy; High-Quality Developmental Level

B.4 Development Index 2023 on the Cross-Border E-Commerce of Henan Province

Cross-border E-commerce Development Index Evaluation Group of Henan Province / 059

Abstract: In 2022, Henan Province's cross-border e-commerce import and export transaction volume reached 220.92 billion Yuan, an increase of 9.5%, accounting for 25.9% of Henan Province's total foreign trade value, and 10.5% of the total cross-border e-commerce import and export transaction value of my country's cross-border e-commerce. Among them, exports were 170.06 billion Yuan, an increase of 15.3%; imports were 50.86 billion Yuan, a decrease of 6.3%. Henan's cross-border e-commerce continues to release its advantages and vitality, boosting the high-quality development of Henan's foreign trade. This report first analyzes the development overview of cross-border e-commerce in Henan Province in 2022, and then constructs an evaluation index system from four aspects: main body size, growth rate, environmental support and economic impact. The cross-border e-commerce in Henan Province is calculated through the entropy weight method. Based on the comprehensive development index and each sub-index, the development level of cross-border e-commerce in various cities in Henan Province is divided into three stages: mature development stage, rapid growth stage and development adjustment stage. Finally, based on the development overview and index analysis results, we propose Targeted and forward-looking suggestions, such as deeply exploring local industrial characteristics, creating high-quality industrial belts, implementing refined cross-border e-commerce operations, continuously optimizing the cross-border e-commerce operating environment, and improving the cross-border e-commerce talent training system.

Keywords: Cross-border E-commerce; Development Index; Henan Province

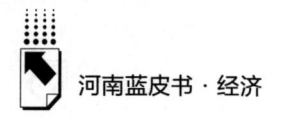

Ⅲ Analysis and Prediction

B.5 Analysis and Prospect of Industrial Development Situation in Henan Province from 2023 to 2024 *Cao Lei* / 077

Abstract: Building a modern industrial system is an important part of building a modern economic system and an important cornerstone of building a modern powerful country. Since 2023, Henan's economic operation has rebounded significantly, positive factors have accumulated and increased, and industrial transformation and upgrading has achieved remarkable results. However, compared with developed provinces, Henan's economic recovery foundation is still unstable, endogenous power is not strong, industrial structure is still backward, whether in industry, service industry or agriculture, the situation of traditional industries has not changed fundamentally. Looking forward to 2024, Henan's industrial development is facing a complex and changeable domestic and international environment, which has both favorable conditions and unfavorable factors. Therefore, in accordance with the requirements of the 20th National Congress of the CPC, the whole province should fully implement the arrangements of the Fifth Plenary Session of the 11th CPC Provincial Committee, strengthen confidence and determination, maintain the momentum of struggle, grasp the implementation of specific tasks, strive to achieve a comprehensive economic improvement, quality and quality, and promote industrial development to high-quality in the new journey of building a modern Henan in an all-round way.

Keywords: Industrial Development; High-Quality Development; Transformation and Upgrading; Business Environment

Contents

B.6 Analysis and Prospect of Fixed Assets Investment
in Henan Province from 2023 to 2024　　　　　　　Li Bin / 091

Abstract: From January to August 2023, effective investment in Henan Province continued to recover, major investment projects emerged constantly, industrial investment growth momentum was strong, social and people's livelihood investment steadily increased, regional investment effectiveness was significant, and the trend of investment growth showed a pattern of high in the early stage and low in the later stage. It is expected that the growth rate of fixed asset investment in the whole province will continue to grow steadily in the fourth quarter, but the increase will be relatively low. In 2024, with the further optimization of the investment environment, the sustained implementation of investment policies, and the gradual stabilization of market entities' confidence, the situation of fixed asset investment in Henan Province is expected to continue to improve. In the future, it is necessary to adhere to project-oriented policies, strengthen investment pull, expand effective investment, enhance investment efficiency, optimize the investment environment, stimulate investment vitality, boost confidence, and release the potential of private investment, to continuously promote the healthy and stable development of fixed asset investment in Henan Province.

Keywords: Fixed Ssset Investment; Private Investment; Investment Efficiency

B.7 The Analysis and Expectation of the Consumption Market
in Henan Province from 2023 to 2024　　　　　　　Shi Tao / 103

Abstract: The Henan consumption market has held a stable to well tendency in 2023, with an expanded scale and obvious accelerated growth rate. Regionally, the consumption market has enlarged, and Henan province has kept a leading role in the central regions of China from the scale perspective. Structurally, the growth rate of limited retail income is significantly faster than that of catering, the travel consumption as oil and car has increased rapidly, and the development of urban consumption market is better than that of rural regions. Under the objective reality of continuous pressure on global economic development, along with the enhanced implementation of national consumption policy, the Henan consumption market will still face with opportunity and challenge, and we preview that the scale of Henan consumption market will continuously enlarge with a rapidly growth rate, and the growth rate of consumption market of Henan province will reach to 6.0% in 2023.

Keywords: Consumer Goods Market; Consumption Scale; Consumption Environment

B.8 Analysis and Prospect of Henan's Foreign Trade Situation from 2022 to 2023 *Chen Ping* / 114

Abstract: From January to August 2023, the total import and export volume of Henan Province decreased in the national ranking, with significant year-on-year growth fluctuations. The traditional import and export commodity structure continued to be optimized, with private enterprises becoming the absolute mainstay of import and export, foreign investment enterprises experiencing a significant decline in import and export, and traditional trade markets experiencing varying degrees of decline. The development of emerging markets remained stable, and the proportion of total import and export value of processing trade further decreased. Looking ahead to 2024, in the context of the development of major global economies, supported by the sustained recovery of China's economy and the effective implementation of various foreign trade stabilization policies and measures, Henan's foreign trade imports and exports will be driven by a new product structure, changing the current situation of foreign trade decline in August and resuming growth. To this end, it is necessary to actively cultivate trade entities, promote stable scale and optimal structure of foreign trade and economic cooperation, deepen economic and trade cooperation with member countries of the Regional Comprehensive Economic Partnership Agreement, promote institutional opening up to a higher level and speed, and build the China (Henan) Pilot Free Trade Zone 2.0 version with high standards.

Keywords: Henan Province; Foreign Trade; Institutional Openness

B.9 Analysis and Prospect of the Financial situation of Henan Province from 2023 to 2024

Guo Hongzhen, Zhao Yanqing and Si Yinzhe / 125

Abstract: 2023 is the opening year for the full implementation of the spirit of the 20th CPC National Congress, the key year for the implementation of the 14th five-year Plan, and also the year for the implementation of the deployment of the 11th Provincial Party Congress. It is of great significance to make greater financial contribution to the practice of Chinese-style modernization in Henan by giving full play to the role of financial functions and promoting positive fiscal policies to improve and accelerate the effectiveness of fiscal policies. From January to August in 2023, the quality of Henan financial revenue rebounded steadily, the progress of expenditure continued to accelerate, and the overall financial operation of the province remained stable, but the pressure on fiscal balance was still great, so it takes hard efforts to achieve the annual target.

Keywords: Henan Finance; Fiscal Revenue and Expenditure; Financial Operation

B.10 Analysis and Prospect of the Operation of Henan's Logistics Industry from 2023 to 2024

Bi Guohai, Li Peng and Qin Huaqiao / 135

Abstract: Since 2023, the logistics industry in Henan has shown a trend of stabilizing and improving overall, with "continuous expansion of social logistics demand scale", "continuous improvement of logistics operation quality and efficiency", "continuous growth of logistics market entities", "rapid growth of freight demand", "expansion and expansion of China Europe freight trains", "narrowing of air freight decline", and "accelerated growth of port throughput" significant features such as the rapid growth of e-commerce express logistics. It is expected that in 2024, the logistics industry in Henan will continue the trend of "stabilizing and improving".

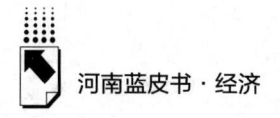

Keywords: Logistics Industry; logistics Market; Henan Province

B.11 Analysis of Henan's Consumer Price Trend
from 2023 to 2024 *Cui Lixiang* / 153

Abstract: From January to August 2023, the consumer price index of Henan province increased by 0.1% year-on-year, 0.4 percentage points lower than the national average. The consumer price index of residents in Henan is operating at a low level, entering the "0 era". From the perspective of classification composition, the prices of eight major categories of goods and services showed a trend of "four drops and four rises" year-on-year. Compared with the six central provinces and developed provinces in China, the year-on-year increase and decrease in consumer prices in Henan Province shows the characteristic of "the most significant decrease and the least significant increase". It is expected that the consumer prices of residents in Henan will rise moderately throughout 2023, and the probability is still in the "0 era".

Keywords: Consumer Price Index; Henan; Moderate Rising

Ⅳ Special Reports

B.12 Research on the ideas and Countermeasures
of the Practice of Chinese-style Modernization
in Henan *Zhang Xiangge* / 166

Abstract: Modernization construction is an important symbol of a country's continuous development and progress, which involves high-quality development in various aspects such as politics, economy, culture, ecology, etc. Explore the progress of Chinese path to modernization, sort out the principles, policies and achievements of modernization in Henan Province since the founding of the People's Republic of China, analyze the key and difficult points in modernization based on the current actual situation of Henan Province, and take a good new path in high-quality population development, agricultural and rural modernization, playing the advantages of a cultural province, green ecological development and opening drive, which is conducive to taking the next path of Chinese path to modernization in Henan, ensure high-quality and sustainable progress in the modernization construction of Henan province, seize the future development opportunities of Henan province, and accelerate the construction of modern Henan.

Keywords: Modernization Construction; Henan Practice; Five New Paths

B.13 Research on the Thought and Path of Expanding Consumption and Stabilizing Economy in Henan Province *Wang Yaolu* / 179

Abstract: Consumption is not only an important engine of economic growth and a key link to unblock the domestic cycle, but also a powerful way to better meet people's growing needs for a better life. Henan should give priority to the recovery and expansion of consumption, focusing on stabilizing mass consumption, optimizing service consumption, cultivating new consumption and promoting rural consumption, focusing on the main problems that restrict the release of consumption potential, we will take multiple and precise measures to promote income growth, optimize the consumption environment, improve the system and mechanism, strengthen financial support, and improve consumption facilities, we will strengthen consumption capacity, increase willingness to consume, and boost consumer confidence, so as to expand consumption to stabilize the economic base and enhance the sustained impetus for high-quality development.

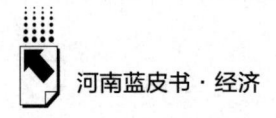

Keywords: Expand Consumption; Stabilize Economy; Henan Province

B.14 Henan Province to Expand Effective Investment
to Stabilize Economic Countermeasures　　*Wang Mengmeng* / 191

Abstract: Expanding effective investments are important starting points for Henan to promote economic transformation and improve the quality of development, as well as an important focus points for releasing the potential of domestic demand and accelerating integration into the new development pattern, which has important practical significance. Henan has a strong material foundation and favorable conditions for expanding effective investment, but also faces the problems and challenges of shrinking market demands, tightening factor constraints, urgent improvement of investment environment, and relatively low investment efficiency. It is necessary to adhere to systematic thinking and comprehensive policies, firmly grasp the focus points such as improving project management, strengthening factor guarantee, highlighting key areas and consolidating infrastructure construction, so as to make more effective investment in economic growth, release development potential, and promote the stable recovery and continuous improvement of the province's economy.

Keywords: Henan; Expanding Effective Investment; Steady Growth

B.15 Thoughts and Suggestions on the Construction
of Zhengzhou International Consumption Center City

Gao Xuan / 202

Abstract: At present, the construction of an international consumer center city has become a "new track" of a new round of urban competition. As the national central city and the core city of the Central Plains urban agglomeration, the provincial capital Zhengzhou has obvious advantages in details, flow, radiation, agglomeration, environment and so on, which makes it possible for Zhengzhou to build an international consumption center city. But at the same time, it should also be noted that Zhengzhou is still faced with four bottlenecks in promoting the construction of an international consumption center city, such as insufficient integration of culture, business and travel, insufficient international development, insufficient degree of quality, and insufficient systematic construction. In the next step, Zhengzhou should focus on the "five supplies" to build an international consumption center city with Zhengzhou characteristics and fashion charm.

Keywords: International Consumption Center City; New Consumption; Zhengzhou

B.16 Analysis and Reflection on the Steady Growth of Henan's Construction with "Three Batches of Projects"

Wang Fang / 213

Abstract: Doing a good job of project construction is not only an urgent task to achieve stable growth, but also a long-term strategy to save stamina and plant advantages. The construction activities of "Three Batches of Projects" in Henan have achieved remarkable results since they were carried out, and have played an important role in stabilizing the economic market, moving investment growth, promoting industrial upgrading, and so on. However, there are also some problems, such as the overall quality needs to be further improved, the factor guarantee needs to be further strengthened, the construction environment needs to be further optimized, and the planning level needs to be further improved. In the next step, we must put the construction of "Three Batches of Projects" in a more important position and strive to make breakthroughs in project planning, project attraction, factor guarantee, and tracking services, so as to promote healthy, stable and sustained economic growth.

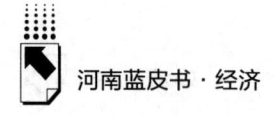

Keywords: "Three Batches of Projects"; Economic growth; Industrial Upgrading

B.17 Research on Speeding Up the Construction of Modern Industrial System Supported by Real Economy in Henan Province
Li Lifei / 223

Abstract: The construction of a modern industrial system supported by the real economy is an important support for Henan to realize economic modernization. At present, Henan is facing outstanding shortcomings, such as difficulties in the transformation of traditional manufacturing industry, poor development of emerging industries, lack of support for scientific and technological innovation, and so on. In order to be in the forefront of promoting Chinese-style modernization, Henan must take the development and growth of the real economy as the main direction of building a modern industrial system, highlight integrity, advanced nature and security, and graft in the high position of traditional industries. Take the lead in emerging industries, look forward to the layout of industries in the future, and let the industrial system become the leading force leading the high-quality development of the province. At the same time, Henan should stimulate the vitality of innovation and creation by adhering to the guidance of innovation, improve the efficiency of resource allocation by adhering to the coordination of elements, and prevent from being out of reality by insisting on the real economy, so as to provide important guarantee and support for the construction of modern industrial system.

Keywords: Modern Industrial System; Real Economy; Chinese-Style Modernization

B.18 Analysis and Reflection on the Digital Economy Boosting the Stable Economic Development of Henan Province

Xi Jianghao / 234

Abstract: Whether it is to stabilize the overall situation of economic growth in the short term or to build the foundation of economic growth in the long term, the digital economy plays a vital role. The digital economy has become an important component of Henan's economy and plays an important role in stabilizing the overall economic situation by promoting cost reduction and efficiency increase in three industries, optimizing investment, consumption and export structure, and promoting industrial transformation and upgrading. At present, the economic development of Henan province is faced with problems, such as: weak industrial strength, poor industrial cluster and insufficient endogenous power. It is necessary to promote the stability of Henan's economic market through the digital economy. In fact, problems have arisen during the course, such as large but not strong digital economy in Henan, insufficient digital technology innovation ability and incomplete digital industry chain, which not only restrict the development of digital economy, but also make it difficult to play the role of digital economy in promoting the overall economic market. All in all, efforts should be made from five aspects: accelerating the deeply integrated development of digital economy and real economy, accelerating the basic capacity construction of the digital economy, accelerating the high-quality development of data factor market, accelerating the exploitation of digital supply and demand potential, and accelerating the cultivation of digital industry ecology, so as to promote the benign interaction between digital economy and economic development.

Keywords: Digital Economy; Henan Province; Stabilize the Economy

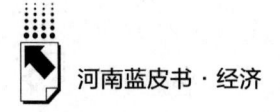

B.19 Suggestions on Stabilizing the Stock, Expanding the Quantity, and Improving the Quality of Henan's Foreign Trade

Wang Cen / 250

Abstract: Promoting the stability, expansion, and quality improvement of Henan's foreign trade is not only an inevitable requirement for serving the construction of a new development pattern, but also a practical need for implementing national strategic deployment. It is also a strategic measure for Henan to accelerate the construction of an open and strong province and an important support for achieving the "two guarantees". In recent years, with the gradual emergence of a series of policies to stabilize foreign trade and promote quality and efficiency, Henan's foreign trade has shown a good development trend. Import and export trade has gradually recovered, the vitality of foreign trade entities has continued to increase, emerging markets have accelerated expansion, and open channels have been continuously expanded. However, there are still shortcomings, reflected in three aspects: the stock needs to be stabilized, the increment needs to be strengthened, and the quality needs to be improved urgently. The next step is to comprehensively promote the high-quality development of Henan's foreign trade from three aspects: stabilizing the stock of foreign trade, expanding the increase in foreign trade, and improving the quality of foreign trade.

Keywords: Henan's Foreign Trade; Stabilizing Stock; Increasing Quantity; Improving Quality

B.20 Thoughts and Suggestions on Continuously Optimizing the Development Environment of the Private Enterprises in Henan Province

Zhang Wei / 264

Abstract: In recent years, our national and local governments have formulated and introduced policies and measures to optimize the development environment of private enterprises and promote the development and strength of the private economy, so the development of the private economy has ushered in new opportunities. Because the private economy plays an important role in the economic and social development of Henan, it is suggested that we should optimize the development environment of private enterprises so as to stabilize the economic market of Henan, enhance the competitiveness of Henan and build a modern Henan. In fact, the development of private enterprises in Henan is still faced with a certain degree of environmental constraints, it urges Henan to further create an expected and stable development environment, a precise and effective policy environment, a loose and orderly market environment, a supportive factor environment, a fair and equal legal environment, and an efficient and convenient government environment to eliminate the worries of private enterprises and boost their confidence in development. Thus private enterprises are willing to develop, dare to develop, and develop without anxiety, laying a solid foundation for the construction of modern Henan the development of private economy booming.

Keywords: Private Enterprises; Development Environment; Henan Province

B.21 Analysis of the main strategies to promote the steady and healthy development of Henan real estate market

Zhao Ran / 276

Abstract: The dependence between Henan's economic development and the real estate industry is still at a high level, while the investment decline rate of Henan's real estate industry is higher than the national average. Therefore, it is an important task at present to promote the steady and healthy development of Henan's real estate market. In recent years, the real estate market has appeared a new feature, from the statistics of commodity housing sales area has passed the peak, the growth rate of real estate development investment has declined significantly, the growth rate of housing transaction prices has also slowed down significantly, and in some areas there has been a decline. In the case of the continuous decline of residents' willingness to buy housing, the imbalance of public support has intensified the structural differentiation of the real estate market, and the rise of real estate financial risks has reached a high level, local governments have introduced policies such as canceling sales and purchase restrictions, reducing transaction costs, increasing subsidies, and improving market structure to fully realize marketization. Therefore, three countermeasures and suggestions are put forward to promote the steady and healthy development of Henan real estate market: preventing financial risks, establishing prudential supervision mechanism of real estate finance, and stabilizing real estate credit; coordinate the two-way relationship between market behavior and security, and improve the housing supply system; boost residents' confidence in the real estate market and stabilize the steady development of the real estate market.

Keywords: Henan; Real Estate Market; Stable and Healthy Development; Strategy Analysis

社会科学文献出版社

皮 书
智库成果出版与传播平台

❖ 皮书定义 ❖

皮书是对中国与世界发展状况和热点问题进行年度监测，以专业的角度、专家的视野和实证研究方法，针对某一领域或区域现状与发展态势展开分析和预测，具备前沿性、原创性、实证性、连续性、时效性等特点的公开出版物，由一系列权威研究报告组成。

❖ 皮书作者 ❖

皮书系列报告作者以国内外一流研究机构、知名高校等重点智库的研究人员为主，多为相关领域一流专家学者，他们的观点代表了当下学界对中国与世界的现实和未来最高水平的解读与分析。

❖ 皮书荣誉 ❖

皮书作为中国社会科学院基础理论研究与应用对策研究融合发展的代表性成果，不仅是哲学社会科学工作者服务中国特色社会主义现代化建设的重要成果，更是助力中国特色新型智库建设、构建中国特色哲学社会科学"三大体系"的重要平台。皮书系列先后被列入"十二五""十三五""十四五"时期国家重点出版物出版专项规划项目；自2013年起，重点皮书被列入中国社会科学院国家哲学社会科学创新工程项目。

权威报告·连续出版·独家资源

皮书数据库
ANNUAL REPORT(YEARBOOK) DATABASE

分析解读当下中国发展变迁的高端智库平台

所获荣誉

- 2022年，入选技术赋能"新闻+"推荐案例
- 2020年，入选全国新闻出版深度融合发展创新案例
- 2019年，入选国家新闻出版署数字出版精品遴选推荐计划
- 2016年，入选"十三五"国家重点电子出版物出版规划骨干工程
- 2013年，荣获"中国出版政府奖·网络出版物奖"提名奖

皮书数据库　　"社科数托邦"微信公众号

成为用户

登录网址www.pishu.com.cn访问皮书数据库网站或下载皮书数据库APP，通过手机号码验证或邮箱验证即可成为皮书数据库用户。

用户福利

- 已注册用户购书后可免费获赠100元皮书数据库充值卡。刮开充值卡涂层获取充值密码，登录并进入"会员中心"—"在线充值"—"充值卡充值"，充值成功即可购买和查看数据库内容。
- 用户福利最终解释权归社会科学文献出版社所有。

卡号：917938926128
密码：

数据库服务热线：010-59367265
数据库服务QQ：2475522410
数据库服务邮箱：database@ssap.cn
图书销售热线：010-59367070/7028
图书服务QQ：1265056568
图书服务邮箱：duzhe@ssap.cn

S 基本子库
SUB DATABASE

中国社会发展数据库（下设 12 个专题子库）

紧扣人口、政治、外交、法律、教育、医疗卫生、资源环境等 12 个社会发展领域的前沿和热点，全面整合专业著作、智库报告、学术资讯、调研数据等类型资源，帮助用户追踪中国社会发展动态、研究社会发展战略与政策、了解社会热点问题、分析社会发展趋势。

中国经济发展数据库（下设 12 专题子库）

内容涵盖宏观经济、产业经济、工业经济、农业经济、财政金融、房地产经济、城市经济、商业贸易等 12 个重点经济领域，为把握经济运行态势、洞察经济发展规律、研判经济发展趋势、进行经济调控决策提供参考和依据。

中国行业发展数据库（下设 17 个专题子库）

以中国国民经济行业分类为依据，覆盖金融业、旅游业、交通运输业、能源矿产业、制造业等 100 多个行业，跟踪分析国民经济相关行业市场运行状况和政策导向，汇集行业发展前沿资讯，为投资、从业及各种经济决策提供理论支撑和实践指导。

中国区域发展数据库（下设 4 个专题子库）

对中国特定区域内的经济、社会、文化等领域现状与发展情况进行深度分析和预测，涉及省级行政区、城市群、城市、农村等不同维度，研究层级至县及县以下行政区，为学者研究地方经济社会宏观态势、经验模式、发展案例提供支撑，为地方政府决策提供参考。

中国文化传媒数据库（下设 18 个专题子库）

内容覆盖文化产业、新闻传播、电影娱乐、文学艺术、群众文化、图书情报等 18 个重点研究领域，聚焦文化传媒领域发展前沿、热点话题、行业实践，服务用户的教学科研、文化投资、企业规划等需要。

世界经济与国际关系数据库（下设 6 个专题子库）

整合世界经济、国际政治、世界文化与科技、全球性问题、国际组织与国际法、区域研究 6 大领域研究成果，对世界经济形势、国际形势进行连续性深度分析，对年度热点问题进行专题解读，为研判全球发展趋势提供事实和数据支持。

法律声明

"皮书系列"（含蓝皮书、绿皮书、黄皮书）之品牌由社会科学文献出版社最早使用并持续至今，现已被中国图书行业所熟知。"皮书系列"的相关商标已在国家商标管理部门商标局注册，包括但不限于LOGO（ ）、皮书、Pishu、经济蓝皮书、社会蓝皮书等。"皮书系列"图书的注册商标专用权及封面设计、版式设计的著作权均为社会科学文献出版社所有。未经社会科学文献出版社书面授权许可，任何使用与"皮书系列"图书注册商标、封面设计、版式设计相同或者近似的文字、图形或其组合的行为均系侵权行为。

经作者授权，本书的专有出版权及信息网络传播权等为社会科学文献出版社享有。未经社会科学文献出版社书面授权许可，任何就本书内容的复制、发行或以数字形式进行网络传播的行为均系侵权行为。

社会科学文献出版社将通过法律途径追究上述侵权行为的法律责任，维护自身合法权益。

欢迎社会各界人士对侵犯社会科学文献出版社上述权利的侵权行为进行举报。电话：010-59367121，电子邮箱：fawubu@ssap.cn。

社会科学文献出版社